珍藏本
纪念版

汉译世界学术名著丛书

互助论

进化的一个要素

〔俄〕克鲁泡特金 著

李平沤 译

商務印書館
SINCE 1897 The Commercial Press
2017年·北京

P. A. Kropotkin

MUTUAL AID

A Factor of Evolution

William Heinemann

London. 1919

根据威廉·海涅曼出版公司伦敦 1919 年版译出

珍藏本
纪念版

汉译世界学术名著丛书

互助论

进化的一个要素

〔俄〕克鲁泡特金 著

李平沤 译

商务印书馆
SINCE 1897 The Commercial Press

2017 年 · 北京

P. A. Kropotkin

MUTUAL AID

A Factor of Evolution

William Heinemann

London. 1919

根据威廉·海涅曼出版公司伦敦1919年版译出

汉译世界学术名著丛书
（120 年纪念版·珍藏本）
出 版 说 明

2017 年 2 月 11 日，商务印书馆迎来 120 岁的生日。120 年前，商务印书馆前贤怀揣文化救国的理想，抱持“昌明教育，开启民智”的使命，立足本土，放眼寰宇，以出版为津梁，沟通中西，为中国、为世界提供最富智慧的思想文化成果。无论世事白云苍狗，潮流左右激荡，甚至战火硝烟弥漫，始终践行学术报国之志，无改初心。

迻译世界各国学术名著，即其一端。早在 20 世纪初年便出版《原富》《天演论》等影响至今的代表性著作，1950 年代后更致力于外国哲学和社会科学经典的译介，及至 1980 年代，辑为“汉译世界学术名著丛书”，汇涓为流，蔚为大观。丛书自 1981 年开始出版，历时三十余年，迄今已推出七百种，是我国现代出版史上规模最大、最为重要的学术翻译工程。

丛书所选之书，立场观点不囿于一派，学科领域不限于一门，皆为文明开启以来，各时代、各国家、各民族的思想与文化精粹，代表着人类已经到达过的精神境界。丛书系统译介世界学术经典，引领时代思想，为本土原创学术的发展提供丰富的文化滋养，为推动中国现代学术和现代化进程做出了突出的贡献。

为纪念商务印书馆成立120周年，我们整体推出“汉译世界学术名著丛书”120年纪念版的珍藏本，寄望既利于文化积累，又便于研读查考，同时向长期支持丛书出版的译者、编者和读者致以敬意。

两甲子后的今天，商务印书馆又站在了一个新的历史时间节点上。我们不仅要铭记先辈的身影和足迹，更须让我们的步伐充满新的时代精神。这是商务人代代相传的事业，更是与国家和民族的命运始终紧密相连的事业。我们责无旁贷，必须做好我们这代人的传承与创造，让我们的努力和成果不仅凝聚成民族文化的记忆，还能成为后来人可以接续的事业。唯此，才能不负前贤，无愧来者。

商务印书馆编辑部

2017年10月

中译本序言

《互助论》是无政府主义的主要活动家和理论家克鲁泡特金(1842—1921)在1902年发表的一部著作[①]。这本书在无政府主义的著作里占有一个特殊地位。在这本书里，克鲁泡特金以伪科学的方法来宣扬无权威、无政府、无国家的社会是可以"实现"的，而且宣扬这种社会比其他社会主义思想家提出的理想社会还要"完善"。我们知道，克鲁泡特金并不是第一个提出无政府主义思想的人，在他以前，还有巴枯宁、蒲鲁东和斯蒂纳等人。这些无政府主义者提出过种种导向无政府主义社会的方案，设计过这种社会下人们生活的图景，但是，相信这种学说的人毕竟不多，于是他们幻想要为他们的学说建立一个什么"科学"的根据，以争取群众。克鲁泡特金加入巴枯宁派以后，就一直致力于为无政府主义建立科学理论的工作，企图和马克思主义的科学共产主义理论相抗衡，在国际工人运动中扩大右翼的影响。《互助论》就是克鲁泡特金抱着这样一种意图写成的。

克鲁泡特金为无政府主义建立了什么"科学"根据呢？他的理

① 《互助论》原是克鲁泡特金在1890年至1896年期间，在伦敦用英文写的单篇文章，陆续发表在英国《19世纪》杂志上，1902年始汇集成单行本出版。书名的原称是:《互助:一个进化的因素》，通称《互助论》。1914年，即第一次世界大战初期，克鲁泡特金又把这本十二年前的著作，刊行了一次普及廉价本。重刊的意图，克鲁泡特金在廉价本序中作了交代，序文已一并译出。

论来源是达尔文的进化论。达尔文的进化论是19世纪最有影响的一门学说，在意识形态的各个领域内都发生过很大影响。进化论认为：生物进化的规律是物竞天择，适者生存。即生物为了生存彼此互相斗争，在斗争中，不适者被淘汰，适者生存而延续。社会达尔文主义者把生物进化论套用来观察人类社会生活，认为人既然是一种生物，也就不能不受物竞天择规律的支配，结局是优胜劣败。克鲁泡特金在方法论上和社会达尔文主义者一样，也是把生物进化的规律引用来考察人类社会生活的，但是，他不同意社会达尔文主义者把"生存竞争"看作是进化的主要因素。他提出了相反的论点，认为"互助"才是一切生物（包括人类在内）进化的真正因素。克鲁泡特金并不完全否定生物之间存在竞争，他认为任何生物都不是营个体生活的，而是营群居生活，在一群之内，各单个生物之间只有互助，而无竞争，他常用蜜蜂和蚂蚁群居营生这一自然现象作为例证来解释他的论点。他只承认在群与群之间才有生存竞争，而竞争的抉择也不是什么适与不适，而是群的互助性之强弱。互助性强的生物群生存而延续，互助性弱的生物群则被淘汰。经过世代相传今天存续下来的生物，都是互助性很强的生物，而人类便是互助性最强的生物；再发展下去，自然界终将消除竞争。克鲁泡特金还断言："不论是在动物界还是人类中，竞争都不是规律。"恰恰相反，不要竞争、避免竞争才是"自然的倾向"[①]。他认为"以互助和互援的办法"一定可以"消除竞争"[②]。克鲁泡特金说：

① 本书第77页。
② 本书第77页。

他所阐述的“互助为一个自然法则和进化的要素”，是给达尔文主义“弥补一个重大的空白”[①]。

克鲁泡特金认定“互助”是生物的本能，“互助法则”是一切生物包括人类在内的进化法则。他的《互助论》就是“一本论述互助法则的书”[②]。这本书的头两章是叙述“动物之间的互助”的，以下几章专门考察人类社会的几个历史时期的互助（他特别提醒读者注意其中论述原始社会和中世纪互助形式的几章[③]）。因为克鲁泡特金把“互助法则”看作是人类社会的基本法则，所以这本阐述互助“法则”的书也就是克鲁泡特金试图阐述人类社会发展法则的书，换句话说，也就是他用无政府主义观点所写的一部社会发展史。

克鲁泡特金的世界观和方法论，是经过资产阶级用伪科学装扮起来的唯心主义和形而上学，在历史观和社会观上，克鲁泡特金更是彻头彻尾的唯心主义者。他不仅企图从蒙昧人、野蛮人和中世纪及近代人之间找出天生的、不变的、同一的人性，而且把动物和人放在一起，要从中抽出共同的属性。而这个共同的属性竟然被克鲁泡特金概括了出来，这就是他所谓的“互助本能”。姑不论把“互助本能”说成是一切生物的共同本性，在科学上是如何的站不住脚，即以克鲁泡特金用这个共同本性来解释人类社会生活、说明社会历史现象这一点而论，也足见其在历史科学上是一窍不通的。克鲁泡特金一心反对阶级斗争学说，但是他丝毫不了解这样

① 本书第 10 页。
② 本书第 12 页。
③ 本书第 3 页。

一个历史唯物主义基本原理是怎样得出来的。诚如斯大林所指出的:“无政府主义者患有一种宿疾,就是很爱‘批评’敌方的政党,但又不愿费一点力去稍微了解一下这些政党。”①斯大林这段话正是针对克鲁泡特金以及格鲁吉亚无政府主义者一伙而说的。克鲁泡特金自己是一个庸俗进化论者,社会学中的主观唯心主义者,他竟以为马克思主义的阶级斗争学说也是同样从进化论中把“生存竞争”说移用来解释社会现象的,因此,他要从生物进化现象中找出另一种进化因素——互助性来加以反驳。

克鲁泡特金从他这个基本观点出发所得出的结论是:人类依靠互助的本能,就能够建立和谐的社会生活,毋须借助权威和强制;而没有权威、没有强制的社会才是保障人人自由的完美社会。克鲁泡特金认为现实的社会,其所以还存在权威,仰赖政府,就在于有两个弊害:一是国家,一是私有财产。克鲁泡特金对资本主义制度也作了尖锐的批判,他揭露资本剥削的贪欲,谴责私有制带来社会恐慌,使广大劳动者陷于贫困。他特别责难资本主义社会道德堕落的现象。克鲁泡特金提出应该以各种社团的自由联合代替滥施权威的国家,以共产代替束缚自由的私有财产。反对一切权威,建立无政府的社会,取消私有财产,实行共产共有,这些观点在克鲁泡特金的思想中是融合在一起的,而主导的思想是政治方面的无政府主义。克鲁泡特金自己把它称为“自由共产主义”。

要了解克鲁泡特金的思想,了解克鲁泡特金的这本书,熟悉一

① 斯大林:《无政府主义还是社会主义?》,《斯大林全集》,第1卷,人民出版社1953年版,第322—323页。

下克鲁泡特金的生平，也许是必要的。

克鲁泡特金出身于俄国贵族家庭，青少年时代接受的是宫廷的封建教育。20 岁以后，在西伯利亚伊尔库茨克的总督府任职。因职务的便利，克鲁泡特金曾多次游历西伯利亚东部，并到过中国东北。这个经历使他具有丰富的地理知识。几年以后，他退职回到莫斯科，积极参加地理协会的工作，又被协会派赴芬兰和瑞典考察冰河时代的遗物，这番经历又使克鲁泡特金增长了许多考古学和生物学的知识。克鲁泡特金在写作《互助论》时，是充分利用了他的这些知识的。

1872 年，是克鲁泡特金一生的转折点。在此以前，克鲁泡特金已经是一个有相当声望的地理学家。1872 年春，他去瑞士旅行，受到西欧革命运动和俄国流亡者的影响，从此投入革命的洪流。在瑞士不久，他便参加了第一国际瑞士海利克的一个支部，稍后，又转入日内瓦支部。在这里，他开始和巴枯宁派接触，并很快服膺无政府主义思想，而成为巴枯宁的信徒。但是，克鲁泡特金始终未和巴枯宁见过面。克鲁泡特金的旅行结束后，以一个无政府主义者的姿态回到俄国，他不再从事地理工作，而投入了民粹派运动。1874 年，被沙皇政府逮捕，1876 年越狱逃亡国外。克鲁泡特金在国外流亡了 40 年，直到 1917 年二月革命后才重返俄国。

克鲁泡特金在国外的四十年，也是他作为无政府主义的主要活动家和理论家的四十年。克鲁泡特金在逃亡国外的最初几年，主要从事无政府主义的组织活动，1882 年，因组织个人恐怖活动，被法国政府逮捕，监禁五年，至 1886 年才获释。以后移居伦敦，较少参加组织活动，潜心于无政府主义的宣传工作，他的几部主要著作(包括《互助论》在内)大部分是在伦敦居住期间写成的。克鲁泡特金并不是单纯地宣扬他的无政府主义思想,他对革命的马克思主义进行激烈的攻击,特别是攻击马克思主义的阶级斗争和无产阶级专政学说。他写作《互助论》就是企图从理论上“驳倒”阶级斗争学说,为无政府主义建立一套“科学”理论体系。克鲁泡特金在逃亡西欧期间,接受了资产阶级一套伪科学思想,对他影响最深的是庸俗进化论和社会学中的主观唯心主义和形而上学,这些就是克鲁泡特金的无政府主义思想的世界观和方法论的基础。《互助论》一书就是这一指导思想的集中创作。

在第一次世界大战期间,克鲁泡特金和其他无政府主义者都站在社会沙文主义的立场,是列宁主义的坚决反对者。就在1917年二月革命后返回俄国时,他仍然坚持反对阶级斗争、反对无产阶级专政。

克鲁泡特金作为一个地理学家,在苏联学术界至今还是具有一定地位的。作为一个无政府主义者,特别是作为一个无政府主义的主要活动家和理论家,他始终是一个“马克思主义的真正敌人”①。

克鲁泡特金的主要著作除《互助论》外,还有《一个反抗者的话》(1884)、《面包的掠夺》(1888)、《田园、工厂、手工场》(1899)和《一个革命者的回忆》(1899)等书。克鲁泡特金的几部主要著作,大都有中译本。《互助论》还有过两个译本,一是1921年商务印书

① 斯大林:《无政府主义还是社会主义?》,《斯大林全集》,第1卷,人民出版社1953年版,第272页。

馆出版的译本，一是 1939 年平明书店出版的译本。在此以前，1907 年中国留法学生中，有一些无政府主义追随者，还在他们在巴黎办的《新世纪》周报上分期介绍过《互助论》的内容。今天商务印书馆重新翻译、出版这本《互助论》，是为了提供一本反面教材，作为研究、批判无政府主义思潮之用。

丘权

1963 年 2 月

目　录

序

目前的战事几乎把整个欧洲都卷入一场可怕的斗争中。在德国所侵略的比利时和法国的土地上，这场斗争具有前所未闻的特征，这就是大规模地毁灭非战斗人员的生命和劫掠和平居民的生活资料。在这场战争开始的时候，在那些力图为这种恐怖事件寻找借口的人们的口中，"生存竞争"就成了他们得意的解释。

当时，《泰晤士报》发表了一封信，其中就曾对这样滥用达尔文的术语提出过抗议。这封信说，这种解释"无非是把达尔文学说——'生存竞争'、'权力欲望、'适者生存'和'超人'等等——的误解庸俗浮浅地应用到哲学和政治上罢了"。它又说，但是也有一本英文的著作，它"不是以横蛮的暴力和诡诈，而是以互助合作来解释生物和社会的进步的"。因此，信中建议应立刻出版这本书的廉价重印本。

现在摆在读者面前的就是这本重印本。它是第一版的完全重印，所删掉的只是其中的附录[①]，因为附录所载的是比较专门一些的材料。

---

① 这个附录，我现在也依据 1902 年第一版英文本译成汉文，附在书后。——译者

自从这本书的第一版印行以来，已经过去十二年了，我们可以说，它的基本思想——互助在进化中是一个重要的进步的[①]因素——已开始为生物学家所承认。近来在欧洲大陆上发表的论述进化的主要著作，大都已经指出了必须区别生存竞争的两个不同的方面：物种对不利的自然条件与敌对物种的外部斗争和物种内部为争夺生活资料而进行的内部斗争。另一件事也被承认了，这使达尔文本人也极感遗憾：即后者及其在进化中的重要程度都被夸大了；而动物创造物种幸福的社会性和社会本能的重要性又被低估了，这也是违背达尔文的教训的。

然而，如果说动物中间的互助和互援的重要性已开始在现代思想家间渐渐获得承认，那么我的主题的第二部分——这两个因素在人类历史中对进步的社会制度的成长的重要性，却尚未得到他们的承认。

当代思想界的领袖人物，仍然是倾向于认为群众和人类社会制度的进化很少关系，而把这方面的一切进步都归功于愚钝的群众的知识领袖、政治领袖和军事领袖。

现在的战争，使大部分欧洲文明国家不仅直接接触到了战争的现实，而且在日常生活中也受到它的千万种的其他副影响，想必会有助于改变这种流行学说吧。它将表明，一个国家要度过它在历史上的艰难时刻，是需要人民群众多么大的创造性和建设性的天才的。

酝酿现在这场战祸和研究出它的野蛮方法的，不是欧洲各国的群众，而是他们的统治者，他们的精神领袖。人民群众在现在这

① 着重号是原有的（原文为斜体字，中文改用着重点）；下同。——译者

场大屠杀的准备工作中从来没有发言权，在制定现在的战争方法方面更是如此，这些方法完全忽视了我们所认为是最优良的文化遗产。

如果这些遗产将来没有完全被破坏，如果尽管在这场“文明的”战争中犯下了种种罪恶，我们仍然可以相信人类休戚相关的教训和传统终将完整无缺地度过现时的考验，那是因为我们看到，和上层人物所制造的灭绝人类的大屠杀同时存在的，还有我在本书论述人类的那几章中所说的千万件自发的互助的事例。

乡村妇女们看见德国和奥国的战俘拖着沉重的脚步疲惫地走过基辅的大街时，便把面包和苹果（偶尔也把一个铜子）塞进他们手里。成千上万的男男女女看护着受伤的人，而不问这些人是友是敌，是官是兵。法国和俄国的农民——留在村子里的老年人和妇女——在他们的村民大会上作出决定，要为那些在“那里”处于敌人炮火下的人们播种和耕作土地；合作厨房和公共食堂在全法国雨后春笋似的出现；英国和美国对比利时人，俄国人民对被蹂躏的波兰的自发援助，所有这些事业都包含有那样大量自愿的、自由组织的劳动和精神，以致它们完全失去了“慈善”的性质，变成只是邻里相助——所有这些事实和许多类似的事实，都是新的生活方式的种子，它们将导致新的制度，就好像在人类最初阶段中的互助孕育了以后文明社会的最优良、进步的制度一样。

我特别要提醒读者注意本书中讨论原始和中世纪互助形式的那几章。

我之所以这样做，是竭诚希望人们在这场战争所带给世界的灾难和痛苦中，仍然可以相信人类的创造性力量还是正在那里起着作用，而它们的活动，必将促成人与人之间更好的了解，并且最终促成国家与国家之间更好的了解。

彼得·克鲁泡特金

1914年11月24日于布列登

引　　言

我年轻时曾旅行于西伯利亚东部和满洲北部，在这些旅行中，动物生活的两个方面给我的印象极深。一个是：大多数动物不得不对残酷的大自然进行的生存竞争的极端严酷性；以及自然力量定期地大规模毁灭生命，结果，在我所考察的广大土地上生物极为稀少。另一个是：即使在动物十分繁盛的几个地方，虽然我竭力寻找，我也从未发现同种动物之间存在着争取生活资料的残酷斗争；而大多数达尔文主义者认为（虽然达尔文本人并不是永远如此）这种斗争是生存竞争的主要特征和进化的主要因素。

在冬末时节横扫欧亚北部的可怕的暴风雪和往往随之而来的冰霜；在每年 5 月的下半月，当树上已是花朵盛开、昆虫到处活跃的时候，再次降临的寒霜和暴风雪；早霜和有时在 7、8 月间突然消灭亿万昆虫和草原上的第二窝雏鸟的大雪；8、9 月间在温带地区由印度洋的季风带来的暴雨，结果造成仅见于美洲和亚洲东部的大洪水，在高原上使欧洲各国那样大的地区成为泽国；最后，10 月初的大雪，最终使得反刍动物在法国加德国那样大的地区绝对不能生活下去，并且成千上万地毁灭了它们——这些就是我在亚洲北部所见到的动物在其中进行生存竞争的环境。它们使我在较早的时期便认识到，在大自然中，达尔文所说的“对过分繁殖的自然遏制”和同种的个体之间为生活资料而进行的斗争比较起来，具有远为重要的意义，同种的个体之间为生活资料而进行的斗争，在一定限度内随处可见，但是它绝不能达到前者那样的重要程度。由于生物稀少和人口不足——不是人口过剩——是地球上我们称之为亚洲北部的那一部分广大地区的显著特征，所以，此后我就十分怀疑（以后的研究证明我的怀疑是正确的），每一个动物的种内是不是真正存在着争取食物和生命的可怕竞争（这是大多数达尔文主义者的一个信条），并且也因而怀疑据说这种竞争在新种的进化中所起的巨大作用。

另一方面，无论我在哪里看到的动物繁多的地方，例如，有百十种和千百万个动物聚居在一起繁殖子孙的湖泊；啮齿动物的聚居地；当时沿着乌苏里江像在美洲那样大规模迁居的候鸟群；特别是我在黑龙江畔亲眼见到的移居的鹿群，这种聪明的动物在移居时成千上万地从辽阔的地区聚集起来，以便在大雪降临以前奔过黑龙江畔最狭窄的地方——我在从我眼前掠过的这些动物生活情景中所看到的互助和互援竟达到这样的程度，使我认为它在生命的维护和每一个物种的保存并进一步进化中，是最重要的特征。

最后，我在外贝加里亚的半野生牛群和马群中，在各地的野生反刍动物中以及在松鼠等动物中，发现动物由于上述原因之一必须和缺少食物进行斗争的时候，所有遭受这种灾难的动物，经过这场考验后，全都是那样的体亏力衰，以致物种在如此激烈的竞争时期中是不可能得到任何逐步进化的。

因此，当我以后开始注意达尔文主义和社会学之间的关系时，没有一本论述这个重要问题的著作和小册子是使我能够同意的。它们全都力图证实人类由于有较高的智慧和知识，因而可以缓和人与人之间生存竞争的严酷性，但是，它们同时又都承认每一个动物和它的同种以及每一个人和所有其他的人为生活资料而进行的竞争，是“一种自然法则”。这种看法是我所不能接受的，因为我以为，承认每一个物种有无情的内部生存竞争，承认这种竞争是进步的一个条件，那就等于承认不仅尚未被证实的，而且缺少直接观察根据的事物。

相反的，当时圣彼得堡大学院长、著名的动物学家凯士勒教授于 1880 年 1 月在一次俄国博物学家会议上发表的《论互助的法则》(*On the Law of Mutual Aid*)这篇演说，却深深地打动了我，使我认为是对整个问题的一个新的启发。凯士勒认为，在大自然中，除了互争的法则以外，还有互助的法则，而这个法则，对生存竞争的胜利，特别是对物种的逐步进化来说，比互争的法则更为重要得多。这种见解——实际上它是达尔文本人在《人类的起源》(*The Descent of Man*)中所表明的思想的进一步发展——我觉得是如此的正确，如此的重要，所以，自从我(在 1883 年)知道它以后，就开始搜集材料，以便进一步发挥凯士勒仅仅在他的讲演中泛泛谈到而生前未及加以发挥的思想。他死于 1881 年。

只有一点我不完全赞同凯士勒的意见。凯士勒把“亲族感”和对子孙的关心(见下文第一章)说成是动物之间互相扶助的根源。然而，要断定这两种情感在合群的本能的进化中真正起了多大作用，以及其他本能在同一个方面起了多大作用，我觉得完全是另外一个十分广泛的问题，这个问题我们现在还很难讨论。只有当我们很好地证实了各纲动物中间的互助事实和互助对进化的重要性以后，我们才能研究在合群感的进化中，哪些是属于亲族感的，哪些是属于固有的合群性的——后者显然是起源于动物世界的进化的最初阶段，甚至是在“群体时期”。因此，我把主要注意力首先放在证明互助因素在进化中的重要性上，而把寻求互助本能在自然中的起源这个工作留待以后研究。

互助这个要素的重要性——“只要它的普遍性能表现出来”——是不能不受到天才的博物学家歌德的注意的。艾克尔曼有一次（在 1827 年）告诉歌德说，从他那里飞走的两个小鹪鹩，第二天他在知更鸟的窠中找到了，老知更鸟给这两个小鹪鹩和它自己的小鸟一同喂食。歌德听到这件事以后十分兴奋，他认为这证实了他的泛神论，他说：“如果把食物给陌生者吃的这种事实果真像具有普遍法则性质的事物一样存在于整个大自然中，那么，许多谜都可以得到解释了。”他第二天又谈起这件事，并且极为诚恳地要求艾克尔曼（大家都知道他是一个动物学家）特别研究一下这个问题，并且说他一定能获得“不可估价的成果”（《对话》，1848 年，第 3 卷，第 219、221 页）。可惜这项研究始终没有人来做，虽然布利姆很可能是受了歌德这句话的启发才在他的著作中对动物之间的互助收集了那样丰富的材料。

1872—1886 年间出版了几本论述动物的智慧和精神生活的重要著作（这些著作已列举在本书第一章的脚注中），其中三本专门讨论我们所研究的问题的是：伊士比纳的《动物社会》（*Les Société animales*，巴黎，1877 年）、拉纳桑的一篇讲稿《为生存而竞争和为竞争而团结》（*La Lutte pour l'existence et l'association pour la lutte*，1881 年 4 月）以及路易·彼希纳的《动物世界的爱和爱情生活》（*Liebe und Liebes-Leben in der Thierwelt*）。后一本书的第一版发表于1882年或1883年,第二版增加了许多材料,发表于1885年。虽然这几本书每本都很出色,但仍需要用大量的篇幅来阐述互助不仅是道德本能起源于人类以前的论据,而且还应作为一个自然法则和进化的要素来考虑。伊士比纳所着重研究的主要是按照生理分工构成的动物社会(例如蚂蚁和蜜蜂的社会),虽然他的著作对一切可能谈到的方面都是很好的提示,但它是在人类社会的进化还不能以我们现在所具有的知识来研究的时候写的。拉纳桑的讲稿更近似一篇层次分明、循序渐进的工作总纲,它从海中的岩石进而谈到植物、动物和人类的世界,这样来论述互助。至于彼希纳的著作,虽然能给人以启发和列举了大量的事例,但是我不能赞同它的主要观点。这本书一开始就赞美爱,它所有的例证几乎都是用来证明在动物之间存在着爱和同情的。然而,把动物的合群性降低为爱和同情,就等于是降低它的普遍性和重要性,正如以爱和个人同情为基础的人类伦理学只能缩小整个道德感的意义一样。当我看见邻居的屋子着火时,使我提着一桶水跑去救火的并不是我对我的邻居(我和他素不相识)的爱,而是更为广泛的(虽说比较模糊)人类休戚相关和合群的本能或情感。这在动物中也是一样。使一群反刍动物或马围成一圈以抵抗狼群攻击的,不是爱,甚至也不是(按本来意义来理解的)同情;使狼成群猎食的不是爱;使小猫或羊羔在一起嬉戏的,或者使十几种小鸟在秋天里聚在一起生活的也不是爱;使散布在像法国那样广大土地上的集结成几十个单独的群,共同走向一定的地点,以便在那里渡过一条河流的,既不是爱,也不是个体间的同情。那是比爱或个体间的同情不知要广泛多少的一种情感——在极其长久的进化过程中，在动物和人类中慢慢发展起来的一种本能，教导动物和人在互助和互援的实践中就可获得力量，在群居生活中就可获得愉快。

这个区别的重要性，是动物心理学家容易理解的，而且是研究人类伦理的人们更容易理解的。爱、同情和自我牺牲，在我们的道德感的逐步进化中肯定起了巨大作用。但是社会在人类中的基础，不是爱，甚至也不是同情，它的基础是人类休戚与共的良知——即使只是处于本能阶段的良知。它是无意识地承认一个人从互助的实践中获得了力量，承认每一个人的幸福都紧密依赖一切人的幸福，承认使个人把别人的权利看成等于自己的权利的正义感或公正感。更高的道德感就是在这个广泛而必要的基础上发展起来的。但这个问题不属于本书讨论的范围，在这里，我只提出我在答复赫胥黎的《伦理学》(*Ethics*)时所发表的《正义和道德》(*Justice and Morality*)这篇演说，我在这篇演说中较详细地谈到了这个问题。

因此，我认为写作本书来阐述互助为一个自然法则和进化的要素，也许可以弥补一个重大的空白。当赫胥黎在 1888 年发表他的"生存竞争"宣言《生存竞争和它对人类的意义》(*Struggle for Existence and Its Bearing upon Man*)时，我认为它对于人们在灌木丛和森林中所见到的自然界事实，陈述得很不正确，于是，我便和《19 世纪》(*Nineteenth Century*)杂志的编者洽商，问他可否让我在他的刊物上详细回答一个最杰出的进化论者的意见，编辑詹姆斯·诺耳斯先生慨然接受了这个建议。我对贝茨也谈起过这件事情。"是的，这才是真正的达尔文主义，"他回答说，"'他们'

把达尔文的话弄成那种样子,真是可怕。写这些文章吧,等它们出版的时候,我将写一封信给你,你可以把那封信公开发表。”遗憾的是,我花了将近七年工夫写这些文章,当最后一篇文章发表的时候,贝茨已经逝世了。

在论述了互助在各纲动物中间的重要性以后,我显然不得不进而讨论这个要素在人类的进化中的重要性。讨论这一点,是更有必要的,因为有许多进化论者也许不否认互助在动物之间的重要性,但是他们,例如赫伯特·斯宾塞,却不承认它对人类的重要性。他们认为,对原始人来说,个人对整体的斗争是生存的唯一法则。我们在论述蒙昧人和野蛮人这两章中将讨论这个从霍布斯时代起就一再有人不加适当批判便过分地乐于彼此转告的论断,究竟在多大程度上是符合我们所知道的早期人类发展的事实的。

在人类最初的氏族时期以及(在更大程度上)后来的村落公社时期中,由蒙昧人和半野蛮人的创造天才所发展的互助制度的数目和重要性,以及这些早期制度迄今对人类后来的发展的巨大影响,促使我把我的研究范围也扩展到较后的有史时期,特别是最有兴趣的中世纪的自由共和城邦时期,这个时期对现代文明的普遍性和影响以及普遍存在于现代文明中的情况,还没有为人们所充分了解。最后,我试图简短地指出:人类在极其漫长的进化过程中所继承的互助的本能,就是今日在我们的现代社会中也具有巨大的重要性,这个社会据说是按“人人为自己,国家为大众”的这个原则建立的,但它从来不能而且将来也不能实现这个原则。

也许有人会对本书表示异议,说书中对动物和人类都是按照过于好的一面来阐述的,太强调了他们的合群性,而对于他们反社会和利己的本能却几乎没有谈到。这是不可避免的。近来我们总是听说“冷酷无情的生存竞争”，据说每一个动物对所有的动物，每一个“野蛮人”对所有的“野蛮人”，每一个文明人对他所有的同胞，都在进行这种竞争——这种说法竟变成了一个信条，所以首先必须以一系列从完全不同的一面表现动物和人类生活的事实来反驳它们。我们需要指出合群的习性在大自然中以及在动物和人类的逐步进化中所具有的巨大重要性：证明它能使动物更好地防御敌人，时常使它们更易于获得食物（冬粮、移居等）和长寿，因而也更易于发展智力；证明它使人类除了获得上述的利益以外，还使他们虽然在历史上历经沧桑，但仍能建立种种组织，使他们在对大自然的艰苦斗争中能够生存下去和取得进步。这是一本论述互助法则的书，它把互助作为进化的一个主要要素来考察——它所考察的不是所有一切的进化要素和它们各自的价值；必须写了前一本书以后，才可能再写以后的书。

对个人的自我维护在人类进化中所起的作用，我肯定从未低估过。可是我认为，这个问题需要比以往更加深入地研究。在人类历史上，个人的自我维护过去是而且现在仍然是和又渺小又愚昧的狭隘心地——许多作家认为这就是“个人主义”和“自我维护”——完全不相同的，它要伟大得多和意义深刻得多。创造历史的，也不只是历史学家所说的那些英雄。因此，如果情况许可的话，我准备对个人的自我维护在人类的逐步进化中所起的作用另作讨论。在这里，我只能一般地谈一谈如下的意见：当互助的组织——部族、村落公社、行会和中世纪城市——在历史的进程中开始失去它们原有的特性，开始为寄生体所侵害、从而变成进步的障碍时，个人反抗这些组织的行为往往表现为两个不同的方面。一部分人起来奋力纯洁旧的组织，或创立一个以同一互助原则为基础的更高级的社会；例如，他们试图以“赔偿”的原则来代替“复仇法则”，以后又以对罪行的宽恕或在人类的良心之前人人平等这个更高的理想，来代替按照阶级价值作出的“赔偿”。但是，与此同时，又有另一部分反对蜕化组织的人致力于破坏互助的保护组织，其目的无非是要增加他们自己的财富和权力。在这两种反抗的人们和支持现存组织的人之间的三角斗争中，存在着真正的历史悲剧。但是，要描述这场斗争和真实地研究这三种力量当中的每一种在人类进化中所起的作用，至少需要我写作这本书所花费的那样多的时间。

在我论述动物之间的互助的那些文章发表以后，又出现了一些探讨这个问题的著作，其中我要提出的是亨利·德鲁蒙德的《岁威尔讲座：人类的上进》（*The Lowell Lectures on the Ascent of Man*，伦敦，1894 年）和苏瑟兰的《道德本能的起源和成长》（*The Origin and Growth of the Moral Instinct*，伦敦，1898 年）。这两本著作，主要都是按照彼希纳的《动物世界的爱和爱情生活》这本书的论点写作的，在第二本著作中，父母情感和家族感被作为在道德感的发展中唯一起作用的因素详加讨论。按照相似的论点研究人类的第三本著作，是吉汀斯教授的《社会学原理》（*The Principles of Sociology*），这本书的第一版于 1896 年印行于纽约和伦敦，而它的主要思想，作者在 1894 年发表的一本小册子中已经作了概括的叙述。然而，要讨论这些著作和我的著作之间的接触以及相似或分歧之处，这项工作我必须留给评论家们去作了。

本书的各章最初发表于《十九世纪》杂志上(《动物之间的互助》发表于 1890 年 9 月和 11 月;《蒙昧人之间的互助》发表于 1891 年 4 月;《野蛮人之间的互助》发表于 1892 年 1 月;《中世纪城市中的互助》发表于 1894 年 8 月和 9 月;《我们现代人之间的互助》发表于 1896 年 1 月和 6 月)。我在把它们编辑成单行本时,首先是想把在杂志论文中不得不省略掉的大量材料和关于几个次要之点的讨论汇为一个附录。可是,看来这个附录将使本书的篇幅增加一倍,所以又只好放弃,或者至少是暂时不发表它。现在的附录只包括过去几年中科学界所争论的几个问题;在正文中,我只增补了那种不必改动本书的结构就可加进去的材料。

我愿借这个机会表达我对《十九世纪》的编者詹姆斯·诺耳斯先生的最衷心感谢,感谢他一知道这些文章的大意后就慨然许诺在他的刊物上发表,并且允许我把它们出版刊行。

1902 年于肯德郡的布隆里

第一章　动物之间的互助

生存竞争 互助 自然法则和逐步进化的主要因素 无脊椎动物 蚂蚁和蜜蜂 鸟类 猎食和捕鱼的结合 合群性 小鸟之间的互相保护 鹤和鹦鹉

生存竞争这个概念是由达尔文和华莱士作为进化的一个要素介绍到科学中来的，它使我们可以把范围极其广泛的现象包括在一个单独的概念里，这个概念很快就成为我们在哲学、生物学和社会学方面的思考的真实基础。大量的各种各样的事实：生物的机能和构造的适应它们的环境，生理和构造的进化，智力发达甚至精神发展本身，我们以前常常用许多不同理由来解释的，都由达尔文归纳在一个总的概念里。我们把它们理解为连续的努力——对不利环境的一种斗争——以求个体、种族、物种和社会的这样一种发展，那就是务期达到生命的最大程度的充实、丰富多彩和热烈。也许在开始的时候达尔文本人并未充分意识到这个因素的普遍性，因为他最初只是借它来解释一系列有关起初种的个体变异的累积的事实。但是，他预见到他介绍到科学中来的这个词，如果只按它的狭义——各个个体之间完全为争取生活资料而进行的竞争——来使用，就会失去它的哲学的和原有的真实意义。所以，他在他那部不朽的著作一开头就坚持主张“这个词当作广义的和比喻的意义来用的，其意义包含着这一生物对另一生物的依存关系，而且，更重要的，也包含着个体生命的保持，以及它们能否成功地遗留后代”。[①]

他本人虽然为了特殊目的而主要按照狭义来使用这个词，但他却提醒他的信徒不要犯（他本人好像曾经犯过一次）高估它的狭义的错误。在《人类的起源》这本书中，他用了几页篇幅有力地举出了这个词应有的广义的例证。他指出，在无数的动物社会中，各个个体之间争取生活资料的竞争是怎样消失的，竞争是怎样由合作来代替的，并且指出这种代替的结果怎样发展了保证物种获得最好的生存条件的智力和良知。他暗示在这些事例中，最适于生存的不是那些在体力上最强的，也不是那些最狡猾的，而是那些学会为了群体的福利无论强者或弱者都联合起来互相援助的动物。他写道：“拥有数量最多的最富有同情心的成员的社会，将最为昌盛，并且繁育最多的子孙”（第二版第 163 页）。从个体和整体之间的竞争这个狭隘的马尔萨斯观点中产生出来的词，在一个了解大自然的头脑中便这样地失去了它的狭窄的意义。

不幸，这些本可成为最有成效的研究的基础的论点，却被为了说明真实的生存竞争的后果而收集的大量事例所遮掩了。此外，达尔文从未试图更仔细地研究一下动物世界中的生存竞争所表现的这两方面的相对重要性，也从未写出他原拟写作的论述过分繁殖的自然遏制的书，虽然这本书本来可以作为估计个体竞争的真

① 《物种起源》(*Origin of Species*)，第一版，第 3 章，第 62 页。（三联书店 1954 年版第一分册第 3 章第 79—80 页。——译者）

实意义的严格标准。不仅这样，就在刚才所说的那些篇幅里，在反驳狭隘的马尔萨斯的竞争观念的材料中，也再次出现了旧的马尔萨斯的色彩，那就是，达尔文所说的在我们的文明社会中保存“智力和体力方面的弱者”的所谓不便（第 5 章）。似乎千千万万的体弱多病的诗人、科学家、发明家和改革家，以及千千万万的所谓“愚人”和“迟钝的热心家”，不是达尔文本人在《人类的起源》那几章中所强调的人类在生存竞争中当作知识和精神武器使用的最宝贵武器。

达尔文的学说的遭遇，和其他一切多少涉及人类关系的学说的遭遇相同。他的信徒不仅没有按照他的暗示把这一学说加以发展，反而使它更加狭隘了。当赫伯特·斯宾塞试图从独立的，但又与之密切相关的论点出发，把探讨的范围（特别是在《伦理学材料》第三版的附录中）扩大到“谁是最适者?”这个重大问题时，达尔文的无数信徒已经把生存竞争的概念缩小到最狭隘的范围了。他们甚至变得把动物世界看成是在半饥饿的个体间进行着永久的斗争，并彼此想喝取对方血液的世界。他们使现代著作中充满了“战败者遭殃”的呐喊，好像它是现代生物学的最终结论似的。他们把争夺个体利益的“无情”斗争提高为人类也必须服从的一项生物学原则，认为在以互相歼灭为基础的世界中，不这样做便有覆灭的危险。除了仅仅从庸俗的学者那里学到一点自然科学词句的经济学家以外，我们必须承认，即使达尔文观点的最有权威的解释者，也在竭力保持这些谬误的见解。赫胥黎无疑是公认的最有资格的进化论的解释者，事实上如果我们以他为例，我们岂不是听见他在《生存竞争和它对人类的意义》这篇文章中教导我们说：

"从伦理学家的观点来看，动物世界大概是和格斗士的表演一样。每个生物都受到相当好的对待，被安排去战斗；于是最强的、最敏捷的和最狡猾的便能活下去再战斗一天。观众用不着因为角斗场上没有饶它们的命而表示不满。"

其次，在这篇文章的较后部分，他岂不是告诉我们说，在原始人中间也如同动物之间的情况一样：

"最弱的和最愚钝的要失败，而那些最顽强和最狡猾的，在其他方面并不是最好、只是最能适应他们的环境的便生存下去。人生是一场连续不断的自由混战，除了有限的和暂时的家庭关系以外，霍布斯所说的个体与整体的斗争是生存的正常状态。"①

对自然界的这种看法究竟能够得到事实的几分支持，从这里提供读者的关于动物世界和原始人的论证中便可以看到。但我们不妨立刻指出：赫胥黎对自然的观点，作为科学的推论来说，也和相反的卢棱的观点一样，是很难成立的，卢梭在自然中只看到被人类的出现所摧毁的爱、和平与和谐。事实上，只要一走进森林，对任何动物社会观察一下，甚至对任何一本论述动物生活的严肃著作（多尔比尼的、奥杜邦的或勒瓦兰的，不拘哪一个的著作都行）细

① 《十九世纪》，1888 年 2 月号，第 165 页。

读一下，便不能不使博物学家思考到合群生活在动物生活中所起的作用，使他们不至于把大自然只看作是一个屠杀之场，同样，他们也可以免于在大自然中只看到和谐与和平。卢梭所犯的错误是他完全不想到嘴和爪的恶斗，而赫胥黎则犯了相反的错误；但不论是卢梭的乐观论还是赫胥黎的悲观论，都不能看作是对自然界的公正无偏的解释。

只要我们对动物观察一下——不光是在实验室和博物馆中，而且在森林和草地，在草原和群山中——我们立刻就会发现，虽然在各种动物（特别是在各纲动物）之间进行着极多的斗争和残杀，但在同种的，或至少是在同一个群的动物之间，也同时存在着同样多的（甚至还要更多）的互相维护、互相帮助和互相防御。合群如同互争一样，也是一项自然法则。当然，要从数字上估计所有这两类事实的相对重要性，哪怕是很粗略地估计，也是难事。但是，如果我们用一个间接的试探，问一问大自然："谁是最适者：是那些彼此不断斗争的呢，还是那些互相帮助的？"那么我们立刻就会发现，那些获得互助习惯的动物无疑是最适者。它们有更多的生存机会，在它们各自所属的纲中，它们的智力和体力达到最高的发展水平。如果把这些可以用来支持这一观点的无数事实考虑在内，我们就可以十分有把握地说，互助也和互争一样，是一项动物生活的法则，但是，作为进化的一个因素来说，它也许更加重要得多，因为它促进了这些保证了种的维持和进一步发达以及用最少的精力来保证个体的生活的最大幸福和享受的习惯和特性的发展。

就我所知，在达尔文学说的科学界信徒当中，第一个把互助充分理解为**一条自然法则和进化的主要因素**的，是著名的俄国动物学家，圣彼得堡大学故院长凯士勒教授。他在逝世前几个月，即1880年1月，在俄国博物学家会议上发表的一篇演说中阐明了他的思想；但是，像许多只用俄文出版的著作一样，这篇出色的演说几乎完全不为世人所知道。①

“作为一个多年的动物学家”，他认为他有责任反对滥用这个取自动物学的词——生存竞争，或者，至少应该反对高估它的重要性。他说，动物学和那些研究人类的科学不断地坚持它们所谓的生存竞争的无情法则。但是它们忽略了还存在有另外一条可以叫做互助的法则，这个法则，至少对动物说来，是远比前一个法则更重要得多。他指出，遗传后代的需要必然会使动物集聚在一块儿，并且，“个体愈是集聚，它们彼此之间就愈加互相支援，物种就有更大的生存机会，并且更加促进它们智力的发达”。“每一个纲的动物，”他继续说道，“特别是较高级的动物，都实行互助。”他从埋尸

① 且不提达尔文以前的作者，如杜森尔、费埃和其他许多作者，有几部包含许多生动的互助事例的著作（但是主要是看来作说明动物智慧的例证）都是在这时以前发表的。我可以举出巫梭的《动物的智能》（*Les facultés mentales des animaux*，两卷，布鲁塞尔，1872年）、彼希纳的《动物的精神生活》（*Aus dem Geistesleben der Thiere*，1877年第二版）、马克希米·倍尔第的《动物的心灵生活》（*Ueber das Seelenleben der Thiere*，莱比锡，1876年）。伊士比纳于1877年发表了他最有名的著作《动物社会》，在这本著作里，他指出了各种动物社会的重要性和它们对种的保存的关系，并且进而对社会的起源发表了极有价值的议论。实际上，伊士比纳的书包括了以前所有关于互助的论点和其他许多很好的材料。我之所以要特别提到凯士勒的演说，是因为他把互助提高为在进化中远比互争更为重要的法则。同样的思想第二年（1881年4月）在拉纳桑的一篇讲稿中得到了发挥，这篇讲稿发表于1882年，题为《为生存而竞争和为竞争而团结》。罗曼斯的主要著作《动物的智慧》（*Animal Intelligence*）发表于1882年，次年接着又发表了《动物的智慧的进化》（*Mental Evolution in Animals*）。大约在同一个时期（1883年），彼希纳又发表了另外一部著作，即《动物世界的爱和爱情生活》，它的第二版发行于1885年。由此可见，这一思想是很流行的。

虫的生活以及鸟类和一些哺乳动物的合群生活中举出一些例子来说明他的见解。在一篇简短的开幕词中所举的例子当然是有限的，但主要之点都已说得很清楚；在谈完互助在人类进化中所起的更为突出的作用以后，凯士勒教授作了如下的结论：

> “很明显，我不是否认生存竞争，但是我认为动物世界的逐步发展，特别是人类的发展，受惠于互助之处远过于互争……一切生物都有两个基本需要：营养的需要和使物种繁殖的需要。前者使它们互相竞争和残杀，而保存物种的需要则使它们彼此接近，互相帮助。但是我倾向于认为在生物界的进化中——在生物的逐步后天变异中——个体之间的互助远比它们的互争所起的作用要大得多。”[①]

上述观点的正确性，最最感动了大多数出席会议的俄国动物学家；希斐尔卓夫——他的著作在鸟类学家和地理学家当中是很有名的——支持这些观点，并且还另举了一些例子来阐发这些观点。他说，有几种隼具有“一种适宜于抢掠的几乎理想的构造”，然而它们在退化，可是其他几种实行互助的隼却很昌盛。“另一方面，以一种合群的禽类鸭子为例吧，”他说，“一般说来，鸭子的机体不发达，但它们实行互助，从它们不计其数的变种和种类来看，可以说它们差不多是遍布于全世界。”

俄国动物学家的立即接受了凯士勒的观点，好像是很自然的，

① 《圣彼得堡博物学会会报》，1880 年，第 11 卷。

因为他们几乎每一个人都曾经有机会在亚洲北部和俄国东部无人居住的广大地区研究过动物界;凡是研究过类似的地区的人,是不可能不得出相同的结论的。我想起自己在和我的朋友,那多才的动物学家波利亚可夫一起在维蒂蒙地区考察时,西伯利亚的动物界所给我的印象。当时我们两个人对《物种起源》的印象还很新,可是我们要寻找同种动物之间的激烈竞争却一无所获。这种竞争在我们阅读达尔文的著作时,即使想到了第 3 章(第 71 页)的论点,也是我们预期会看到的。我们看见很多动物常常是联合起来,以适应不利的气候环境或对各种敌人进行斗争。波利亚可夫写了许多出色的文章论述各处的食肉动物、反刍动物和啮齿动物的互相依赖;我们亲眼看到许多互相帮助的事实,特别是鸟类和反刍动物在移居途中的互相帮助;甚至在有大量动物聚居的黑龙江和乌苏里江地区,尽管我竭力寻求,但也很少发现在较高级的同种动物之间存在着实际的竞争和斗争。在大多数俄国动物学家的著作中,也都提到过这种印象,这大概可以说明为什么俄国的进化论者那样拥护凯士勒的观点,而同样的观点在西欧的达尔文信徒当中却并不流行。

当我们一开始研究生存竞争的两个方面——直接的和比喻的——的时候,给我们印象很深的头一件事就是互助的事例非常丰富,这不仅是如大多数进化论者所承认的为了繁育后代,而且还为了个体的安全和为了得到必需的食物。对动物界的许多大类来说,互助是通例。甚至在最低级的动物之间也可发现互助的事实,我们必须预期有一天会从研究微小的池塘动物的学者那里得知即使在用显微镜才能看见的生物当中，也存在着不自觉的互助。当然，除了白蚁、蚂蚁和蜜蜂以外，我们对于无脊椎动物的生活的知识还是极其有限的；但是，就以比较低级的动物来说，我们也可以搜集到一些确切合作的事实。蝗虫、蛱蝶、萤虫、蝉等等动物的不计其数的联合，实际上简直还没有人研究；可是它们的存在这一事实本身就指出它们一定是按照大体上相同于蚂蚁和蜜蜂为了移居而暂时联合的原则组织的[①]。至于甲虫，我们已经有人仔细观察过埋尸虫之间互相帮助的事实。它们需要腐烂的有机物，以便在其中产卵和供给它们幼虫以食物；但是那些有机物不能腐烂得太快，因此它们便把在漫游中偶尔发现的各种小动物的尸体埋在土中。一般的说，这些埋尸虫都是单独生活的，但是当它们当中有一个发现了自己难以埋葬的老鼠或雀鸟的尸体时，它就会召唤四个、六个或者十个其他甲虫来合力完成这项工作；如果必要的话，它们会把尸体运到一个合适的土质松软的地方，十分周密地把它埋起来，从没有为了它们之中哪一个享有在这个埋好的尸体上产卵的特权而争吵。当格里迪奇在用两根棍子做成的十字叉上绑上一个死鸟，或者是在插在土中的棍子上挂上一个蟾蜍的时候，这些小小的甲虫也会以同样友好的方法集中大家智慧来克服人的计谋。这种协力合作的事情在蜣螂当中也曾见到过。

即使在机体方面处于稍低级阶段的动物中，我们也可找到类

① 参看附录1。

似的例子。在西印度群岛和北美洲，有些陆蟹结成一大群一大群的，以便到大海去产卵；每一次这样的移动，都包含着它们之间的协力合作和互助。至于大莫鲁甲蟹（Limulus），我惊奇地发现（1882年在布列登水族馆）这种笨拙的动物在一个伙伴需要的时候能给予多大的帮助。它们当中有一只蟹仰面朝天地跌在水槽的一个角落里，它那小锅似的沉重甲壳使它不能回复原来的姿势，再加上角落里有一根铁杆，使它要想翻过身来更加困难。于是它的伙伴们前来援助，我用了一个钟头的时间来看它们如何努力援救它们被困的伙伴。它们一下来了两只，从下面推它们的伙伴，经过巨大的努力，终于把它扶正了，可是由于铁杆妨碍着它们完成援救工作，那个蟹又重重地仰跌下去。经过几番努力以后，援助者当中就有一只到水槽的深处去带来了另外两只蟹，这两只蟹用它们饱满的新力量开始来推动和扶起它们可怜的伙伴。我们在水族馆待了两个多钟头，当我们离开的时候，我们又去看了一下那水槽，援救工作依然在继续哩！自我看见这件事以来，我不能不相信埃拉斯穆·达尔文博士所引证的叙述："普通螃蟹在脱壳期间派一个没有脱壳或有硬壳的螃蟹在它旁边放哨，以防备海中的敌人来伤害这种处于没有防御状态的脱壳蟹。"[①]

关于白蚁、蚂蚁和蜜蜂之间的互助事例，特别是通过罗曼斯、彼希纳和约翰·刘波克爵士的著作，一般读者都很熟悉，因而我只

① 乔治·罗曼斯：《动物的智慧》，第1页。

说很少的几点提示。[①] 如果我们拿一个蚁巢为例，我们不仅看到了每一种工作（如生育子孙、寻找食物、建筑巢穴和饲养幼虫等等），都是按照自愿互助的原则进行的，同时，我们还必须和佛勒尔一样，承认许多种蚂蚁的生活的主要基本特征是每一个蚂蚁有义务把已经吞在肚里并且已经部分消化了的食物和集体中的每一个向它索取的成员共享。属于不同种的或属于互相敌对的蚁巢的两个蚂蚁，偶尔互相遇到时，便彼此避开。但是属于同一个蚁巢或属于同一群巢穴的两个蚂蚁便会互相接近，用触须作几下问答的动作，并且"如果其中有一个饿了或者渴了，特别是如果另一个的嗉囊中很饱满时，……它将立刻索取食物"。接到这样要求的蚂蚁是从不拒绝的；它张开了颚，用一种适当的姿势，吐出一滴透明的流质给那个饥饿的蚂蚁舔食。把食物吐给另外一个蚂蚁吃，这在蚂蚁（自由）的生活中是那么突出的一个特征，并且为了养活饥饿的同伴和幼虫都是那样经常地互相求助，所以佛勒尔竟认为蚂蚁的消化道是由两个不同的部分构成的，其中之一，即后一部分，是专供自己用的，另一部分，即前一部分，主要是供集体用的。如果一个嗉囊饱满的蚂蚁竟自私到拒绝喂养一个同伴，那它将被看成是

① 每一个男孩和女孩手里都应该有一册彼埃尔・友伯的《内地的蚂蚁》（*Les fourmis indigènes*，日内瓦，1861 年）；佛勒尔的《关于瑞士的蚂蚁的研究》（*Recherches sur les fourmis de la Suisse*，苏黎世，1874 年）；莫格里吉的《收获蚁和蝰螳》（*Harvesting Ants and Trapdoor Spiders*，伦敦，1873 和 1874 年）。同时阅读布朗沙的《昆虫的变形》（*Métamorphoses des Insectes*，巴黎，1868 年）；法布尔的《昆虫学随笔》（*Souvenirs entomologiques*，巴黎，1886 年）；艾布拉尔的《关于蚂蚁的习性的研究》（*Etudes des moeurs des fourmis*，日内瓦，1864 年）；约翰・刘波克爵士的《蚂蚁、蜜蜂和黄蜂》（*Ants，Bees and Wasps*）等著作。

一个敌人,甚或比敌人还坏。当它的亲族和另一个种的蚂蚁打仗时,如果它拒不援助的话,它们将比攻击敌人还要凶猛地反过来攻击这个贪心的蚂蚁。如果一个蚂蚁没有拒绝喂养属于仇敌方面的蚂蚁,那么它将被后者的亲族当作朋友看待。所有这些情况都是经过最严密的观察和确切的实验所证实的。①

蚂蚁这个分成一千多种的大科动物,其数目是那么多,以致巴西人竟说巴西是属于蚂蚁而不是属于人的;在这个科里,同一个巢或同一个巢穴集团的成员之间是不存在竞争的。无论不同的种之间的斗争是多么厉害,也无论在战争时有着什么样的暴行,但集体内部的互助、已成习惯的自我献身和经常为了共同福利的自我牺牲,都已经成为法则。蚂蚁和白蚁废除了"霍布斯式笔下的那种斗争",因此它们生活得更好。它们那种奇妙的巢穴,也就是它们的建筑,在比例大小方面超过了人类的建筑;它们修筑的道路和在地上的拱形走廊,宽阔的大厅和粮仓,它们的谷物田、谷粒的收获和使谷粒"麦芽化";②它们孵卵和养育幼虫的合理方法,以及建造特别的窠巢以饲养蚜虫——林内美妙地称之为"蚂蚁的乳牛"——的合理方法;最后,它们的勇敢、胆量和优越的智慧,所有这些都是它

① 佛勒尔的《关于瑞士的蚂蚁的研究》第244、275和278页。友伯对这种过程有过很好的描述。他还对这一本能的可能起源有一个暗示(普及版第158和160页)。参看附录2。

② 蚂蚁的农业是如此的奇妙,所以有一个很长时期不为世人所相信。现在这个事实业经莫格里吉先生、林塞康博士、麦克库克先生、赛克斯上校和叶尔登博士充分证实,不容丝毫怀疑。参看罗曼斯著作中那篇出色的简要论证。同时参看阿尔弗莱德·摩勒的《南美洲的几种蚂蚁的育菌园》(Die Pilzgaerten einiger Süd-Amerikanis-chen Ameisen),载希姆伯尔的《热带植物学报告》(Botan. Mitth. aus den Tropen,第6卷,1893年)。

们在繁忙和辛勤的生活的每一个阶段中实行互助的自然结果。这种生活方式，其结果必然会发展蚂蚁生活的另一个特征：个体的主动性的巨大发展——它反过来又显著地促成了高度而复杂的智力的发达，这样的发达，使人类的观察者也不能不有很深的印象。①

在动物的生活方面，即使我们所知道的只不过是一些关于蚂蚁和白蚁的事实，我们也可以有把握作出这样的结论：互助（它导致互信，这是勇敢的第一个先决条件）和个体的主动性（智力发达的第一个先决条件）在动物世界的进化中，是比互相斗争更具有无限重要性的两个因素。事实上，蚂蚁没有任何"保护性"而仍能兴旺，可是自卫特性对于单独生活的动物来说是不可缺少的。蚂蚁的颜色使它很容易为敌人发现，在草地和森林中，许多种蚂蚁所建的高大巢穴也是一望可见的。它没有坚硬的甲壳的保护；无论它的针刺在几百根刺入一个动物的皮肉时是多么危险，但对一个蚂蚁的防御来说却是没有多大价值的；而蚂蚁的卵和幼虫在许多居住在森林中的动物看来又是一种美味的食物。可是，成千上万的蚂蚁并没有受到鸟类或甚至食蚁兽的太大摧残，反之，它们却为比它们强壮得多的昆虫所畏惧。当佛勒尔在一个草地上倒出一口袋蚂蚁时，他看见"蟋蟀跑开了，听任蚂蚁抢夺它们丢下的洞穴；蚱蜢和蟋蟀向四方逃走，蜘蛛和甲虫也放弃了它们的捕获物，以免它们自己变成蚂蚁的捕获物"。经过一场战争（在战争中有许多蚂蚁为了共同的安全而牺牲了）以后，连黄蜂的窠也被蚂蚁占领了。甚至

① 这第二个原理并不是即刻得到承认的。以前的观察者常常谈到王、后、管理者等等，但是自从友伯和佛勒尔发表了他们的细致研究以后，对每一个蚂蚁能在它的一切行动（包括战争）中自由地发挥其主动性这一点，已是无可怀疑了。

最敏捷的昆虫也不能逃脱，佛勒尔常常看到蝴蝶、蚊虫和苍蝇等被蚂蚁出其不意地袭杀。蚂蚁的力量在于互相援助和互相信任。如果说蚂蚁——且不谈更为发达的白蚁——在智力方面居于整个昆虫纲的首位，如果说它们的勇气只有最勇猛的脊椎动物才能匹敌，如果说它们的头脑——用达尔文的话来说——“是世界上最奇妙的微小物质之一，也许比人的头脑更为奇妙”，那么这难道不应归功于在蚂蚁的社会中互助完全代替了互争这一事实吗？

蜜蜂也是这样。这些小小的昆虫（它们本来很容易被许多鸟类所捕获，它们的蜜也被从甲虫到熊的各纲动物所垂涎）也没有从拟态或其他方面得到任何自卫的特性，而没有这种特性，一个单独生活的昆虫是很难逃脱被彻底地毁灭的。但是，由于蜜蜂实行了互助，因而它们获得了我们所知道的广泛发展，获得了我们所称赞的智力。由于共同工作，它们使它们的个体力量增加了若干倍；由于临时分工和每一个蜜蜂在必要时能进行各种工作的能力的结合，它们获得了任何一种单独生活的动物（不管它是多么强壮和有多么好的武装）所不能指望的安全和福利。它们的合作，在人不知道利用充分计划的互助的情况下，往往比人还要成功。所以当一群新蜂要离开蜂箱去寻找一个新住所时，许多蜜蜂就会预先到附近去探察一下，如果它们发现了一个适于居住的地方，例如一个旧篮子或任何这类的东西，它们就把它占领下来，把它弄得干干净净的，并且加以保护，有时候要保护整整一个星期之久，直到这群新蜂来到那里定居下来。但是，有多少移居到新土地上的人只因不了解他们力量联合起来的必要性而死亡在那里！由于蜜蜂懂得集中它们个体的智慧，它们能适应预料不到的或者不同寻常的恶劣环境，如巴黎博览会上展出的蜜蜂就能用它们树脂似的蜂蜡把箱盖固定到嵌在它们蜂箱板里的玻璃片上。此外，它们毫无喜好杀戮的表现，也没有喜欢无益争斗的习性，虽然许多作者总认为动物有这种癖性。守卫蜂箱进口的哨兵毫不留情地杀死那些企图到蜂箱里去抢劫的蜜蜂；可是，因为搞错了地方而飞来的陌生蜜蜂则不会受到伤害，特别是那些带着花粉飞来的或者是易于迷路的小蜜蜂，更不会受到伤害。除了确有必要时以外，它们是不会进行战争的。

由于在蜜蜂当中仍然存在着残忍和懒惰的本性，而且往往由于环境促使它们又将显现出来，所以蜜蜂的合群性就更加对人有启发性。大家都知道，经常有一些蜜蜂宁肯过抢劫的生活而不愿过工蜂的勤劳生活；在食物缺乏和食物特别丰富的时候，都将使这个掠夺阶级为之增加。当我们的谷物已经收获回家，草地和田野里的谷物已经所剩无几的时候，抢劫的蜜蜂就更加经常到来。另一方面，在西印度群岛的甘蔗园附近和欧洲炼糖厂的周围，抢劫、懒惰和吃得迷迷糊糊的情况在蜜蜂当中就更为普遍了。我们由此可见，在蜜蜂之中还依然存在着反群居的本能，但自然选择必定会继续淘汰它们，因为归根到底，团结的实践证明它比具有掠夺倾向的个体的发展对物种更为有利。那些最狡猾的和最阴险的被淘汰了，让位给那些懂得合群生活和互助利益的蜜蜂。

当然，无论蚂蚁或蜜蜂，甚至白蚁，都不可能具备包括到整个种的更高度团结的观念。在这方面，它们显然没有达到即使在我们政治、科学和宗教的领袖人物中也尚未具有的发展程度。它们的爱群居的本能很难超出蜂箱和蚁巢的范围。不过，拥有不少于两百个巢穴的巢群的两个不同种的蚂蚁(Formica exsecta and F. pres-silabris),业经佛勒尔在丹德山和萨勒福山发现并有所描述。佛勒尔认为,这些巢群的每一个成员都认识所有巢群中的其他成员,它们都参与共同的防御。在宾夕法尼亚,麦克库克先生发现了整整一个拥有1,600到1,700个巢穴的筑墩蚁的族,全体蚂蚁互相之间都互通信息;贝茨先生曾经指出,在"园地"的广大面积上到处都是白蚁的土堆,有些巢穴成了两三种蚂蚁的避难所,这些巢穴大部分是用拱形通道或拱廊连接起来的。[①] 因此我们发现,甚至在无脊椎动物之间也采取了一些措施把同种结合成更大的组织来互相保卫。

现在进一步谈到较高级的动物,我们发现在它们当中有着更多的为了各种可能目的而有意识地互助的例子。然而我们必须承认,我们对高级动物的生活的知识依然是很不完备的。虽然第一流的观察者们收集了大量的事实,可是我们对于动物世界的某些属科还几乎是一无所知。关于鱼类的可靠资料特别稀少,这一部分是由于观察的困难,一部分是因为对这个问题还没有给予应有的注意。至于哺乳动物,凯士勒已经指出,我们对它们的生活方式所知是多么少。它们之中有许多是习惯于夜间活动的;有些是隐藏在地下的。至于反刍动物的那些合群生活和移居最能引起我们的兴趣,可是它们是不让人们接近它们的群的。我们主要是在鸟

① 贝茨:《亚马孙河畔的博物学家》(*The Naturalist on the River Amazons*),第2卷,第59页以下。

类方面拥有最广泛的资料，但我们仍然对许多种鸟的合群生活知道得很不完备。不过，我们不必埋怨我们缺乏经过充分证实的事实，因为这从下面的叙述中就可看到我们并不缺少。

我不打算详谈雄的和雌的为繁育后代和为在后代的最初生活阶段中供给它们食物，以及为共同猎取食物的联合；但是我不妨顺便提一下，这样的联合是通例，即使对最不合群的食肉动物和凶猛的禽类来说，也是一样；我们可以说，这种联合的特殊意义在于：即使在其他方面表现最残酷的动物在这方面却也表现了较温和的情感。还可以补充一点，在食肉动物和猛禽当中，大于家庭的联合还很少见，这种情形，虽然大部分是由于它们猎取食物的方式所致，但在某种程度上，也可以解释为由于人类的迅速增长在动物世界中所引起的变化。至少值得注意的是，有几种动物在人烟稠密的地区过着完全单独的生活，然而同是这种动物或和它们最相近的动物，在无人居住的地区却是喜欢群居的。狼、狐狸和几种猛禽都可以作为这一情况的例证。

然而，对于我们讨论的问题来说，不超过家庭关系的结合的重要性较小，何况我们知道，有许多联合只是为了一般目的，例如猎食、互卫，甚至纯粹为了共同享受生活。奥杜邦曾说过，有时候老鹰也联合起来猎取食物，他对两个秃鹰（一雄一雌）在密西西比河上猎食的描写，是以其生动的笔法闻名的。但在这类观察中，最可靠的是希斐尔卓夫所作的观察。他在研究俄国草原地方的动物时，有一次看见一只完全属于群栖种的鹰（白尾鹰[①]）在高空中飞

① 白尾鹰（Haliaetos albicilla），也可译白尾鹫。——译者

翔,它静静地绕着大圈子盘旋了半个钟头,这时候突然听到它发出了刺耳的叫声。不久,另外一只鹰就发出了回声,并向它飞来,接着,第三只、第四只,直到一齐飞来了九只或十只白尾鹰,不一会儿它们就飞得不见了。下午,希斐尔卓夫走到他看见白尾鹰飞去的地方,借着草原上的一个高坡的掩蔽,他走近它们,发现它们围着一匹马的尸体。那些年老的鹰(照例由它们先吃——这是它们的礼节)这时已经站在附近的草堆上担任放哨,而较小的鹰则在吃着它们的剩餐,旁边还围着一群群的乌鸦。希斐尔卓夫根据这个和类似的观察,断定白尾鹰为了猎食而结合一起;当它们都飞到很高的空间时,如果它们有十只的话,就能总览至少二十五平方英里的一片地区;只要其中任何一只鹰一发现了什么东西,它就告知别的鹰。[①] 当然,有人会说,第一只鹰的单纯的本能叫声,甚至它的动作,同样可以把几只鹰带到猎获物那儿来。可是在这个问题上,有说明它们互相通知的有力证据,因为这十只鹰在飞到猎获物那里以前先聚集到了一起。希斐尔卓夫以后又有几次机会证实白尾鹰常常因为饱餐尸体而集合到一起,它们之中有些(首先是年幼的鹰)在别的鹰吃东西时,经常是在旁边担任放哨的。事实上,白尾鹰——最勇敢和最善于猎食的猛禽之一——完全是一种群栖的鸟类,布利姆说,当它被捕获以后,它很快就和饲养它的人发生密切的情谊。

合群性,是很多种猛禽的共有特征。巴西鸢——最“鲁莽的”

① 希斐尔卓夫:《伏诸涅奇的爬虫、鸟类和哺乳动物的生活中的周期现象》,莫斯科,1855 年(原文为俄文)。

强盗之一——也是最喜欢群居的鸟。达尔文和别的博物学家已经描述过它们猎取食物的联合，下面是一个事实：当它捕到一个太大的东西时，它就召唤五六个伙伴来把它搬走。经过一天的忙碌以后，它们常常从十英里或更远的地方飞来，结伙到一棵树上或灌木林去过夜，还经常发现有几只兀鹰，特别是多尔比尼所说的“它们真正的朋友”——玉鸡和它们在一起。据札鲁得尼说，它们在别的大陆和外里海的荒野上，也有一起巢居的习惯。群居秃鹰——最强壮的兀鹰之一——就是由于喜爱群居而得名的。它们成群地在一块儿生活，显然爱好群居，当它们高飞到天空中游戏时经常是成群结队的。“它们在极其友好的气氛中生活，”勒瓦兰说道，“在同一个洞穴里，我有时候找到离得很近的窠巢达三个之多。”[①]巴西的乌拉布兀鹰也和白嘴鸦一样，甚至比它们更爱群居。[②] 埃及的小兀鹰亲密地生活在一起。它们结队在空中游戏，晚上聚在一块儿过夜，早晨一块儿去寻找食物，它们之间连最轻微的争吵也从未发生过；这是有充分机会观察它们生活的布利姆证实过的。红脖隼也是大群地聚集在巴西的森林里，茶隼(Tinnunculus cenchris)离开欧洲以后，在冬天到达亚洲的森林和草原时，也是结成许多大群的。在俄国南方的草原上，它们是(或更确切地说，以前是)那么样的合群，以致诺特曼看见它们和其他的隼(Falco tinnunculus, F. œsulon 和 F. subbuteo)结成一群群的，每当晴天的下午大约四点钟的时候，聚在一块儿游戏，直到天黑以后很久。它们大家一齐

---

① 布利姆：《动物的生活》(La vie des animaux)，第 3 卷，第 477 页；所引的文句都根据法文版。

② 贝茨：《亚马孙河畔的博物学家》，第 151 页。

飞起来，排成一条直线，向着某个选定的地方飞去，到达那里以后又立刻按照原来的路线飞回来以便再飞。①

只是为了飞翔的快乐而成群地飞翔，这在各种鸟类中是很普遍的。“特别是在汉柏地区，”迪克生写道，“在8月底经常有大群的鹬鸟在泥洲上空飞翔，在那里过冬……这些鸟的动作极其有趣，它们大群回旋飞行，散开合拢，其精确的程度好像受过训练的军队。在它们当中还混杂着单独的沙锥鸟、海云鸟和环颈鹬。”②

不可能在这儿把鸟类的联合猎食情况都一一列举出来；但企鹅的捕鱼结合肯定是值得我们注意的，因为这些笨拙的鸟在联合中表现了优良的秩序和智慧。它们常常结成许多大队去捕鱼，在选定一个适当的水湾以后，它们便面对岸边围成一个广阔的半圆圈，一步步地向岸边走去，从而缩小这个半圆圈，把包围在圈里的鱼完全捕食。在窄小的河流和运河上，它们甚至分成两个队，每队围成一个半圆圈，一步步地会合起来，好似拖着长渔网的两队人彼此会合起来捕捉两个渔网之间的鱼一样。夜晚来临时，它们飞到休息的地方——各群休息的地方是不变的，从来没有人看见过它们为了争夺水湾或休息的地方而互相争斗。在南美洲，塘鹅结成拥有四万到五万只的大群，其中一部分在睡觉，另一部分则担任守卫，而其余的塘鹅便去捕鱼。③ 最后，如果我不谈一下常被诽谤的

① 《从古庞特国特产的鸟类推论而来的种目》，载德米多夫的《游记》；见布利姆著作《动物的生活》第3卷第360页的摘要。猛禽类的鸟在迁移期间常常结合到一起。西波姆所看见的飞越比里牛斯山脉的一群，可以说是一种奇异的集合，其中有“八只鸢、一只鹤和一只隼”（《西伯利亚的鸟类》，1901年，第417页）。

② 《北部各郡的鸟类》（*Birds in the Northern Shires*），第207页。

③ 马克希米·倍尔第：《动物的心灵生活》（莱比锡，1876年），第87、103页。

家麻雀是多么忠实地和它所属的集体的每一个成员分享它所发现的任何一样食物的话，那我便对它们有失公平。希腊人早就知道这个事实，它所以留传下来，是一个希腊演说家有一次说（根据我的记忆）："当我向你们讲话的时候，有一只麻雀已经去告诉别的麻雀说，一个奴隶把一袋谷物掉落在地上，于是它们都到那里去吃谷粒了。"并且，现在我们很高兴地发现，这个古代的观察已由葛尼先生在最近出版的一本小册子中加以证实，葛尼确信家麻雀常常相互告知哪里有食物可以窃取；他说："甚至在远离庭院的地方打了一堆麦子，院子里的麻雀也总会使它们的嗉囊充满麦粒。"[①]的确，麻雀极其注意保护它们的领地，不使它受外来者的侵犯；所以卢森堡公园中的麻雀拼命同一切企图来分享公园和游客的好处的麻雀作战，但在它们集体的内部，它们便充分地实行互助，虽然偶尔在最要好的朋友之间当然也发生一些争吵的事情。

在禽类中，同猎同食是那么常见的一种习惯，所以用不着再引更多的例子来说明，必须把它看作是一个确定不移的事实。至于这种结合形成的力量，那是显而易见的，用不着证明。最强壮的猛禽也难以对付结合到一起的我们喜爱喂养的小鸟。即使是鹰——甚至凶猛有力的岩鹰和可以用脚爪抓走兔子或小羚羊的老雕——也被迫把它们的猎获物让给一群群的乞食的鸟——鸢，它们一看见老鹰找到了一个美味的猎物便照例去追赶它。鸢也追赶敏捷的鱼鹰，抢走它捕获的鱼，但是没有一个人看见过鸢鸟为了争夺这种窃取的猎物而互相争战。在克古仑岛上，库斯博士看见猎海豹的

① 葛尼：《家麻雀》（The House-Sparrow，伦敦，1885 年），第 5 页。

人所说的海鸡(Buphagus)追赶海鸥,要它们吐出嘴里的食物,而另一方面,一旦海鸡飞近海鸥等的住地时,海鸥便和燕鸥联合起来逐走它们,特别是在伏巢期间更是这样。[①] 身体虽小但极其敏捷的田凫大胆地攻击食肉的猛禽。“看它们攻击一只秃鹰、一只鸢鹰、一只乌鸦或一只鹰,是最有趣的事情。我们会觉得它们有胜利的信心,也看见猛禽的愤怒。在这种情况下,田凫互相之间全力援助,它们的勇气随着它们的数量的增加而增加。”[②]田凫真可以无愧于希腊人给它们取的“良母”这个名称,因为它们总是保护其他的水鸟,使之不受敌人的攻击。我们在花园中常常看到的身长不过八英寸的小白鹡鸰(Motacilla alba),也能强迫鹞鹰放弃它们的猎食。“我总钦佩它们的勇气和敏捷,”老布利姆写道,“我相信唯有隼才能捕捉它们……当一群白鹡鸰逼得一只猛禽退却的时候,它们使空中都回响着它们胜利的叫声,然后它们就飞散了。”它们为了追逐敌人的这个特殊目的而集合起来,也如同我们所看见的另一种情况一样:当森林中的所有鸟雀发现一只夜鸟在白天出现时,它们便飞起来,一起——食肉的猛禽和无害的小歌鸟——去追逐这个陌生的鸟,使它回到原来隐藏的地方。

鸢、秃鹰或鹰和野鹡鸰这样的小鸟之间,在力量上是多么悬殊,然而这些小鸟以它们共同的行动和勇敢,证明它们比有强壮的翅膀和武装的强盗还优越!在欧洲,鹡鸰不仅追逐可能危害它们

① 埃利奥·库斯博士:《克古仑岛上的鸟类》(Birds of the Kerguelen Island),载《斯密生博物馆杂集》(Smithsonian Miscellaneous Collections),第13卷,第2册,第11页。

② 布利姆:《动物的生活》,第4卷,第567页。

的猛禽，而且还追逐鱼鹰，它们的目的“不是为了要伤害它，而是为了好玩”；据叶尔登博士说，在印度，穴鸦之追逐“戈文达”鸢，“只不过是为了取乐”。韦德公爵看见巴西的乌拉布秃鹰（urubitinga）被不计其数的一群群的大嘴鸟和反舌雀（这种鸟近似我们的白嘴鸦）包围起来，受它们的嘲弄。他说：“老鹰总是十分悄悄地忍受这种侮辱，但有时也会捕捉一只嘲弄它的鸟。”在所有这些事例中，在体力方面虽然比猛禽差得很多的小鸟，却以共同的行动证明它们胜过猛禽。①

但是共同生活在个体安全、生活享受和智力发达方面所起的最显著的效果，是要从两大科鸟类——鹤与鹦鹉——的身上才能看到的。鹤是极爱群居的，不仅和它的同类，而且和大多数水鸟都有极其良好的关系。它们的小心谨慎和它们的智慧真令人惊异；它们在顷刻之间就能洞察新的环境，并根据这种环境来活动。它们的哨兵经常在一群吃食或休息的鹤周围守卫，猎人们深深知道要接近它们是多么困难。如果它们受到了人的突然袭击，那么它们不经过先派一个单独的侦察兵，然后再派一群侦察兵去巡查一遍，是绝不回到原地方来的。当侦察队回来报告那里没有危险的时候，第二批侦察队便被派去证实第一次的报告，以后全群才会出

① 新西兰的观察家寇克先生对家麻雀这种“冒失的”鸟攻击“不幸的”鹰作过如下的描述：他“有一天听到一阵非常特殊的吵闹声，好像这个地方所有的小鸟都卷入了一场大争吵似的。抬头一看，发现一只巨大的鹰（C. gouldi——一种吃腐肉的鸟）受到一群麻雀的攻击。它们几十只、几十只地从四面八方一齐向它冲去。那不幸的鹰简直是无计可施。最后，那只鹰飞近一个灌木丛，冲进去躲在里面，而那些麻雀则结成一群群的围在灌木丛的四周，唧唧喳喳地吵个不停”（在新西兰学院宣读的论文；见 1891 年 10 月 10 日的《自然》）。

动。鹤和种类相近的鸟结成真正的朋友；除了同样有合群性和高度智慧的鹦鹉以外，没有别的鸟在被捕到以后能像鹤那样和人类发生真正的友谊。“它把人不是看成主人，而是看成朋友，并且竭力表示这一点，”布利姆从许多的亲身体验中得出这样的结论。鹤从清晨直到深夜都在一直不停地活动，但只是在早晨用几个钟点的时间去寻找食物（主要是蔬食），一天之中其余的时间都用在集体生活上。“它拣起小木片或小石头，把它们抛在空中，并试着去接住它们；它弯着颈项，张开翅膀，舞着、跳着、到处跑着，想用种种方法表示它的好兴致，它始终保持着优美文雅的姿态。”[①]由于它们生活在集体中，所以它们几乎遇不到敌人，虽然布利姆有时候看见它们当中有一只被鳄鱼攫住，但他写道，除了鳄鱼以外，他不知道鹤还有其他的敌人。它们用个个皆知的谨慎行动避开一切敌人；它们通常都能活到很长的年岁。因而难怪鹤不需要养育许多子孙以保存自己的种，它们一般只孵两个蛋。至于它们的高度智慧，只说一句就够了：所有的观察者都一致承认，它们的智力很使我们联想到人的智力。

另一种极其合群的鸟是鹦鹉，大家都知道，它的智慧的发达在鸟类中占有最高地位。布利姆是那么美妙地总括了鹦鹉的生活方式，所以我不如把下面一段照样翻译出来：

“除了在交尾期以外，它们都是结成大的集体或成群生活的。它们在森林中选定一个地方栖居，此后便每天早晨出去

① 布利姆：《动物的生活》，第4卷第671页以下。

寻找食物。每一个群的成员都忠实地互相依恋，并且同甘共苦。它们在早晨一起到田野、花园或是树上去吃果子。它们布置岗哨守卫整个群的安全，并且注意它们的警报。遇有危险的时候，它们便一起飞走，彼此帮助，一块儿同时回到它们栖息的地方。一句话，它们始终是紧密团结生活在一起的。”

它们还爱好和其他的鸟交往。在印度，樫鸟和乌鸦从附近好多英里以外飞到竹丛中来和鹦鹉一道过夜。当鹦鹉出外寻食的时候，它们发挥了极惊人的智慧、审慎和应付环境的能力。以一群澳大利亚的白色美冠鹦鹉为例，它们在出发去劫掠一块农田之前，首先要派出一个侦察队——它们栖在农田附近的高树上，而另外一些侦察兵则栖在农田和森林之间的树上传递信号。如果报告说“好”，二十来只美冠鹦鹉便从队伍中散开，飞到空中，向离农田最近的树木飞去。它们还要花费很长时间来详细察看附近的情况，然后才发出全体前进的信号，接着，全队便立刻出发，转眼间就劫掠了那块田地。澳洲的居民很难瞒过鹦鹉的小心谨慎，如果人们用一切办法和武器终于打死了几只鹦鹉，那么，它们以后将变得更加谨慎和警惕，以致能打败人的一切计谋。[①]

毫无疑问，使鹦鹉能得到几乎相等于人的这种很高的智力水平和我们在它们身上所感到的人类情感的，是集体生活的实践。它们的高度智力竟使最好的博物学家把某种鹦鹉，即灰鹦鹉，称为“鸟人”。谈到它们的互相友爱，大家都知道，当一只鹦鹉被猎人打

① 林登菲德的记述，见《动物园》(*Der Zoologische Garten*)，1889 年。

死了，其他的鹦鹉便在它们同伴的尸体上空盘旋，发出尖锐的怨诉声，据奥杜邦说，“它们自己也将为它们的友谊而牺牲”。两只被捕的鹦鹉虽然属于两个不同的种，但也能建立起相互的友谊，如果这两个伙伴当中有一个意外地死了，另一个伙伴有时也将因悲伤而死。很明显，它们在集体中得到的保护，远远超过任何理想地发达了的嘴和爪所给予它们的自卫能力。除了各种较小的鹦鹉以外，其他的鹦鹉是很少有猛禽或哺乳动物敢去攻击的，布利姆说得一点不错，鹦鹉除了人以外几乎没有其他的敌人（他说，鹤与合群的猴子也是这样）；他又说：“鹦鹉多半不是死在敌人的爪下，而主要是死于衰老。”只有人类才能消灭它们的一部分，因为人类有更高度的智慧和武器，这些同样也是从结合中得来的。所以，鹦鹉的长寿，可以看做是它们合群生活的结果。至于它们那惊人的记忆力，难道我们不可以说，它之所以发达，也是得力于合群生活、长寿及随之而来的直到很老身心仍十分健全吗？

由上所述，可知个人反对整体的斗争不是唯一的自然法则。互助也和互争一样，同样是一条自然法则，当我们再分析一下另外一些鸟类和哺乳动物的结合以后，这条法则就更加明白了。关于互助这条法则对动物世界的进化的重要性，在前面的几页中已经作了几点提示，但是，在我们再举出几个例证，我们将由此能够得出我们的结论以后，它们的意义就将更加明显。

第二章 动物之间的互助(续)

鸟类的迁居 繁殖的结合 秋季的群居 哺乳动物:少数不喜欢群居的种 狼、狮子等的猎食结合 啮齿动物、反刍动物、猿类的群居 生存竞争中的互助 达尔文关于物种内部生存竞争的论点 对过分繁殖的自然遏制 中间环节的假定的绝灭 自然界中竞争的消除

当春天回到温带的时候,散布在南方较暖地区的千千万万的鸟类便结成无数的群,精力饱满、活泼愉快地赶到北方去生育它们的子孙。散布在北美、北欧和亚洲北部的每一个篱笆、每一个小树林、每一个海洋的悬崖峭壁以及每一个湖泊和池沼,在一年的这个时节都在向我们表明互助对鸟类有什么意义,它给每一个生物(无论它本来是多么柔弱和没有自卫能力)以怎样的力量、能力和保护。以俄罗斯和西伯利亚草原的无数湖泊当中的一个为例吧,它的岸边至少栖居着分属二十来种成千上万的水鸟,它们全都相安无事地一起生活,互相保护。

“离湖边几百码远,空中飞满了海鸥和燕鸥,好似冬天纷飞的雪片。千万只鹬鸟和呼潮鸟在滩上跑来跑去、寻找食物、

> 啼叫和干脆在享受生活。再向外看，几乎在每一个波浪上都有一只鸭子在浮动，往上看去，你会发现成群结队的卡沙奇野鸭。到处充满了活跃的生命。”①

在这儿也有强盗——最强壮和最狡猾的、在“机体构造上理想地适于抢掠”的鸟类。当它们接连几个钟头等候机会要从这些成群的活鸟当中攫走一只单独没有保护的鸟儿时，你便会听见它们发出饥饿、愤怒和凄厉的叫声。可是，每当强盗飞近时，便有几十个志愿的哨兵发出信号，成百的海鸥和燕鸥便出动去驱逐它。由于饿得发疯，强盗不久就失去了它平时的谨慎：它猛然冲进那活泼的鸟山；可是遭到四面八方的攻击，又不得不退走。由于极度失望，它便去袭击野鸭；但这种聪明合群的鸟类，看见敌方是一只鹰时，便迅速结成队伍飞走；看见敌方是一只隼时，便潜入湖水；看见敌方是一只鸢时，便拍起一阵水沫去迷惑它。② 无数的鸟依然在湖上成群地生活，强盗只好愤怒地叫着，飞去寻找腐肉，或者去寻找一只尚未习于及时听从同伴报警的小鸟或田鼠。面对那样多活跃的生命，有着理想的武装的强盗也只好满足于仅仅吃到生命消失以后的腐肉。

再向北方，在北极的各群岛中：

> “你可以沿着海岸航行许多英里，来看所有的岩礁、悬崖和山边的每一个角落，从两百到五百英尺的高处都被海鸟所

① 希菲尔卓夫：《伏诺涅奇的爬虫、鸟类和哺乳动物的生活中的周期现象》，第251页。

② 塞菲尔里茨的话，引文见布利姆著作《动物的生活》第4卷，第760页。

遮盖，它们那白色的胸脯陪衬着暗色的岩石，好像岩石上密密地洒满了白粉的斑点似的。远方和近处的空中可以说充满了野禽。”①

每一座这样的“鸟山”，都生动地说明了互助的意义，也说明了从合群生活中产生的个体和种的特性的无穷变化。蛎鹬以动辄攻击猛禽而出名。大家都知道，塍鹬是以谨慎著称，所以它往往成为比较温和的鸟类的领袖。当鸫鸻的周围飞集着一些比它更加精悍的鸟类时，它就显得十分胆怯，但是，当它周围都是比它更小的鸟类时，它就会担负起警戒集体安全的职责来。在这里，你可以看到超群出众的天鹅；在那里，你可以看见极其合群的三趾鸥，它们中间很少发生争吵，即使有也是简短的争吵；还有可爱的北极海鸠，它们彼此间总是那么互相爱护；也有自私的母鹅，它抛弃了被杀害的同伴的孤雏，可是在它旁边就有一只收养着所有同伴的孤儿的母鹅，它扑着水，身边浮着五六十只小鹅，把它们当作自己亲生的小鹅来照护。企鹅常常互相偷窃鸟卵，但在它旁边你就可以看到小昧鸻，这种鸟儿的家庭关系是那样的“美好和感人”，甚至喜爱打猎的人也不忍射击翼护着幼雏的母昧鸻；还可以看见棉凫——和美国南部大草原的绒凫很相像——它们是几只棉凫在同一个巢中孵卵，还有鹗鸡，它们轮流共同孵一个巢中的蛋。大自然是变化无穷的，它提供了从最低级到最高级的各种各样的一切可能的特性，

① 《诺登舍尔德北极旅行记》，伦敦，1879年，第135页。并参看迪克生先生对圣基尔达群岛的动人描写(见西波姆著作中的引文)和一切有关北极旅行的书籍。

这就是为什么不能以任何笼统的论断来描述它的原因。更不能用道德家的观点来判断自然,因为道德家的观点其本身大多数就是无意识地观察自然的结果。[①]

大多数鸟类在繁殖期间聚在一块儿生活,这种现象是极其普遍的,所以几乎不用再举更多的实例。我们的树顶上筑有许多鸦巢,我们的篱笆上也到处是较小的鸟的窠,我们的农舍庇护着成群的燕子,我们的古塔成了千百只夜鸟的避难所,所有这些繁殖结合中的安宁与和谐的动人情景,要是描述的话,将占满许多篇页。至于力量最弱的雀鸟,由于它们的团结而获得的保卫,那是很明显的。例如,出色的观察者库斯博士曾经看见小岩燕就筑巢在草原隼(Falco polyargus)的近旁。隼把它们的巢筑在科罗拉多峡谷常见的黏土的尖塔顶上,而它的下边就是一群燕子的窠。这些和平的小鸟并不惧怕它们贪婪的邻居,它们从不让它接近它们的住处。它们会立刻把它包围起来,驱逐它,使它不得不马上飞走。[②]

过了伏巢期以后,群居生活也并不终止;它开始采取一种新的形式。一窝窝的小雏自己集聚在一起,而一个群里的雏鸟通

① 参看附录3。

② 埃利奥·库斯的话,见《美国区域地理调查公报》(*Bulletin U. S. Geol. Survey of Territories*),第4卷,第7期,第586、579等页。关于海鸥,波列亚可夫在俄国北部的一个沼地上,看见在许多海鸥的巢居地上经常有一只雄鸥在巡逻,当危险接近的时候,它就给群栖的海鸥发出警报。在这时,所有的海鸥都起来猛烈地攻击敌人。在沼地里的每一个小丘上一起有五六窠海鸥,母鸥在离窠去寻找食物时是有一定次序的。毫无保护、轻易就能变成贪婪的猛禽类牺牲品的雏鸟,是从来不许它们单独下来的(《水鸟的家庭习惯》,载1874年12月17日《圣彼得堡博物学会动物学部会报》)。

常是属于好几个不同的种的。其所以在这个时候实行群居生活,主要是为了群居生活的本身——一部分是为了安全,但主要是为了从这种生活中获得乐趣。所以,我们在森林中常常可以看见小五十雀(Sitta cœsia)和山雀、鹟鸟、鹪鹩、旋木雀或一些啄木鸟结合成群。[①] 在西班牙,人们曾看到燕子同茶隼、京燕甚至野鸽聚在一起。在美洲的板西部,大群的小缨鹨[②]同另外一种鹨类(Sprague's lark)、云雀、大草原麻雀、几种颊白鸟和秧鸡一块儿生活。[③] 事实上,列举秋天群居的小鸟的种名要比描写单独生活的鸟类困难得多,这些鸟所以群居,不是为了猎食或伏巢,而干脆是为了在每天花几个小时寻找食物之后,一块儿享受群居生活以及嬉戏和运动。

最后,我们还可举出鸟类中的互助的巨大表现——迁居,关于这一点,我在这里甚至不敢多说。我只消谈一谈以下的情况就够了:在广大的地区上结成一小群一小群地散居了几个月的鸟儿,现在成千上万地集结起来;它们在出发之前,接连几天聚集在一个确定的地方,它们显然是在商讨旅行的细节。有些种的鸟在每天下午勤加练习飞翔,准备长途旅行。所有的鸟都等待着它们姗姗来迟的同类,最后,它们向着一个选择得十分恰当的方向——集体经验积累的结果——出发,最强的鸟飞在队伍的前头,它们输流担任

① 老布利姆的话,见布利姆著作《动物的生活》第 4 卷第 34 页以下所引。同时参看怀特的《塞波因的博物学史》(*Natural History of Selborne*),书信第 11。

② 也可意译为角云雀。——译者

③ 库斯博士:《达科塔和蒙塔拿的鸟类》(*Birds of Dakota and Montana*),载《美国区域地理调查公报》,第 4 卷,第 7 期。

这项困难的任务，大鸟和小鸟一起，一批批地飞过海洋，在第二年春天，它们又飞回它们原来的那个地方，而且大都正是占用它们去年所筑的或修补的那个窝巢。①

这个问题很广大，而且还没有经过充分的研究；它提供了那么多关于互助习惯的生动事例，补充说明了迁居这一主要事实，但每一个习惯都需要特殊研究，所以，在这里我就不更详细地谈了。我只能概略地谈一下鸟类的聚集：在向北方或南方开始长途旅行之前，许多活跃的鸟群总是聚集在同一个地点，正如我们在北方见到的情况一样，它们在到达它们在叶尼塞河或英国北部诸郡的繁殖地以后，也是聚集在同一个地方的。在接连许多天(有时候是一个月)里，它们每天早晨在飞去寻找食物之前要聚会一个钟头，也许是讨论它们将在哪里营巢。② 在迁居途中，如果它们的纵队遇到了暴风雨的袭击，那么，各种不同的鸟将因共同的灾难而紧密团结在一起。有些鸟严格说来不是在迁居，而是随着季节的转移在慢慢地向北方或南方移动，但它们也是成群结队地旅行的。它们绝不是为了每一个单一的个体在另一地区可以获得更好的食物或住所而单独地迁居，它们总要互相等候，结合成群，然后才随着季节

① 常常有人暗示说，鸟类在飞过地中海时，较大的鸟有时候要运送一些较小的鸟，但这个事实尚成疑问。不过在另一方面，有些较小的鸟肯定是和较大的鸟合在一起迁居的。这个事实已经有过好几次被人注意到，而且最近还由布克士鲍在拉茵翰证实了。他看见在几批迁居的鹤群中两旁都有云雀和它们一起飞行(《动物园》，1886 年，第 133 页)。

② 西波姆和迪克生都谈到过这种习性。

的不同而移向北方或南方。[①]

现在来谈谈哺乳动物。首先给我们很深印象的是,合群的种比少数不合群的食肉动物在数量上占绝对多数。在高原、高山地区以及旧大陆和新大陆的草原上,生活着成群的鹿、羚羊、小羚羊、鹿、水牛、野山羊和绵羊,它们都是合群的动物。当欧洲人到美洲去殖民的时候,他们发现那儿的水牛是那么多,以致拓荒者们在遇到一群移居的水牛拦着他们前进的道路时,不得不停下来;他们有时候要走两三天才能穿过那密密的牛群。当俄国人占领西伯利亚的时候,他们发现那儿有那么多的鹿、羚羊、松鼠和其他的合群动物,以致对西伯利亚的征服成了一场延续了两百年的打猎远征。现在,在非洲东部的草原上依然遍地是成群的斑马、狷羚和其他羚羊。

不久以前,在北美和西伯利亚北部的小河里,成群地栖息着海狸,在俄国北部,直到17世纪也还有大批这样的海狸群。在四大洲的平地上,至今还有数不清的鼷鼠、金花鼠、土拨鼠和其他啮齿动物的群体。在亚洲和非洲的低纬度地方,在森林中依然栖息着许多种象、犀牛和数不清的猴群。在遥远的北方,驯鹿结成无数的群,再向北去,我们又发现成群的麝香牛和数不清的北极狐。在大西洋岸边活跃着成群的海豹和海象,在水里是一群群的合群的鲸

① 这个事实,每一个实地工作的博物学家都知道,至于英国,可以在查尔斯·迪克生的《北部各郡的鸟类》中找到几个例子。在冬天,鹨鸟一大群一大群地到来;大约在这同一个时期(11月),一群群的花鸡也到来了;红翼鸫也经常“结成相似的大队”飞到这些地方来,还有其他鸟类等(第165、166页)。

鱼，甚至在中亚细亚的大高原的深处也有成群的野马、野驴、野骆驼和野绵羊。所有这些哺乳动物都是成群聚族而居的，有时候它们的数目达数十万之多，而现在我们所看到的，只不过是从前的巨大集体在经过了三个世纪的火药文明以后的残余罢了。同它们比起来，食肉动物的数目是多么微不足道！因此可以看出，认为在动物界里除了用血淋淋的牙齿吞吃牺牲者的狮子和鬣狗以外便没有什么可谈的了，这种看法是多么错误！如果可以那样想的话，那我们同样也可以把整个人类生活想象成只不过是一场接连不断的战争屠杀了。

联合和互助是哺乳动物中的通例。甚至在食肉动物中我们也可找到群居生活的习惯，我们只能举出猫科的动物（狮、虎、豹等）的确是宁愿单独生活而不喜群居的，甚至结成很小的群也是极少见的。然而，即使在狮子中间，"结伴猎食的情形也是十分寻常的"。[①] 麝猫（Viverridoe）和鼬鼠（Mustelidœ）这两种动物也可以说具有单独生活的特性，但在上个世纪里，普通的鼬鼠确实要比现在合群些，那时候，人们看到它们较大群地出现在苏格兰和瑞士的恩特瓦登州。至于狗这个大类，那是特别合群的，为猎食而联合一起，可以说是许多种狗的突出特征。事实上，大家都知道狼是结伙猎食的，舒迪写了一篇很好的文章，叙述它们怎样围成一个半圆圈，把在山坡上吃草的一头母牛包围起来，然后大声嗥叫，猛然出现，使牛滚入深渊。[②] 在 30 年代，奥杜邦也看见过拉布拉多狼成

① 贝克：《野兽和它们的习性》（Wild Beasts and their Ways）第 1 卷，第 316 页。

② 舒迪：《阿尔卑斯山区的动物生活》（*Thierleben der Alpenwelt*），第 404 页。

群猎食,有一群狼跟着一个人到了他的小屋,把狗咬死了。每当严寒的冬季,狼群多得成了人们居住地区的一种危害。大约四十五年前的法国情况就是如此。在俄国的草原上,它们一向成群地袭击马群;但是,它们也需要进行艰苦的战斗,在战斗中,有时候马也采取攻势(据考尔的证实),在这种情况下,如果狼不迅速撤退,它们也有被马包围起来踏死的危险。据说,草原狼(Canis latrans)常常是二三十只地结成一群去追逐偶尔离群的野牛。[①] 最大胆的鬣狗,可以说是狗类中最聪明的代表之一,它们总是成群猎食;它们联合到一起,就不怕比它们更大的食肉动物了。[②] 至于亚洲的野狗(Kholzuns 或 Dholes),威廉森看见过它们成群结队地攻击除了象和犀牛以外的一切大于它们的动物,并且能够战胜熊和老虎。鬣狗往往是成群生活和结队猎食的,狨狗的猎食组织受到康敏的赞叹。不仅仅是这些,甚至在我们文明国家中一般是过着单独生活的狐类,也有人曾经看见它们为了猎食而结合起来。[③] 北极狐是(或者更确切地说,在斯特勒时代曾是)最合群的动物之一;当我们阅读斯特勒关于白令所率领的不幸的船员和这些聪明的小动物作斗争的描写时,不知道哪一点是最可惊讶的:是北极狐在掘出藏在石堆下或摘取挂在柱子上的食物时所表现的特出智慧(一只狐狸爬上柱顶去把食物扔给下面的伙伴),还是海员们被大队的北极狐搞得实在没有办法时所表现的残忍。甚至有些熊在不受人类侵

① 巫梭的《研究》(*Études*)第 2 卷第 463 页。

② 关于它们的猎食联合,见罗曼斯在他的著作《动物的智慧》第 432 页所引泰南特爵士的《锡兰的博物学史》(*Natural History of Ceylon*)。

③ 见彼希纳的著作《动物世界的爱和爱情生活》中所载艾弥尔·友特尔的信。

扰的地方，也是过群居生活的。所以，斯特勒看见堪察加的黑熊结成大群，而人们有时也看到北极熊结成小群。甚至愚蠢的食虫动物，也常常不轻视联合。[①]

但是，我们可以找到实行大规模互助的事例，特别是在啮齿动物、有蹄动物和反刍动物之中。松鼠在很大程度上是个体主义者。它们各筑各的舒适的窠，各积各的食物。它们有家庭生活的倾向，但布利姆发现在两窝同年生的小松鼠在森林中的偏僻角落里和它们的父母在一起时，是一个松鼠家庭最快乐的时候。然而，它们还是保持着群居的关系。各窠中的松鼠彼此间依然有密切来往，当它们所居住的森林中的松果稀少时，它们就成群地向别处迁移。至于极西部的黑松鼠，它们是特别合群的。它们每天除了用几个钟头的时间寻找食物以外，就结成一大群地游戏。当它们在一个地区繁殖得太迅速的时候，它们便成群地(差不多像蝗虫那样多)向南移动，沿途糟蹋森林、田野和花园；而狐狸、臭猫、隼和食肉的夜鸟便跟随着它们密集的队伍，吃那些落在队伍后面的个别的松鼠。和松鼠极相近似的金花鼠，更为合群。它们性喜储蓄食物，在它们的地下厅内囤积着大量的可食根类和坚果，这些东西在秋天常常被人们所夺。据有些观察者说，这种鼠必然是或多或少地能够领略守财奴的乐趣的。然而，它们依然是合群的。它们的窠往往联成一大片，奥杜邦曾在冬天掘开过几个金花鼠的住处，他发现在同一个窠里有几只鼠，它们一定是以共同努力来囤积它们的食物的。

---

① 参看附录4。

土拨鼠这个大类(包括 Arctomys、Cynomys 和 Spermophilus 三大属),是更为合群和更为聪明的动物。它们也喜欢各有各的住处,但它们的住处是连成一大片的。这一种俄国南部庄稼的大敌——Souslik(它们每年单是被人类消灭的就有上千万只),是结成无数的群体生活的;当俄国的各省议会郑重地讨论着如何消灭这个社会的敌人时,它们却成千上万的在极快活地享受着它们的生活。它们的游戏是那么有趣,使所有观察的人都不免要称赞一番,先谈论一下由雄鼠的尖锐叫声和雌鼠的忧郁悲鸣所组成的优美和声,然后——突然想起了自己的公民职责——才开始寻求最狠毒的办法来消灭这些小盗贼。在对它们的斗争中,所有各种猛禽和食肉动物都被证明是无能为力的,科学的最后办法是使它们感染霍乱!在美洲的场拨鼠所居住的地方,是最好看的景象之一。在草原上,极目望去可以看到许多土堆,每一个土堆上都有一只场拨鼠用短短的叫声和它的邻居交谈。每当发出有人来了的信号时,它们一下子就都钻进它们的巢穴,所有的场拨鼠都好像被施了魔法似的,消失得无影无踪。但是,在危险过去以后,这些小东西不久又出现了。全家都从它们的地道中走出来,尽情游玩。小鼠们互相抓挠、互相捉弄,立起身子表现出优美的姿势,这时候,老场拨鼠就在一旁守护着。它们互相拜访,各个土堆之间的道路都被它们踏平了,这就表明它们的拜访是多么频繁。总之,优秀的博物学家在描写美洲的场拨鼠、旧大陆的土拨鼠和阿尔卑斯高山地区的白土拨鼠的联合时,写下了一些最出色的文章。然而,在谈到土拨鼠时,我必须提到我在谈到蜜蜂时所说的那一番话。它们保存了它们的斗争本能，这种本能在被捕捉到以后便表现出来。但是，在它们的大联合中，面对着自由的大自然，不合群的本能没有发展的机会，而一般总是和平与和谐的。

像家鼠这样粗鲁的动物，虽然在我们的地窖中不断地打架，但也总算解事，懂得在抢劫我们的食物储藏室时，不但不争吵，反而在劫掠和迁移中要互相帮助，甚至还喂养有伤病的同伴。至于加拿大的海狸鼠，即麝香鼠，它们是极端合群的。奥杜邦不得不称赞"它们和平的社会，这是只求在和平中享受快乐的社会"。像所有合群的动物一样，它们十分活跃，爱好游戏，它们容易和他种动物相联合，它们的智力已经发展到很高程度。它们的群居处经常是排列在湖边和河岸，但它们在修筑时就考虑到了水位的变化；它们用捣碎的陶土掺和着芦苇修的拱顶屋子，留出几个角落以储放有机物的废物，它们的厅房在冬天是铺垫得很舒适的；它们的屋子很暖和，而空气也很流通。至于说到人们都知道最富有同情心的海狸，凡是对动物生活感兴趣的人都十分熟习它们的生活，因为它们那令人惊奇的堤防和群居地，是那么好地说明了互助对物种的安全、合群习惯的发展以及智力的进化有多大作用，它们世世代代在这种群居地生活，在其中死亡，除了水獭和人以外，不会遇到其他敌人。让我只这样说一句：我们在海狸、麝香鼠和其他啮齿动物中间已经找到了也是人类社会的特征的东西——那就是共同劳动。

在这里，我就不叙述包括 jerboa、chinchilla、biscacha 和 tu-shkan（即俄国南部的地下兔）的两大属动物了，虽然从所有这些小啮齿动物都可以找到动物在群居生活中所得的愉快的最好例证。[①] 确切地就,真是自得其乐;也许要说明是什么原因——是需要互相保护,还是单单由于周围有同种而感到愉快——才使动物聚集在一起,是极其困难的。至少普通野兔是不聚集成群来过共同生活的,甚至连浓厚的父母感情也不具备,但无论如何它们不能不聚在一块儿游玩。戴利奇·德·温克尔被认为是最熟知野兔习惯的人之一,他说野兔是热爱玩耍的,它们玩得那么入迷,以致人们知道有一只野兔竟把一只走过来的狐狸当成了游伴。[②] 至于家兔,它们是过群居生活的,它们的家庭生活和古时的家长制的家庭完全相像;小兔对它的父亲,甚至对它的祖父,必须绝对服从。[③] 在这里,我们发现了两个非常近似但互相不能容忍的种的例子——其原因并不像许多人对这类情况所解释的那样,是由于它们的食物相同,而十有八九是由于热情的、极端个体主义的野兔不能和平静、安闲、柔顺的动物——家兔——做朋友。它们的脾气极不相同,所以不能不妨碍它们的友谊。

对马这一大科动物来说,合群生活也是通例。这一个大科包

① 关于鼢,有趣的是,这些高度合群的小动物不仅在每一块群居地上相安无事地生活,而且各整个群居地内的鼢都在夜间互相访问。因此,合群性扩展到了整个的种——不仅像我们在蚂蚁中所看到的扩展到一定的群体,或扩展到一个族。当农夫毁掉一个鼢穴,把住在其中的鼢埋在一个土堆下时,据哈得孙说,其他的鼢"就从远处赶来刨出那些活埋在下面的鼢"(见他的著作第 311 页)。这在拉普拉塔地方是许多人都知道的事实,并经作者所证实的。

② 见布利姆所引《猎人和狩猎权便览》(*Handbuch für Jäger und Jagdberechtigte*)第 2 册第 223 页。

③ 见蒲丰的《博物学》(*Histoire Naturelle*)。

括亚洲的野马和驴、斑马，美国草原的半野马，亚马孙河以南帕巴斯大草原的野马以及蒙古和西伯利亚的半野马。它们都是结合许多马群、组成结合体一起生活的，每一个群都有一匹雄马率领着一批雌马。总的说来，栖息在旧大陆和新大陆上的无数的马，在机体方面都不适于抵抗许许多多的敌人和不利的气候条件，要不是它们还有合群的精神，它们早就会从地球上消失了。当一只猛兽走近它们的时候，几个马群便联合起来击退猛兽，有时候还去追赶；一匹马或一匹斑马，只要不脱离它们的群，那么，无论是狼或熊，甚至狮子，都不能伤害它。当天气干旱而草原上的草枯焦的时候，它们有时便结成达一万匹之多的队伍迁移到其他的地方去。当草原上有大风雪的时候，每一群中的马都挤得紧紧的，走到可避风雪的深谷去。但是，如果失去了信心，或者一群马都惊惶起来，四散奔跑，那么它们就会死亡，幸存的马在暴风雪过去以后也将累得半死。在生存竞争中，团结是它们的主要武器，而人类是它们的主要敌人。由于人类的迅速增长，家马的祖先（波利亚可夫称之为Equus Przewalskii）便退居到西藏边缘最无路可通的、最荒凉的高原上，在那里，虽然周围都是食肉动物，气候又像北极地区那样恶劣，然而是人迹不到的地区，因而它们就继续生活下去。[①]

① 谈到马，值得注意的是，泥骂斑马是从来不和驼斑马在一起的，但它不仅和鸵鸟（它们是很好的哨兵），而且同瞪羚、几种羚羊和角马都相处得很好。所以我们又可见到不能以竞争食物来解释的泥骂斑马和驼斑马之间互不喜欢的情形。泥骂斑马和同它吃同样草食的反刍动物生活在一起，这个事实便驳斥了那个假定，正如野兔和家兔的情形一样，我们必须要在性格方面寻找原因。在各种有关书籍中请特别参看克利夫·菲利普-渥利的《狩猎巨兽》（*Big Game Shooting*，巴敏登丛书），该书中对东非洲各种不同种的动物生活在一起的情况有生动的描写。

从驯鹿的生活中,特别是从反刍动物这个大类中可以找到许多说明群居生活的动人实例,这个类包括麞、鹿、羚羊、瞪羚和阿尔卑斯山羊,事实上,所有属于羚羊科、山羊科和绵羊科的众多动物都包括在内。它们那防备食肉兽攻击以保护群的安全的警惕性;以及当一群臆羚通过一个悬崖绝壁的难行道路,在全队未通过以前各个臆羚所表现的不安;对孤零零的小羊的哺育;当一只瞪羚的配偶或甚至同性的同伴被杀时所表现的悲伤;小羚羊的嬉戏及其他特征,所有这些都是值得叙述的。但最能说明互助事例的,也许是鹿的偶然性移居,我在黑龙江曾看到一次。当我从外贝加里亚到麦尔根,经过高原和高原边上的峻岭——大兴安岭,再向前走过高地的草原到黑龙江时,我可以肯定,在这些几乎是没有人烟的地区,鹿是十分稀少的。[①] 两年以后,我上溯黑龙江,于10月底到达黑龙江和松花江汇合前在小兴安岭所穿过的风景如画的峡谷。我发现住在这个峡谷中的村子里的哥萨克人是那样兴奋,因为有成千上万的鹿正越过黑龙江上江面最窄的地方到低地去。当那些鹿渡过黑龙江(水上已经有许多浮冰)时,哥萨克人一连好几天沿着黑龙江四十英里左右的地方猎杀它们。它们每天被捕的有好几千,但是仍然继续前进。类似这样的迁移在以往和以后都未曾见过,这一次一定是由于大兴安岭提前下了大雪,所以才迫使那些鹿拼着性命,想到小兴安岭东部的低地去。果然,几天以后小兴安岭上也复满了两三英尺厚的大雪。现在,当我们设想分散在那么广

① 我们有一个通古斯族的猎手,因为即将结婚,所以想获得尽可能多的毛皮,他成天骑在马上沿着山腰寻找鹿,虽然他那样努力,但每天的收获算来却还下到一只鹿,而他却是一个出色的猎手。

大的地区（差不多有英国那样大）上的鹿群由于遭遇到例外环境的压力才必须集合起来向其他地方迁移，设想所有的鹿要克服多少困难才能取得在水面最窄的地方渡过黑龙江更向南行的共同意见，我们便不能不深深佩服这些聪明的动物所表现的巨大合群性。即使我们记起北美洲的水牛也表现过同样大的团结力，这件事实仍是一样的惊人。我们看见大批的水牛在草原上吃草，但这一大群水牛是由不计其数的小群组合成的，而这些小群是从来不混淆在一起的。但在必要时，所有的群不管在辽阔的地区上是多么分散，全都聚集起来，结成我在前一页上所说的为数以十万计的庞大水牛队伍。

关于象的“复合家庭”，我至少也应该说几句括，谈一谈它们的互相亲爱，它们的布置警卫的深思熟虑方法和由密切互助生活所培养成的同情。[①] 我也要提一提野猪这个声名不好的动物的合群感，对它们在遭遇猛兽袭击时所表现的团结称赞一两句。[②] 在一本论述动物合群性的著作中，河马和犀牛也应占有一个地位。对海豹和海象的合群和互相亲爱，也可以写几页动人的文章；最后，我们要提一提存在于合群的鲸类中的极其良好的情感。对猴子的群居生活，我必须说几句，由于它们是把我们引向原始人社会的环节，所以谈起来特别有趣。

① 据萨缪耳·贝克说，象常常结合成比“复合家庭”还大的群。他写道：“在称为公园之国的锡兰那一部分地方，我屡次看到无数成批的象走过的足迹，它们显然是考虑到某一个地方不安全，因而集结起来全体转移。”（见《野兽和它们的习性》，第1卷，第102页）

② 家猪在遭到狼的袭击时，也是有这种团结力的（见前引哈得孙的著作）。

在动物界中居于首位,并且在体格和智慧方面最接近于人类的这种哺乳动物,不用说是异常合群的。显然,我们必须考虑到在动物世界的一个如此广大的类别(它包括几百个种)中,一定会看到性格和习惯方面的种种变化。尽管有这些情况,我们仍旧必须说,合群、共同行动、互相保护和从合群生活中必然产生的那些情感的高度发展,是大多数猴子和猿的特征。从最小的种到最大的种,合群性都是它们的通例,据我们所知道的,这种通例只有很少例外。夜猿是喜欢过单独生活的,戴帽猿(Cebus capucinus)、獠狰猴和吼猿是只过小家庭生活的;据华莱士所看到的,狒狒不是单独的便只是组成三只或四只的很小的群,而大猩猩则似乎是从不结群的。但是,其余的猿猴类——黑猩猩、卷尾猿、狐尾猴、狒狒和黄狒等——都是有最高度合群性的。它们结成很大的群而生活,甚至和不是它们同种的猿猴也联合在一起。它们在单独的时候大多感到十分忧郁。猴群中每一个猴子在遇险时的叫声,都能把整个一群猴子立即召唤来,勇敢地击退大多数猛兽和猛禽的袭击。甚至鹰也不敢攻击它们。它们永远是成群结队地来劫掠我们的田野——在这个时候,老猴子便照护大家的安全。小小的青猴(它那可爱的孩子般的脸庞曾给汉波德那样深的印象)在下雨的时候互相拥抱在一起,彼此保护,把尾巴缠绕在它们哆嗦的同伴的脖子上。有几种猴对它们受伤的同伴表现了极大的关怀,在撤退的时候,不到它们断定一个受伤的同伴确已死亡和它们没有使它再活的希望,它们绝不抛弃它。例如詹姆斯·福伯斯在他的《东方回忆录》(*Oriental Memoirs*)中谈到它们是那么顽强地想从他的打猎队中夺回一个母猴的尸体,因而能使我们充分理解到为什么“目睹这一奇特情景的人们都决心永不再向任何一个猴子开枪”。[①] 有几种猴子能几只几只地联合起来，搬开一块石头，寻找下面的蚂蚁卵。阿比西尼亚猩猩不仅安排放哨，有人还看见过它们像链子一样地连结起来，把抢掠的东西传送到安全的地方；而且它们也是以勇敢著名的。布利姆所描写的情况，可以说是一篇经典性描述，他说，他的车队在阿比西尼亚的门沙谷中和这种猩猩进行了一场真正的战争以后，它们才让他们继续前进。[②] 有尾猿的爱好嬉戏和黑猩猩家族中的友爱，也是一般读者所熟知的。虽然我们在最高级的猿类中，发现狒狒和大猩猩这两种是不合群的，但我们必须记住这两种猿只限于很小的地区（一种在非洲中部，一种在婆罗洲和苏门答腊两岛上）才有，并且它们都很像是一种过去数目远远要多些的猿类的最后残余。如果《伯里浦鲁斯游记》(Periplus)中所说的猿类确实是大猩猩的话，那么看来大猩猩至少在古代是合群的。

所以，我们从以上的简短总述中也可以看出，群居生活在动物界中并不是个别的例外；它是通例，自然的通例，而且，它在更高级的脊椎动物中获得了最充分的发展。过单独生活或只过小家族生活的那几种动物是较少的，它们的数目有限。不但如此，看来十有八九是：除了少数几个例外，现在不喜欢群居生活的那些鸟类和哺乳动物，很可能在人类在地球上迅速增长和对它们进行长期斗争或毁灭它们以前的食物来源之前，它们也是过群居生活的。“不是

① 罗曼斯：《动物的智慧》，第 472 页。

② 布利姆：《动物的生活》，第 1 卷，第 82 页；达尔文：《人类的起源》第 3 章。1899—1901 年珂茨罗夫探险队在西藏北部也遭遇到一场类似的战斗。

为了死亡而联合”，这句话是伊士比纳的至理名言；巫梭是熟悉美洲某几个地区的动物在未受人类影响以前的情形的，他也说过意思相同的话。

在处于各种进化阶段的动物中，都可找到联合的事例；按照赫伯特·斯宾塞的伟大思想——在伯利那的《动物的群居》(Colonies Animales)一书中对这一思想有极其精辟的发挥——聚族群居是动物界进化的本源。但是，随着进化阶段的愈来愈高，我们便发现联合愈来愈成为有意识的了。它失去了纯粹的生理性，它已经成为理智的联合而不再只是本能的联合了。对较高级的脊椎动物来说，联合是周期性的或者是为了满足一定需要——种的繁殖、迁移、猎食和互相保护——而实行的。它有时候甚至是临时的，例如鸟类联合起来抵抗抢掠的鸟或哺乳动物在例外环境的压力下联合起来迁移，就是这种情形。在后一事例中，它是自愿地脱离了习惯的生活方式。联合有时候表现为两个或两个以上的阶段——首先是家庭，其次是群，最后是平时分散、情况需要时便聚集起来的群的联合，例如我们在美国野牛和其他反刍动物中所见到的情况就是这样。它也采取较高级的形式，在不丧失合群生活的利益的情况下，保证个体有更多的独立性。大多数啮齿动物都有它自己的住所，它高兴独居的时候便隐藏到里面去，但是，它们的住所排列成好像村庄和城市一样，这样就保证了居住在里面的动物都可得到群居生活的利益和快乐。最后，有几种动物(例如家鼠、土拨鼠和野兔等)虽然有爱吵闹打架和单独的自我中心倾向，但仍然保持着合群的生活。因此，动物的合群生活不像蚂蚁和蜜蜂那样，而是由个体本身的生理构造所促成的；它是由互助的利益或群居的快乐培养起来的。当然，这种合群生活有所有可能多的等级，有最大的个性和特性的变化，但合群生活所采取的各种变化的本身，正是来自它的普遍性，并为我们进一步证明了这种普遍性。①

合群性——即动物和它的同类相联合的需要——和"对生活的享受"相结合的为了喜爱群居而群居，只是在现在才开始受到动物学家的应有注意。② 现在，我们知道所有的动物(从蚂蚁起直到鸟类及最高级哺乳动物)都是喜欢角力、互相追逐、互相捕捉、互相戏弄等等游戏的。许多游戏可说是教育小动物在长大时应当采取的适当行为的学校，但另一方面，也还有一些并未含有实用目的的游戏和歌舞，仅仅是过剩的精力的表现——"对生活的享受"和同种的或他种的其他个体以某种方式沟通情感的欲望——简言之，它是作为整个动物界的特征的真正合群性的表现。③ 不管这种情感是表现为猛禽出现时的恐惧，还是动物在健壮时，特别是在年轻时所爆发的"一阵欢乐"，或仅仅是想使它多余的感触和生命力得到自由的表达——沟通情感、游戏和闲谈的需要，或仅仅是想在身

① 更奇怪的是，在前面所说的赫胥黎的文章里竟读到下面一句卢梭的话的翻版："开始以和平相处来代替互相战争的那些人——不论是什么动机促使他们采取这一步骤的——创造了社会"(《19世纪》，1888年2月号第165页)。社会不是人创造的，它先于人类就存在的。

② 像我们在哈得孙的《拉普拉塔河畔的博物学家》(*Naturalist on the La Plata*)中所读到的论《大自然中的音乐和舞蹈》的一章和卡尔·格罗士的《动物的游戏》(Play of Animals)这种专题论文，已使我们对这种在大自然中有绝对普遍性的本能有很大的启发。

③ 不仅许多种鸟类有集合起来(在大多数情况下往往是集合在同一个地点)做出奇怪有趣的动作和跳舞的习惯，而且据哈得孙的观察，差不多所有的哺乳动物和鸟类("或许真的没有例外")都时常按照或多或少的规定方式尽情玩乐，或作有声或无声的表演，或者单单发出一片叫声(《拉普拉塔河畔的博物学家》，第264页)。

旁有同种生物的需要，反正这种情感在大自然中是普遍存在的，并且像其他任何一种生理机能一样，是生命和感受性的一个明显特征。这种需要在哺乳动物中，尤其是在幼小的哺乳动物和鸟类中，有更高的发展和更好的表现；它普遍地存在于整个大自然中，最有成就的博物学家(包括彼埃尔·友伯)甚至在蚂蚁当中也充分地观察到这种现象，很明显，使蝴蝶集结成一大群一大群的，也就是我们所讲的这种本能。

关于鸟类聚集起来跳舞和装饰它们经常跳舞的地方这种习惯，达尔文在《人类的起源》(第 8 章)中对这一问题的那几页描述，当然已使人们熟知了。游览过伦敦动物园的人也都知道缎巢鸟的精巧的窝窠。但是，这种跳舞的习惯，其范围好像要比我们以前所知道的广泛得多，哈得孙先生在他关于拉普拉塔的那本杰作中，对许多种鸟(例如秧鸡、美洲的热萨纳水禽、田凫等)的舞蹈所作的复杂的描述最为生动，这最好是看他的原作。

有几种鸟还有合唱的习惯，这同样是属于群居本能这个范畴的。在鹳鹕(Chauna chavarria)中，这种习惯最为发达，英国人给这种鸟取了一个最缺乏想象力的错误名称："戴帽子的尖叫鸟。"这种鸟有时聚成极大的群，在这时它们时常全体合唱。哈得孙有一次看见数不清的鹳鹕很整齐地一群群(每群约五百只左右)排列在一个南美草原湖泊的周围。

"突然，"他写道，"在我近旁的一群歌唱起来，它们那嘹亮的歌声继续了三四分钟；当它们停止的时候，第二群又接着它们的曲调唱起来，它们唱完后，下一群又接着唱下去，直到从对岸也飘过来很清晰的歌声，渐渐传下去，最后，歌声绕湖一周又回到了我的身边。”

还有一次，这位作者又看见数不清的一群鹳鹊把整个平原都盖满了，但这一次它们是成对地或分成小群地散开而不是井然有序地密集排列的。大约在晚上9点钟的时候，“在沼泽周围遮盖了若干英里的一大群鹳鹊，突然唱起了极其嘹亮的夜歌……这个音乐会，就是骑着马跑一百英里路去听，也是值得的”。[①] 还不妨补充一句，鹳鹊也像所有合群的动物一样，很容易驯养，并且对人十分依恋。据说，虽然它们具有可怕的武器，但“它们是性情温和的鸟，彼此间很少争吵”。合群生活使那些武器变得没有用处了。

合群生活是按最广义说来的生存竞争中最有力的武器，这在前面已经用几个例子说明了。如果还需要举例证明的话，要多少可以举出多少。合群生活使最弱的昆虫、最弱的鸟和最弱的哺乳动物能抵抗最可怕的猛禽和猛兽，保护自己不受伤害。合群生活能使动物长寿；使动物能消耗最少的精力来养育后代，并且虽在生殖率很低的情况下仍能保持它们的数目；它使合群的动物能迁移到其他地方去寻找新居。因此，我们一方面虽然完全承认达尔文和华莱士所说的力量、敏捷、保护色、狡猾和忍饥耐寒性是在一定环境下使个体和物种成为最适者的各种能力，但另一方面我们也认为，在任何环境中合群都最有利于生存

---

① 关于猴子的合唱，见布利姆的著作。

竞争。那些自愿地或不自愿地放弃合群生活的物种,是注定要衰退的;而那些最懂得如何团结的动物,虽然除智力以外在达尔文和华莱士所列举的每一种能力上都低于其他动物,却仍能获得最大的生存和进一步进化的可能。最高级的脊椎动物,特别是人类,就是这个论断的最好证明。至于智力,每一个达尔文主义者虽都同意达尔文的意见,认为它是生存竞争中最有力的武器和向前进化的最有力因素,他们同时也必将承认智力是一种特殊的同合群有关的能力。语言、模仿和积累的经验是智力发展中的各种因素,而不合群的动物就得不到这些智力。因此,我们发现分在各纲动物最高地位的蚂蚁、鹦鹉和猴子都兼有最大的合群性和最发达的智力。所以,最适者是最合群的动物;而合群性看来既能直接保证物种的幸福,又可减少精力的浪费,间接促进智力的增长,于是成为进化的主要因素。

再者,合群生活如果没有相应的发达的合群感情,特别是相应地发展成为习惯的某种集体正义感,合群生活是绝不能实现的,这一点十分明显。如果每一个个体经常滥用它的个体优势而没有别的个体来替受害者出面干涉,那么,合群生活就没有可能。所有的合群动物或多或少地都养成了正义感。不论燕子或鹤是从多么远的地方飞来的,它们每一个都将回到它去年建筑或修补的窠中。如果一只懒惰的麻雀企图占据同伴所筑的巢,或甚至企图从巢中偷几根草,集体都将干涉这个懒家伙;显然,如果没有这种成为规律的干涉,那么,鸟类的联合营巢也就不可能存在了。每一独立群的企鹅都有它单独的居住地和单独的捕鱼区,它们从不互相争夺这些地区。在澳大利亚,每一群牲畜都有它一定的休息地方,而且从来不超出范围,等等。[①] 对于鸟类的联合营巢,啮齿动物的群居地和食草动物群中的和平气氛直接观察到的实例,要多少有多少;另一方面,我们也知道没有哪一种合群的动物会像我们地窖中的老鼠或争夺海岸上阳光充足地方的海象那样争吵不休。所以,合群性限制了体力的竞争,使更好的道德感情有发展的余地。大家都知道,在所有各纲动物中,父母对幼儿的爱护是有着高度发展的,甚至在狮子和老虎中也是一样。在始终处于联合中的幼鸟和哺乳动物中,同情——不是爱——在它们的联合中获得了进一步的发展。撇开已有的关于家养动物和捕到的动物之间互相友爱和同情的十分动人的事实记载不谈,我们仍然有许多经过充分证实的关于自由的野兽之间互相同情的事实。马克希米·倍尔第和彼希纳曾经举出过许许多多这样的事例。[②] 伍德关于一个鼬鼠如何负运受伤的伙伴的描写,是受到大家应有的称道的。[③] 达尔文所引的斯丹士伯里上尉到犹德州旅行的观察报告,也是受到人人赞许的;他看见一只企鹅到三十英里以外的地方去捕鱼来喂养它们盲目的同伴,而且喂得很好。[④] 韦德尔在到玻利维亚和秘鲁的旅途中,不止一次地看到成群的驼马在被猎人紧紧追逐时,强壮的雄

① 海加斯:《澳大利亚的丛林生活》(*Bush Life in Australia*),第 58 页。

② 只举几个例子:有一只獾突然出现在现场上把一只受伤的獾驮走;曾经有人看见老鼠喂养一对瞎了眼睛的同伴(《动物的心灵生活》第 64 页以下)。布利姆本人曾看见两只乌鸦在一棵空心树里喂养一只受伤的乌鸦,这只乌鸦受伤有好几个星期了——见《家庭主妇之友》(*Hausfreund*);1874 年,第 715 页;彼希纳的《动物世界的爱和爱情生活》,第 203 页。布里士先生曾看到印度乌鸦给两三只瞎了眼睛的同伴喂食,等等。

③ 《人和野兽》(*Man and Beast*),第 344 页。

④ 见摩尔根:《美洲的海狸》(*The American Beaver*),1868 年,第 272 页;达尔文:《人类的起源》第 4 章。

驼马便跑在队伍的后面掩护退却,保护其他的驼马安全逃走。至于对受伤的同伴表示同情的事实,一再为一切现场动物学家所提到。这些事实很自然。同情是合群生活的必然产物。然而,同情也意味着在一般的智力和感情方面有很大的进步。它是向更高级的道德情操发展的第一步。它又转而成为进一步进化的一个有力因素。

如果前面所阐述的观点是正确的,那么,必然会产生这样的问题:它同达尔文、华莱士和他们的信徒所主张的生存竞争这种学说,有多大程度的一致呢?现在我就来简单地回答一下这个重要的问题。首先,没有一个博物学家怀疑在整个有机的自然界中进行着生存竞争的这一观点是本世纪所归纳的最伟大的概念。生活就是竞争;而在这场竞争中只有最适者才能生存。但是,对于"这场竞争主要是用什么武器来进行的?"和"在竞争中谁是最适者?"这两个问题的回答,将因我们在这场竞争的两个不同的方面中注重哪一面而大有不同,这两个方面是:直接的,在各个单独个体之间为了食物和安全的竞争,以及达尔文所谓的"比喻的"竞争——往往是集体的、对逆境的斗争。谁也不否认在每种动物内部都存在有一定数量的为了食物的真正竞争——最低限度在某些时期中是有这种竞争的。但问题是,这种竞争是不是会进行到达尔文或华莱士所说的那种程度,是不是在动物的进化中起了人们所说的作用。

贯穿在达尔文著作中的观点肯定是:在每一群动物的内部,为了食物、安全和遗留后代的可能性在进行着真正的竞争。他时常说，在许多地区动物生殖过剩已到了最大的限度，他由于生殖过剩推断出竞争的必要。但是，当我们在他的著作中寻找这种竞争的确实证据时，我们必须说，这些证据是不够令人信服的。如果我们拿“同种的个体和变种之间的生存竞争最为严酷”这一节来说，我们在其中并未发现我们在达尔文的一切著作中经常看到的那些丰富例证。在这个标题之下，用来说明同种的个体之间的竞争的例子连一个也没有：都是假定的；说明近亲动物的种之间竞争的，只有五个例子，而其中至少有一个例子（关于两种鸫的）现在看来还大有疑问。① 而且，当我们想找到更详细的材料，以证明一个种的减少究竟在多大程度上真正是由于另外的种的增加所造成的，达尔文以他惯有的公正态度对我们说：

> “我们可以大致知道为什么在差不多处于自然界同一个地方的近亲种之间的竞争是最严酷的；但是，我们大概在任何事例中也不能确切地说明在生存的大战争中为什么一个种战胜了另一个种。”

① 据说，在北美洲有一种燕子使另外一种燕子减少了；在苏格兰，近来由于大鸫的增加，遂使一种鸣鸫为之减少；棕鼠在欧洲代替了黑鼠；在俄国，小蟑螂到处都遭到比它们大的同类的驱逐；在澳大利亚，从外地移来的家蜂在迅速地消灭没有螫钩的小蜂。在这前面一段还提到两个关于家畜的例子。当华莱士回忆上述事实时，他在一条关于苏格兰的鸫类的脚注中说：“但是牛顿教授告诉我说，这几个种并没有以这里所说的方式彼此相仿”（《达尔文学说》——Darwinism，第34页）。至于棕鼠，大家都知道它们由于两栖的习惯，常常住在人类的住所下面（屋下的地窖和阴沟等处）以及运河和江河的岸边，它们也结成大群大队地向远处移居。相反的，黑鼠却喜欢住在我们房屋的地板下以至马厩和谷仓中，这样，就更易于暴露，为人类所消灭；所以，我们绝不能说黑鼠正在被棕鼠扑灭或饿死而不是为人类消灭的。

至于华莱士,他在稍微修改过的标题(《近缘的动物和植物之间的生存竞争往往是最激烈的》)(着重点是我加的)下,也引证了同样的事实,他发表了以下的观点,对上述的事实作了另外一种完全不同的解释。他说:

> “当然,在有些事例中,在两个种之间存在着真正的斗争,强者杀死弱者;然而这绝不是必然如此,也有这样的情况:在体力上较弱的种,由于它有更快的繁殖力,由于它更能适应气候的变化或有更大的机智以躲避同样的敌人的袭击,因此,它可以取得优胜。”

这种事例中所说的竞争,也许完全不是竞争。一个种的所以失败,并不是由于它被其他的种所消灭或饿死的,而是因为它不能像其他的种那样好好地适应新环境。因此,“生存竞争”这个词在这里又是按照比喻的意义来使用的,它不可能有其他的意思。至于在另外一个地方,用干旱时期的南美洲的牲畜来解释同种的个体之间的真正竞争,由于它是从家养的动物中间取来的例子,所以减低了它的价值。在同样的情况下,美国野牛就进行迁移以避免竞争。不论植物之间的竞争是多么严重(这已经充分证明),我们不能不重复华莱士所说过的话,他的大意说:“植物在哪里就在哪里生长”;而动物则有很大的选择居住地的能力。因此,我们又要自问一下:在每一种动物中,竞争的程度究竟有多大?竞争这一假定的根据是什么?

对于每一个种内的严酷的生存竞争和生存斗争的间接论

据——从达尔文经常提到的"过渡的变异种的绝灭"中产生出来的论据,我们也抱同样的看法。大家都知道,由于在近缘的种之间找不到中间形态这一个很长的环节,使达尔文苦恼了很长一个时期,后来,他假设了中间形态的绝灭,因而解决了这个困难。① 但是在详细地阅读了达尔文和华莱士论述这个问题的那几章以后,使人不久就得出这样的结论:"绝灭"这个词的意义不是指真正的绝灭;达尔文对他的"生存竞争"这个词所作的解释显然也适用于"绝灭"这个词。它必须按照"它的比喻的意义"而绝不能按直接的意义来理解。

如果我们从这样一个假定出发:一定地区的动物数量已经达到该地区所能容纳的最大限度,并且所有该地区的动物因此将进行夺取纯粹生活资料的激烈竞争——每一个动物为了取得每天的食物不得不和它所有的同类进行竞争,那么,一个新的和成功的变种的出现,往往就是(虽然并非永远是)意味着能够夺取到超过它们应得的一份生活资料的个体的出现;结果,这些个体将使没有具备新的变化的祖种和未具有相同程度变化的中间种都遭到饥饿。在开始的时候,也许达尔文认为新的变种是以这种面貌出现的;至少一再使用"绝灭"这个词就给了我们这种印象。但是,他和华莱士都是十分了解大自然的,不至于看不出这绝不是唯一可能的或

① "也许有人认为,当几个近缘的种住在同一个地区时,我们确应在当时找到许多过渡的形态。……但我的看法是,这些近缘的种是从同一个祖先传下来的,而且在后天变异的过程中,每一个种都变得适合于它自己地区的生存条件了,并且代替和绝灭了它原本的祖先的形态和所有一切处在它过去和现在的形态之间的变种"(《物种起源》第 6 版第 134 页;并参看第 137 和 296 页《论绝灭》这一整节)。

必然的变化过程。

如果一定地区的自然和生物环境、一定的种所占有的地区范围和所有这个种的成员的习惯都未改变,那么,一个新的变种的突然出现,就可能意味着所有未具备足够程度的新变种所特有的新特征的个体已经饿死和灭绝。但是,这样一些复合条件的结合,正是我们从未在大自然中看到过的。每一个种往往都在不断扩大它们的居住地;迁移到新的居住地,这对迟钝的蜗牛和迅捷的鸟类来说都已成为规律;每一个特定地区的自然都在不断地变化。在动物中所以有新的变种,在许多(也许在大多数)情况下,其原因不在于有了新的武器可以从同种的口中夺取食物(食物只不过是成百个不同生存条件之一),而是像华莱士本人在论述"特性的分歧"(《达尔文学说》第107页)这一段出色的文章中所指出的那样,在于新习惯的形成、向新地方的移居和新的食物种类的取得。在所有这些情况中,都没有绝灭,甚至连竞争也没有——如果说对新环境的适应可以缓和竞争,曾在任何时候有过竞争的话。而且过了一个时期以后,中间的环节就会不见,正像在绝灭的假定情况下,必然没有祖先的原来形态存在下去一样,这是因为剩下来的只是那些最适合于新环境的个体了。不用说,如果我们同斯宾塞、所有的拉马克派和达尔文本人一样,承认环境对物种的变异的影响,那么,中间形态的绝灭这个假定就更显得没有必要了。

动物的迁移和随之而来的群的隔离,对莫里茨·华格纳所指出的新的变种以及最终对新种的起源的重要性,是被达尔文本人所完全承认的。后来的研究只是更加强调了这个因素的重要性，它们说明了一定的种所占的地区的广大（达尔文有充分的理由认为它对新变种的出现有极其重要的关系）怎样可以和由于当地的地质变化或地方障碍所造成的物种的各部分的分离结合起来。在这里不可能讨论这个广泛的问题，但是，用几句话便可说明这些力量的结合作用。大家知道，在一定的种中，有些部分常常喜欢一种新的食物。例如松鼠在落叶松林中的松毬缺乏时，便迁移到枞树林去，这样一种食物的变化就对松鼠的生理产生人所熟知的一些影响。如果这种习惯的变化不长（如果第二年落叶松林中的松毬又很丰富的话），那么，显然就不会由于这个原因而产生新的松鼠的变种。但是，如果松鼠所占据的广大地区有一部分开始有了自然变化——例如气候变得更温和或干燥（这两种情况都能使松林对落叶松林成比例地增长）——以及如果还产生了某些其他情况，也诱使松鼠住居到干燥地区的边缘，那么，我们就可看到新的变种，即一种新松鼠的始种，然而这绝不能说是松鼠当中的绝灭。每年都有更大比例的新的、更能适应变化的松鼠生存下去，中间的环节则在时间的进程中死亡，而不是为马尔萨斯式的竞争者所饿死的。我们在中亚细亚广大地区所看到的正是这种情况，那儿从冰河时期起就开始逐渐干燥，因而使这一广阔的地区发生了巨大的自然变化。

再举一个例子，地质学家已经证明，现今的野马在第三纪后期和第四纪进化得很慢，但在这连续的两纪里，它们的祖先不是局限在地球上的某一个地区。它们在旧大陆和新大陆上到处漫游，过一个时期以后，它们大概回到它们以前在迁移的过程中所离开的草地。[①] 因此,如果我们目前在亚洲找不到现今的野马和它在第三纪以后的亚洲祖先之间的一切中间环节,这绝不是说中间环节已经绝灭。从来就没有发生过这样的绝灭。也许甚至在祖先的种之间也没有发生过特别高的死亡率:属于中间的变种和种的个体都是在通常的事物发展过程(时常是在食物丰富的情况下)中死去的,在地球上到处都埋有它们的遗骸。

总之,如果我们仔细地考虑一下这个问题,再仔细地读一下达尔文本人关于这个问题的著作,我们便知道,即使在谈到过渡的变种需要使用“绝灭”这个词时,那么,必须要按照它的比喻的意义来使用。至于“竞争”这个词,达尔文也是经常(例如在《论绝灭》这一节)把它当作一个形象比喻或者一种比喻说法来使用的,并没有同种的两部分之间为生活资料进行真正竞争的这个意思。无论如何,缺少中间形式的变种,绝不是证明这种竞争的论据。

事实上,支持在动物的某一个种内存在着为了争取生活资料的激烈竞争的主要论点,用杰德士教授的话来说,都是从马尔萨斯那儿借用来的“算术的论证”。

但是,这个论证丝毫也不能证明这一点。我们很可以拿俄国东南部的许多村庄为例,那儿的居民有丰富的粮食,但没有任何的卫生设备;如果看到在过去八十年间那里的出生率是千分之六十,而现在所有的人口仍是八十年前的人口,我们也许会从这个事实得出结论说,这儿的居民中间曾经有过一场可怕的竞争。但事实

① 玛丽·巴甫洛夫夫人对这个问题作过特别研究,据她说,这些马从亚洲移居到非洲,在那里待了一个时期后又回到亚洲。不管这种来回的迁移是否已经被证实,而马的祖先过去遍及于亚洲、非洲和美洲的这一事实却是无可置疑的。

是，这儿的人口所以一年年地老是不增不减，原因很简单，是由于新生的婴儿有三分之一活不到六个月就死了，有一半此后四年间就夭折了，在每一百个新生的孩子中，只有十七个左右能活到二十岁。新出生的人还未长大成为竞争者以前就死去了。显然，如果人类都是这样的话，那动物就更是这样了。在禽类中，鸟卵的遭到破坏简直到了如此巨大的程度，有几种动物在初夏时节竟把鸟卵当作主要食物，更不用说暴风雨和在美洲摧毁了千百万鸟巢的洪水，以及危害雏鸟生命的气候的突然变化了。每一次风暴、每一次洪水、老鼠每到鸟巢去一次和气候的每一次突然变化，都将夺去这些在理论上显得是那么可怕的竞争者的生命。

至于美洲的马和牛，新西兰的猪和兔，甚至从欧洲运入的野兽(它们在欧洲的数目的减少是由于人类而不是由于竞争)，都在极迅速地增加着，这些事实似乎和生殖过剩的学说更是相反。如果马和牛能够在美洲那么迅速地繁殖，这就是干脆证明了：新大陆的水牛和其他的反刍动物在那个时候不论是多得怎样不计其数，它的食草动物还是远远少于它的草地所能供养的数目。如果数以百万计的外来动物都找到了丰富的食物，并且没有使原来在草地上的动物遭受饥饿，那么，我们就更可以得出结论说：欧洲人在美洲遇到的是食草动物的不足而不是过剩。我们有很好的理由相信，动物数目的不足，在整个世界上是事物的自然状态，这种状态只有很少数的暂时例外。在一定地区中的动物的实际数量，不是由该地区的最大食物供应量决定的，而是由每一年中条件最不好时的供应量决定的。因此，仅仅是这个原因，差不多就可以说竞争并不是通常的状态；而是由于还有其他的原因出现来把动物减少到甚至比那个低标准还要低的数目。如果我们研究一下整个冬天都在外贝加里亚地区的草原上吃草的马和牛,我们便会发现它们在冬末时节已是很瘦弱无力了。它们所以瘦弱无力,并不是由于它们没有足够的食物——在薄薄的雪层下到处都是丰富的饲草——而是由于很难从雪层下面把草弄出来,这种困难对所有的马来说,都是一样。此外,在初春时节也常有霜冻的日子,如果一连几天都是这种日子,马就更加衰疲了。倘使这时候再来一场暴风雪,使已经很瘦弱的马又有几天得不到食物,它们之中就要有大量的死亡。在春天的损失是这么严重,如果这一季节比往常更为严寒的话,那么,新生的马甚至还弥补不了它们所损失的——如果所有的马都很衰弱,而小马又是在母马较弱的情况下出生的,那就更不能弥补它们的损失了。因此,马和牛的数目永远是少于它们本来可能达到的数目;虽然终年都有可供五倍或十倍之多的动物食用的食物,然而它们的头数却增加得极为缓慢。但是,一旦布利亚特人在草原上存储了一些秣草,在霜冻或大雪的日子撒在草原上,他们立刻就发现自己的马群有所增加。几乎亚洲和美洲的所有野生食草动物和许多啮齿动物所处的环境基本上都是与此相同的,我们可以有把握地说,它们的数目不是由于竞争而减少的,在一年之中,它们在任何时候都不至于为食物而竞争,而它们所以从未达到接近于生殖过剩的数目,其原因在于气候而不在竞争。

自然遏制对生殖过剩的重要性,特别是它们对竞争这一假定的意义,好像从未为人们充分考虑过。这种遏制,或者更确切地说,其中的某些遏制,是有人谈到过的,但它们的作用,就很少有人去详细研究了。但是,如果我们把自然遏制和竞争这两者的作用加以比较，我们必然立刻就承认后者无论在哪一方面都不能和前者相比。例如，贝茨先生提到过飞蚁在大移居时被消灭的惊人数目。被一场暴风刮到河里已死的和半死的费戈蚁（Myrmica soevi-ssima）“堆成有一两英寸高和同样宽的一条线，沿着水边继续不断地绵亘了若干英里”。[①] 亿万的蚂蚁在大自然中就是这样消灭的，而大自然本是能够供养百倍于现在实际存在的蚂蚁的。德国森林学家阿尔登博士写了一本关于危害我们森林的动物的很有趣的书，他在书中也举了许多事实说明自然遏制的巨大重要性。他说，松蛾（Bombyx pini）在成群迁移时，倘使接连遇到暴风或寒冷和潮湿的天气，那么，它们被消灭的数目真是大得令人难以想象，1871年的春天，所有这些松蛾全都消失了，其原因大概是接连几个寒冷的夜晚把它们都冻死了。[②] 在欧洲的各个地区可以找到许许多多关于各种昆虫的这种例子。阿尔登博士也谈到同松蛾为敌的鸟类，大量的松蛾的卵为狐狸所糟蹋，但是他说，周期性地危害松蛾的寄生菌，是比任何鸟类都更可怕得多的敌人，因为它们能一下子把很大一片地区上的松蛾全都消灭掉。至于各种的鼠类（Mus sylvaticus、Arvicola arvalis和A. agrestis），这位作者列举了它们许许多多的敌人，但是他说：“鼠类最害怕的敌人不是其他的动物，而是几乎每一年都要发生的气候的突然变化。”下霜和温暖天气的轮流出现，消灭了数不清的鼠类；“单单一次突然的天气变化就能使成千只老鼠减少到只剩下很少的几只”。相反的，一个

① 《亚马孙河上的博物学家》第2卷第85和95页。

② 阿尔登博士：《动物和对付动物手段对森林所造成的损害》（Waldbeschädigungen dnrch Thiere und Gegenmittel），柏林，1889年，第207页以下。

温暖的冬天或逐渐寒冷的冬天又将使它们以有威胁性的比例繁殖,尽管它们仍然要遇到各种各样的敌人。1876 年和 1877 年的情况就是这样。[①] 就鼠类来说,和气候比较起来,竞争就看来是微不足道的。关于松鼠也有同样结果的其他事例。

至于鸟类,大家都知道,气候的突然变化使它们受了多大的苦。像在西伯利亚一样,晚期的暴风雪毁灭了英国荒野上的许多鸟类;查尔斯·迪克生看见红松鸡在特别寒冷的冬天是那么遭受折磨,使它们只好成批地离开荒野,"我们那时听说过,真有人在设菲尔德的大街上捉到过它们,"他又说,"阴雨连绵的天气对它们差不多也是有致命危害的。"

另一方面,大多数的这种动物都不断遭受到传染病的感染,使它们大量死亡,以致即使繁殖迅速的动物在若干年内也不能弥补其损失。例如,大约六十年前,由于某些流行病的结果,使俄国东南部撒雷普塔附近的土拨鼠突然间一下子全都没有了,在这一带地方有若干年都再也看不到它们了。过了好多年以后,它们才又像从前那样的多起来。[②]

相同的事实还可以举出许多,它们全都贬低人们所说的竞争的重要性。[③] 当然,也许有人可以用达尔文的话来回答说,尽管如此,但每一个有机的生物"在它一生的某个时期,或在一年的某个季节,以及在每一代或隔代之间,都必须为生存而竞争,并遭受巨大的损害",而且在这种艰苦的生存竞争阶段,只有最适者才能生

① 见前引阿尔登博士著作第 13 和 187 页。

② 见贝克尔发表在《莫斯科博物学会会报》1889 年第 625 页上的文章。

③ 参看附录 5。

存。但是，如果动物界的进化完全靠或甚至主要靠灾难时期中最适者生存的作用，如果自然选择只限于在特别干旱或气候突然变化或洪水时期中才发挥它的作用，那么，退化在动物界中就将成为一种通例了。像我们在缺少文明的国度中所看到的一样，那些在饥荒或严重的流行病（如霍乱、天花或白喉）中幸存未死的人，既不是最强的，也不是最健康的或最聪明的。没有哪一种进步能以这些残存者为基础，尤其不能以残存者作为进步的基础的原因是：所有的残存者在经过考验后，一般的健康都受到了损害，例如方才所说的外贝加里亚的马，或北极的海员和一个要塞的守军——他们半饥半饱地困守了几个月，结果健康受到了损害，以后会有高到不正常的死亡率。自然选择在灾难时期的唯一作用，是使最能忍耐各种匮乏的个体免于死亡。它在西伯利亚的马和牛中就起了这样的作用。它们确实有忍耐性，在必要时可以吃北极桦。它们抵抗着寒冷和饥饿。但是，一匹欧洲马轻易就能负起的东西，这种西伯利亚的马却连一半也驮不动。西伯利亚的牛没有一只奶量达到一只泽西牛的一半那样多的，没有一个未开化国度的土人可同欧洲人相比。他们可能更能忍饥耐寒，但他们的体力远远不如一个营养良好的欧洲人，他们的知识的进步简直慢到令人绝望。正如车尔尼雪夫斯基在一篇论述达尔文学说的出色文章中所说的："恶是不能产生善的。"①

十分可喜的是，不论是在动物界还是在人类中，竞争都不是规

① 见《俄国思想》1888年9月号上一个署名老变形论者所作的《生存竞争的恩惠论——几篇讨论植物学、动物学和人类生活的论文的序言》。

律。它在动物中只限于个别的时期才有,而自然选择也不需要它而另有更好的用武之地。以互助和互援的办法来消除竞争,便能创造更好的环境。[①] 在生存大竞争——花费最少的精力以取得生命的最大限度的充实和强度——中,自然选择正是在不断地寻找能尽量避免竞争的道路。蚂蚁结合成许多巢和族,它们储存食物,饲养牲畜——这样就避免了竞争,而自然选择就从蚂蚁的族中把最懂得如何避免竞争和它的必然恶果的挑选出来。大多数鸟类在冬天到来的时候都渐渐地移向南方,或者结成无数的群飞到遥远的地方——这样就避免了竞争。许多啮齿动物在难免发生竞争的时候便开始冬眠,而有些啮齿动物便储备食物以度寒冬,并且聚集在很大的群居地,以便在活动时能获得必要的保护。驯鹿在内陆的地衣干枯时便移居到海边。水牛越过辽阔的大陆去寻找丰富的食物。当海狸在一条河上繁殖过多的时候,它们便分成两部分,老海狸到河的下游,小海狸到河的上游——这样就避免了竞争。如果动物既不能冬眠,又不能移居、储备食物或像蚂蚁那样自产它们的食物,那么,它们就照山雀的办法,也就是华莱士(见《达尔文学说》第 5 章)描写得那么动人的办法:它们乞灵于吃新的食物种类——这样,又避免了竞争。[②]

“不要竞争！竞争永远是有害于物种的,你们可以找到许许多多避免竞争的办法!”这是自然的倾向,虽然不是永远为人们所充

① “自然选择最常用的活动方式之一,是以一个种的一些个体去适应稍微不同的生活方式,从而使它们能够取得自然界中无主的地方。”(《物种起源》第 145 页)——换句话说,就是避免竞争。

② 参看附录 6。

分认识，但它是永远存在的。这是丛山、密林、江河和海洋给我们的铭言。“所以，团结起来——实行互助吧！这是给个体和全体以最大的安全，给他们以生存、体力、智力、道德和进步的最有保证的最可靠办法。”这就是自然对我们的教导；那些在各自的纲中达到最高地位的动物就是这样做的。人类——最原始的人类——过去也是这样做的；正如我们在以后讨论人类社会中的互助的那几章中将要谈到的一样，这就是人类为什么达到了我们现在所处的地位的理由。

第三章　蒙昧人之间的互助

假定的个人反对整体的斗争　人类社会的部落起源　分立的家庭是后来出现的　布西门人和霍顿脱人　澳洲人和巴布亚人　爱斯基摩人和亚鲁特人　欧洲人难以理解的蒙昧生活的特点　鞑亚克人的正义观念　习惯法

互助和互援在动物界的进化中所起的巨大作用，在前面两章中已经做过简短的分析。现在，我们要看一下这些因素在人类的进化中所起的作用了。我们已经看到过单独生活的动物是如何稀少，而为了互相保护，或为了猎取食物、储存食物或传留后代，以及仅仅是为了喜爱共同生活而过群居生活的动物的种又是如何众多。我们也知道，在不同的纲或不同的种之间，甚或在同一个种的不同的族之间，虽然有着不少的斗争，但和平和互助是族或种之内的通例；而那些最懂得如何团结和避免竞争的种，能取得生存和进一步发展的最好机会。它们繁荣昌盛，而不合群的种则趋于衰败。

显然，如果说人类对于这一个如此普遍的通例当成是例外的话，也就是说，像人类这样在当初是毫无防御能力的生物，竟能不像其他动物那样以互助的办法，而是以不顾种的利益、只顾个体利益的横暴竞争方式获得保护和进步的话，那就和我们对自然的一切了解完全相违了。在一个习惯于自然界的一致性看法的人看来，这样一种论点简直完全不能自圆其说。不过，虽然它是这样的不真实和不合情理，却从来不乏支持者。总有一些对人类抱悲观看法的著作家，由于他们自己的有限经验，以不同的肤浅程度抱有这样的看法；他们所知道的历史，只是注意到战争、残忍和压迫行为的编年史家所说的历史，很少及于其他；因此，他们就下结论说，人类只不过是组织散漫的生物，永远准备彼此战斗，只是由于某种权威力量的干预，才阻止了人类这样做。

霍布斯是抱这种看法的；然而他的18世纪的一些信徒则努力于证实人类在任何时候（即使在最原始的时候）都不是生活在长期的战争状态中的；他们认为，甚至在“自然状态”下人类也是合群的，只是由于知识的缺乏（不是由于人类的天生的不良倾向），人类才遭遇到了早期历史生活中的一切恐怖事件。相反的，霍布斯所认为的“自然状态”，无非就是个体之间的永久斗争，这些个体只是由于他们兽性生活的无常意愿才偶尔集合一起。从霍布斯那个时代以来，科学取得了一些进步，这是事实，我们现在有了比霍布斯或卢梭的推测基础更为可靠的依据。但是，霍布斯的哲学现在仍然有许多赞赏者；近来，我们又看到另一派作者，他们不以达尔文的主导思想而用他的术语来作为支持霍布斯对原始人的看法的论据，而且甚至最后还给这种观点加上了科学的外衣。大家都知道，赫胥黎就是这一派人的领袖，他在1888年写的一篇文章里，把人描绘成了一种毫无伦理观念的老虎和狮子，他们为了生存而拼命争斗，至死方休，他们过着“不断随意混战”的生活；用他自己的话来说,“除开有限的和暂时的家庭关系之外,霍布斯所说的个人反对整体的斗争是生活的正常状态。”①

曾经不止一次地有人说过,霍布斯和18世纪的其他哲学家的主要错误,在于他们以为人类的生活在开始时所采取的形式是竞争的小家庭——有些像较大肉食动物的那种“有限的和暂时的”家庭,而实际上,现在我们已经确切地知道,当时的情况并不是这样。当然,我们还缺少有关最初的类人生物的生活方式的直接证据,而且连它们最初出现的时间,至今我们也还没有确定,目前的地质学家倾向于认为可在第三纪的鲜新期或中新世的堆积层中找出它们的遗迹。但是,即使对如此遥远的古代情况,我们也有间接的方法获得一些了解。在过去的四十年间已经对最低级人种的社会组织做过最仔细的研究,在现今的原始人的组织中,已经揭示出一些甚至更为古老的组织痕迹,这些古老的组织虽然早已消失,但仍然留下了它们过去生活的明确迹象。研究人类社会制度的发生这一门科学,已经在巴苛芬、麦克林南、摩尔根、爱德华·泰洛、曼因、波土特、柯瓦列夫斯基、刘波克以及其他许多人的手中发展起来。这门科学已无可置疑地证实了人类的生活的开始并不是单独的小家庭形式。

家庭绝不是人类的原始组织形式,它反而是人类进化中的一个很后期的产物。我们在古人种学所能追溯到的范围内,可以发现人类是结成社会——与最高级的哺乳动物的群相似的部落——而生活的;需要经过极其迟缓和漫长的进化过程才能使这些社会

① 见《十九世纪》,1888年2月号,第165页。

变为氏族组织,而氏族组织同样又要经过一次也是很漫长的进化过程,然后才有可能出现一夫多妻或一夫一妻的家庭的最初萌芽。因此,人类及其祖先的原始组织形式是社会、群或部落而不是家庭。这是人种学家经过辛勤研究之后得出的结论。这样的结论,只不过是动物学家可以预料到的结论。除了少数食肉动物和一些无疑在退化中的猿种(如猩猩和大猩猩)以外,没有一种较高级的哺乳动物是单独地在森林中过着竞争的小家庭生活的。所有其他的动物都是过合群生活的。达尔文深深知道,过单独生活的猿类是绝不可能发展成为类人的生物的,所以他倾向于把人类看成是体力较弱然而合群的种(例如黑猩猩)的后裔,而不是体力较强但并不合群的种(例如大猩猩)的后裔。[①] 所以动物学和古人种学都一致认为社会生活的最初形式是群而不是家庭。最初的人类社会,只不过是这种社会(它们构成了高等动物的生活实质)的进一步发展。[②]

现在,如果我们再看一看正面的证据,我们便可发现,从冰河时期或冰河后期的初期起,最早的人类的遗迹已提供了证明人类甚至在那个时候就是结成社会而生活的确切证据。甚至旧石器时

① 《人类的起源》第 2 章的结尾部分,第二版第 63 和 64 页。

② 充分赞成上述关于人类看法的人种学家们有时却说,猿类是在“一只强壮而好嫉妒的雄猿”率领下过着一雄多雌的家庭生活的。我不知道这个论断有多少确切的研究作为依据。但是,有时候人们从布利姆的《动物的生活》中引来的那一段话,是很难看作十分确凿的。这番话,是他在一般地谈到猴类时说的;但是,他在更详细地谈到各个种的时候,他的话不是和这一说法相矛盾,便是不能给它以证实。甚至在谈到猕猴时,布利姆也是很肯定地说它们“几乎永远是过群居生活而很少过家庭生活的”(法文版第 59 页)。至于其他的种,单单以它们永远是包括有许多雄性动物的群数来说,也就使“一雄多雌的家庭”这种说法大可怀疑了。显然我们还需要进一步的观察。

代的石器,也很少是一件件地单独发现的,相反,无论什么时候,只要发现了一件石器,在大多数情况下准能发现大批的其他石器。有一个时期,当人类和现已绝迹的哺乳动物一起居住在石洞或凸出的岩石下面,几乎还不能制成任何一种粗笨的石斧时,他们已经知道合群生活的好处了。在多尔多涅河支流的溪谷里,有些地方的岩石上布满了旧石器时代人居住的洞穴。① 有时候,他们所住的洞穴是一层叠一层的,这使人想起,它们肯定像一群燕子的窠而不像食肉动物的洞穴。至于在他们的洞穴中所发现的石器,用刘波克的话来说,"可以毫不夸张地说,是不计其数的。"在其他旧石器时代人居住的地方,也是如此。据拉尔德的研究,居住在法国南部澳里亚克地区的人在埋葬他们的死者时,全部落的人还要聚在一起共餐几顿。所以,即使在极其遥远的时代,人类也是过社会生活的,而且已有部落崇拜的萌芽了。

在石器时代后期,这种情况就更加得到了证明。新石器时代的人的遗迹已经发现很多,所以,我们可以在很大程度上重新塑制他们的生活方式。当冰冠(它的散布面积一定是从北板地区起,向南直到法国中部、德国中部和俄国中部,而且还包括加拿大和现今美国的许多地方)开始融化时,在解除了冰冻的地面上首先出现了一些沼泽和湿地,然后是无数的湖泊。② 山谷里的低洼地都变

① 刘波克:《史前时期》(*Prehistoric Times*)第五版,1890年。

② 冰冠的这个范围,已经为大多数专门研究冰河时期的地质学家所承认。俄罗斯地质调查所在谈到俄国时,已采用这个看法,而大多数德国专家在研究德国时,也赞同这个意见。法国的地质学家更多地研究了一下冰河的冲积层以后,不能不承认法国中部高原的大部分地区在从前是冰河。

成了湖泊,以后湖水冲出了许多永恒的水道,这些水道在以后的世纪里便成了我们的河流。我们无论是在欧洲、亚洲或美洲探查这个时期——它的适当名称应叫做湖泽时期——的无数湖泊的湖岸时,都可发现新石器时代人的遗迹。它们的数目是那样多,使我们不能不对当时人口的相对密度感到惊讶。在标志为古代湖岸的遗址上,新石器时代人类的"住地"一个紧挨一个。在每一个住地上,都有那么多的石器,所以,那里长期居住过人口众多的部落,是无可置疑的。考古学家已经发现了制造石器的各种作坊,它们表明经常到那里工作的人是很多的。

在丹麦的贝冢中发现了已经以使用陶器为特征的更进化时期的遗迹。大家都知道,这些堆形贝冢高五至十英尺,宽一百至二百英尺,长一千或一千多英尺,它们在海岸的某些地方是那么普遍,以至在很长一个时期里有人认为它们是天然形成的。然而,它们"中间所有的,没有一件不是以这样或那样的方式供人使用的东西",它们里面塞满了人类手工的产物,所以刘波克在米尔嘉特只待了两天就挖掘出了不下191件石器和4片陶器。[①] 单是贝冢的大小和范围,就可证明曾有数以百计的小部落像生活在我们这个时代的费强人部落——他们也堆积这种贝冢——那样,在丹麦的海岸上和平地居住了许多世代。

至于标志文明有了更进一步发展的瑞士湖畔的房屋,它们提供了群居生活和劳动的更好证明。我们知道,瑞士的湖岸甚至在石器时代就已经到处有了接连不断的村落,每一个村落有几所茅

① 《史前时期》第232和242页。

屋，建筑在用无数根柱子支撑在湖上的平台上。这样的村落，在莱蒙湖畔所发现的不下 24 处之多(大部分是石器时代的)，在君士坦斯湖畔发现了 32 处，在纽沙特尔湖畔发现了 46 处，还有其他一些地方。每一个村落都证明这些需要巨大劳动量的工程不是由家庭而是由一个部落的人合力完成的。人们认为，在湖畔居住者的生活中是极少战争灾害的。如果我们考察一下迄今还居住在海边上用柱子支撑起来的村屋中的原始人的生活，便知道当时的情况大概就是这样。

即使从以上匆匆简述的几点提示来说，也可看出我们对原始人的知识并非如何缺少，就这些知识来说，它是反对而不是支持霍布斯的推测的。此外，对现今还处于欧洲人在史前时期所处的文明水平的某些原始部落的直接观察，所得到的知识在很大程度上也可补充我们对原始人知识的不足。

我们现在所发现的那些原始部落，并不是像有些人所说的是有过较高文明水平的人类退化的典型，这一点已为泰洛和刘波克所充分证明。在已为人提出的反对退化说的论点以外，还可以作如下的补充。除了聚居在人不易到的高原上的少数部落以外，“蒙昧人”可以说是围绕着多少有些文明的国家的一条纽带，他们遍布于我们各洲的每一个边缘角落，他们大多数都依然保持着或最近还带有冰川时期后期的特点。爱斯基摩人和他们在格陵兰、北极美洲和西伯利亚北部的同种，以及南半球的澳大利亚人、巴布亚人、费强人和一部分布西门人就是这样的；至于在文明地区，只是在喜马拉雅山脉、大洋洲的高地以及巴西的高原上才发现有这样的原始人。现在，必须记住的是，冰川时期在地球表面上并不是全部结束了，它在格陵兰迄今还继续存在。因此，有一个时期，当印度洋、地中海和墨西哥湾的沿岸地区已经有了温暖的气候，成为较高的文明的发祥地时，在欧洲中部、西伯利亚、北美洲以及巴塔哥尼亚、南非和大洋洲南部的广大地区依然处在早期的冰川时期后期的环境中，使热带和亚热带地区的文明民族不能到那里去。那个时候，这些地区的情况就如同现在西伯利亚西北部可怕的“针叶树林”一样，它们的人口不接触文明，不受文明的影响，因而仍然保持着早期的冰川时期后期人的特征。后来，干燥作用使这些地区比较适合农业了，于是有较高文明的人便移居到这些地方，从前居住在这里的人有一部分为新来的人所同化，而另一部分人就再向别的地方迁移，定居在我们现今发现他们所在的地方。他们所居住的地区，就自然特点来说，现在依然是或不久前还是处在半冰川时期状态中。他们的艺术和工具是属于新石器时代的；尽管他们的种族有区别，所居住的地区也相离很远，但他们的生活方式和社会组织却相似得惊人。所以我们不能不把他们看作原是住在现今文明地区里的早期的冰川时期后期的人。

当我们一开始研究原始人的时候，首先使我们感到惊奇的是，他们生活中的婚姻关系的构成的复杂性。按照我们给“家庭”这个词规定的意义来说，在大多数原始人当中连它的萌芽也很难找到。然而，他们绝不是凭一时的兴之所至男人和女人就漫无秩序地聚集在一起的松散结合。他们都有一定的组织，摩尔根根据这种组织的一般情况称它为“氏”或氏族组织。[①]

我想尽量简短地来谈一下这个问题；毫无疑问，人类在开始的时候，是经过了一个可以称之为“共婚”的阶段的，也就是说，整个部落中的丈夫和妻子都是公有的而很少考虑血缘关系。但在很早时期就对自由的性交有一些限制，这也的确是事实。不久以后就禁止了一个母亲的儿子和她的姊妹、孙女和姑母之间的通婚。后来，又禁止了同母的兄妹之间的结婚，跟着又有了进一步的限制。把所有认为是一祖相传的子孙（或更确切地说，是集合在一个群里的人）聚合在一起的宗族或氏族的观念有了发展。当由于氏族人数增加过多，因而划分成几个支族的时候，每一个支族又分成部别（通常是

① 巴苛芬：《母权论》（*Das Mutterrecht*），斯图嘉德，1861 年；路易斯·摩尔根：《古代社会——从蒙昧时期经过野蛮时期到文明时期这些路线来研究人类的进化》（*Ancient Society, or Researches in the Lines of Human Progress from Savagery through Barbarism to Civilization*）纽约，1877 年；麦克林南：《古代史概论》（*Studies in Ancient History*），第 1 集，新版，1886 年，第 2 集，1896 年；斐森和贺威特：《卡米拉罗和寇尔纳》（*Kamilaroi and Kurnai*），墨尔本。正如吉洛·泰隆所指出的，这几位作者虽然是从不同的事实和不同的概念出发并采用不同的方法，然而却得到了同样的结论。我们感谢巴苛芬给了我们母系家庭和母系继承这些概念；感谢摩尔根给我们论述了马来人和杜拉尼亚人的亲属制，并且对人类进化的主要阶段作了天才的素描；感谢麦克林南给我们论述了外婚制；感谢斐森和贺威特给我们描绘了澳大利亚的婚姻社会制的概况。这几位作者最终都证实了家庭是起源于部落的。当巴苛芬在他划时代的著作中首先注意于母系的家庭，和摩尔根致力于论述氏族组织时，有人说他们太夸张了，因为他们两个人都认为这两种形式几乎是普遍的，认为婚姻的法则是人类进化的各个阶段的根本基础。然而有许多研究古代法的学者在以后对这个问题进行了更详细的研究，证明所有人类的种族都留有遗迹，表明了他们的婚姻法则都经过了相同的发展阶段，和我们现在所见到的在某些蒙昧人中仍然有效的法律一样。参看波士特、达尔冈、柯瓦列夫斯基、刘波克以及他们的许多信徒（如里伯特和穆克等）的著作。

四个），并且只有在界限明确的部别之间才允许通婚。我们现在发现，使用卡米拉罗语的澳洲人就是处于这个阶段。至于家庭，它的最初萌芽在氏族组织中已经出现。在战争中从另一个氏族掳来的妇女，在从前或许是属于整个氏族公有的，后来便可以由掳获者在对整个部落担负一定义务的条件下占有她。他可以把她带到单独的小屋去，在她对氏族付出一定贡品以后，就可在宗族中组成一个分立的家庭，很明显，分立的家庭的出现，便打开了文明的一个崭新时期。但是，绝不能从同宗族或氏族中娶一个妻子来奠立新的家长制的家庭。[①]

现在，如果我们考虑到这个复杂的组织是在处于我们所知的最低进化阶段的人类中发展起来的，而且它在除了公众舆论以外便不知道有其他权威的社会中仍然能够得到保持，那么，我们立刻就会知道，在人类还处在最低级几个阶段的时候，社会的本能便已经在他们的天性中深深地生了根。一个蒙昧人能够在这样一种组织中生活，并且能自愿地服从同他个人愿望不断冲突的规则，那么，肯定他不是一个没有伦理原则和不能控制自己情欲的野兽。但是，如果我们再考虑到氏族组织是远古时代的东西，那么，这个事实就更加令人惊奇了。现在已经知道，原始的闪族人、荷马时代的希腊人、史前时期的罗马人、塔西佗所写的日耳曼人、早期的克尔特人和斯拉夫人，都有过他们自己的氏族组织时期；他们的氏族组织，同澳洲人、红印第安人、爱斯基摩人和其他"蒙昧边缘带"人

① 参看附录7。

的氏族组织是极其相似的。[①] 因此,以下两点我们必须承认其一:或者婚姻法则在人类的各个部落中是面向着相同的方向发展的;或者在闪族人、亚利安人和波利尼西亚人等在分化成这些单独的种族之前,氏族的基本法则在他们共同的祖先中便已经发展起来,而且直到现在,这些通例在那些许久以前从同一个祖先分支下来的各种族间还依然保持着。这两种解释,都表明这个制度的持久是很惊人的——是如此的持久,以致在它存在的几千年间任何个人对它的破坏也不能把它摧毁。氏族组织的持久,共本身就表明:把原始人类说成是个人的漫无次序的聚合,说他们只听从个人情欲的支配,借他们个人的力量和狡诈来反对其他同种人的看法是多么错误。毫无约束的个人主义是现代的产物,它绝不是原始人类的特点。[②]

现在,我们来谈谈目前还存在的蒙昧人,我们先从布西门人谈

① 关于闪族人和亚利安人,请详细阅读马克西姆·柯瓦列夫斯基教授的《原始法律》(原文为俄文),莫斯科,1886 和 1887 年。并参看他在斯德哥尔摩发表的讲演(《家庭和私有财产的起源和演变论述》,斯德哥尔摩,1890 年),这篇讲演对整个问题作了详细的论述。并参看波士特的《原始时代的人类的联合》(*Die Geschlechtsgenossenschaft der Urzeit*),鄂尔登堡,1875 年。

② 在这里,不可能对婚姻限制的起源进行讨论。我只提一下,在鸟类中是存在着类似摩尔根所说的"夏威夷式组织"的群的;小鸟和它们的父母分开来生活。在有些哺乳动物中或许也可找到类似的分居。至于禁止兄妹之间结婚,其原因在于避免容易过早的结合,而不是考虑到血缘关系的不良后果——能考虑到这一点的可能性,似乎是很小。当亲密地在一块儿生活的时候,就更需要禁止这种婚姻。我还要谈到的是,在总论新的风俗习惯的起源时,我们必须记住,蒙昧人像我们一样,也有他们的"思想家"和学者——巫师、医生和先知等——他们的知识和思想是超出于群众的。由于他们结合成秘密的团体(这也是一个几乎普遍的特征),所以肯定他们能起有力的影响,能够强迫实施种族中大多数人也许还不了解其效果的习惯。

起。他们的发展水平是很低的——低到连住房也没有，只在地上挖一个洞，有时候用些隔板遮蔽一下，就在里面住宿。大家都知道，当欧洲人殖民到布西门人的土地上，把鹿都消灭以后，他们便开始偷窃欧洲人的家畜，于是欧洲人便对他们发动了一场歼灭战，其情况之惨，简直使人不忍在这里加以叙述。1774 年，布西门人被农民联盟屠杀的有五百人，在 1808 年和 1809 年被屠杀的有三千人，等等。他们像老鼠那样被毒死，被埋伏在动物尸体旁边的猎人杀死，无论在哪里，他们一遇到欧洲人就要遭到屠杀。[①] 我们关于布西门人的知识因为主要是从亲手屠杀他们的人那里得来的，因此有限得很。然而我们仍然知道，当欧洲人到达那里的时候，布西门人是结成小小的部落(即氏族)生活的，有时候这些部落还结成联盟。我们也知道他们是共同打猎的，从不因为分配猎获物而发生争吵。他们从未抛弃过他们受伤的同伴，并且对他们表现了深厚的感情。李希登斯坦讲过一个很使人感动的故事：几乎淹死在河中的一个布西门人，终于被他的同伴们救了起来；他们把自己身上的兽皮取下来给他盖上，而自己却冻得发抖；他们在火边把他的身子擦干，给他涂上温暖的油脂，一直到把他救活过来为止。当布西门人发现约安·范·台·瓦尔特是一个对他们很好的人时。他们就对他表达了极其亲热的情感，以示他们的谢意。[②] 贝舍尔和摩法特都说布西门人是心地善良的人，他们公正无私，忠实于自

① 柯林斯上校所述，载菲利普斯的《南非洲研究》(*Researches in South Africa*)，伦敦，1828 年。引文见威茨的著作第 2 卷第 334 页。

② 李希登斯坦：《南非洲旅行记》(*Reisen im südlichen Afrika*)第 2 卷第 92、97 页，柏林，1811 年。

己的诺言，而且知道感恩报德[1]，所有这些品质只有通过在部落中的实践，才能得到发展。至于说到他们对孩子的爱，只举这样一个事例就够了：当一个欧洲人想抓一个布西门女人来做奴隶时，他便偷走她的孩子，这样，那个母亲便一定会来做他的奴隶，同她的孩子共命运。[2]

上述这种社会风俗，也是霍顿脱人的特征，他们只比布西门人略微进步一些。刘波克说他们是“最肮脏的动物”，而他们也的确肮脏。他们身上所穿的，只是挂在脖子上的一张兽皮，竟然把它穿到一块块地烂掉为止。他们的茅屋是用几根棍子搭起来的，上面盖着席子，里面什么家具也没有。虽然他们养有牛和绵羊，并且似乎在同欧洲人接触以前就知道使用铁器，但他们依然是处于人类发展的最低阶段。然而，凡是了解他们的人都十分称赞他们的合群和积极互助的精神。不论你把什么东西给一个霍顿脱人，他立刻就把它分给他所有在场的同胞——大家都知道，达尔文曾经因为费强人有这样的习惯而感到十分惊奇。一个霍顿脱人不管是多么饥饿，他也不会独自一个人吃东西，而要招呼过往的人来和自己同享他的食物。当科耳本对此表示惊奇时，他得到的回答是：“这是霍顿脱人的风俗。”但是，这不仅仅是霍顿脱人的风俗，它在蒙昧人中也是一种几乎极普遍的习惯。熟悉霍顿脱人并且从不放过霍

① 威茨：《原始人类学》(*Anthropologie der Naturvölker*)第 2 卷，第 335 页以下。并参看弗立席：《非洲的土著》(*Die Eingeboren Afrika's*)，布列斯劳，1872 年，第 386 页以下，和《南非三年记》(*Drei Jahre in Süd-Afrika*)。同时参看布勒克的《布西门人民间传说简述》(*A Brief Account of Bushmen Folklore*)，开普敦，1875 年。

② 见艾利塞·邵可侣：《世界地理》(*Géographie Universelle*)第 13 卷第 475 页。

顿脱人的缺点的科耳本，也极口称赞他们的种族道德观念。

> “他们的诺言是神圣的，”他写道。他们“丝毫不懂欧洲的堕落行为和不守信义的诡计”。“他们生活在很安静的气氛中，很少和邻人发生战争。”他们“彼此间都以仁慈和善意相待……霍顿脱人最大的快乐之一，肯定是赠给别人礼物和为别人效劳”。“霍顿脱人的正直，他们的赏罚分明和及时，他们的贞洁，所有这些，都是他们超过世界上一切或大多数民族的地方。”[①]

达沙尔、巴罗和穆迪[②]都充分证实了科耳本的话是符合事实的。我所要说的是，科耳本写过这样一句话：“他们肯定是世界上曾经有过的，彼此以最友好、最慷慨和最仁慈相待的民族”(《好望角的现状》第 1 卷第 332 页)。他这句话在以后描写蒙昧人的文章中不断出现。欧洲人第一次遇见原始人时，往往要嘲笑他们的生活，但是，当一个明智的人在他们中间生活了一段较长时期以后，便总要称他们为世界上“最善良的”或“最温和的”种族。这些字眼，曾被最有权威的学者用来形容奥斯提亚克人、撒莫耶人、爱斯基摩人、鞑亚克人、亚鲁特人和巴布亚人等。我还记得在其他的著作中，也看到用这些字眼来形容通古斯人、诸克起人、苏族人和其他几个种族。一再对他们这样的称赞，其本身就已经充分说明问

① 科耳本：《好望角的现状》，梅得里先生译自德文，伦敦，1731 年，第 1 卷第 59、71、333、336 等页。

② 见威茨的《原始人类学》第 2 卷第 335 页以下。

题了。

澳大利亚的土人并不比他们在南非洲的弟兄有更高的发展水平。他们的茅屋也是那样，往往是只有一些很简单的隔板来遮挡寒风。他们在吃食方面是最不讲究的：他们吃腐烂得怕人的尸体，而且在食物缺乏时还吃人。当欧洲人最初发现他们的时候，他们还只有石头和骨头做的器具，而且连这些也是最粗糙的。有些部落甚至还没有独木船，也不知道以物易物的交易。然而，当我们仔细地研究他们的风俗习惯时，便可证明他们是生活在我在前面已提到过的严密的氏族组织中的。①

他们所住的地区，常常是在几个不同的宗族或氏族间经过分配的，而每一个氏族的渔猎区则属公有，所捕猎的鱼和兽，属于整个氏族，捕鱼和打猎的工具也是如此。② 他们是在一块儿吃饭的。像其他许多蒙昧人一样，他们在可以收集某种树胶和草的季节方面，也遵守着一定的规矩。③ 至于说到他们总的道德，最好的办法莫过于转述旅居在北昆士兰的一位传教士鲁末尔茨对巴黎人类学会所提问题的答复：④

① 通过洛里曼尔·斐森和贺威特的杰作(《卡米拉罗和寇尔勒》，墨尔本，1880年)，我们知道住在悉尼北部、说卡米拉罗语的土人，在这方面最为突出。并参看贺威特的《再论澳大利亚人的阶级制度》，载《人类学会学报》1889年第18卷第31页，这篇文章指出氏族在澳大利亚是广泛流行的。

② 《澳大利亚土人的传说和风俗等》，阿迪拉得，1879年，第11页。

③ 格雷：《在澳大利亚西北和西部两次探查的日志》(*Journals of two Expeditions of Discovery in North-West and Western Austtalia*)，伦敦，1841年，第2卷第237和298页。

④ 《人类学会会报》1888年第11卷第652页。我把他的回答有所节略。

“我们知道他们之间是懂得友情的；这种情感很强烈。体力弱的人经常得到帮助，病人可以得到很好的照护；他们从来没有人被抛弃或被杀害。这些部落中的人都有吃人的习性，但他们很少吃自己部落中的人（我想，只是按照宗教规矩供神的时候，才吃自己部落中的人）；他们只吃陌生人。做父母的都很爱他们的孩子，同孩子们一块儿玩，并且娇惯他们。杀婴是大家赞同的。但老人受到优待，从不会被处死。他们没有宗教，没有偶像，只有对死亡的惧怕。婚姻是一夫多妻制。在部落中发生争吵，解决的方式是双方用木制的刀剑和盾牌进行决斗。没有奴隶，没有任何耕作，没有陶器，没有衣服，只是妇女们有时候围一条裙子。一个部落有两百人，男的分成四个等级，女的也分成四个等级；只允许同平常允许的等级的人结婚，同宗族内的人是从不允许互婚的。”

巴布亚人和上面所说的澳大利亚人在种族上很相近，关于他们，我们有在新几内亚居住过的炳克提供的材料，他于 1871 年到 1883 年住在新几内亚，主要是住在吉尔文克湾。以下是他对同一个提问者的回答的要点：①

“他们喜欢群居，而且很愉快；他们经常笑。胆小，不勇敢。不同部落的人之间的友情较强，但同一部落的人的友情则更强。一个人常常为他的朋友偿债，条件是后者无利地把

① 《人类学会会报》1888 年第 11 卷第 386 页。

债务偿还给前者的孩子们。他们照顾病人和老人，老年人从来不被人遗弃，在任何情况下也不会被杀死——除非他是一个病了很久的奴隶。战俘有时候被吃掉。孩子们非常受人宠爱。老弱的战俘被杀掉，其余的便被卖为奴隶。他们没有宗教，没有神，没有偶像，没有任何种类的权威；家庭中年纪最大的人就是法官。通奸的人要受罚，其中有一部分被罚的东西归给公社(negoria)。土地公有，但谁种谁收。他们有陶器，并且懂得以物易物的交易——习惯的做法是：商人把货物交给他们，他们回家去取来商人所需要的土产；如果拿不出土产来，他们就把欧洲货品退还给商人。[①] 他们猎取人头，以报血仇。芬席说，他们'有时候把事情诉诸纳莫脱特王(The Rajah of Namototte)去处理，而他就以科罚来解决问题'。"

在受到良好对待时，巴布亚人是非常和善的。米克鲁可一马克莱在新几内亚东海岸登陆时，随身只带了一个人，但他在被称为食人的各部落中住了两年，而且在离开他们时依恋不舍；他又回去和他们住了一年，而他从来没有诉说发生过什么冲突。的确，他的行为的准则是，绝不以任何借口说不真实的话，也不作不能遵守的任何诺言。这些甚至还不知道如何取火、在他们的茅屋中仔细地保持着火的可怜虫们，生活在原始共产主义的境况中，没有任何领袖；然而在他们的村子里却没有发生过值得一提的争吵。他们共

① 以诚实著称的凯马尼湾的巴布亚人，也是这样做的。芬席在《新几内亚及其居民》(*Neuguinea und seine Bewohner*，不来梅)中说："从未有过巴布亚人不忠于自己诺言的事。"

同劳动，只做刚够得到一天的食物的工作；他们共同养育他们的孩子；他们在黄昏时尽量迷人地打扮起来，一起跳舞。像所有的蒙昧人一样，他们也喜欢跳舞。每一个村子都有一座“长屋”或“大屋”，供未婚的男子居住，供社交集会或讨论公共事务之用——这是太平洋岛屿上大多数土人、爱斯基摩人和红印第安人等的又一个共有的特点。所有的村落集团都保持着友好的关系，集体地互相拜访。

不幸的是，他们中间的仇斗也很不少，其原因不是由于“地区的人口过多”或“激烈的竞争”和重商主义世纪的那一类发明，而主要是由于迷信。当一个人病了的时候，他的朋友和亲人便都聚拢来慎重地讨论可能是谁惹起的这场病。他们考虑到一切可能的敌人，每一个人都说出自己同病人发生过的琐碎口角、争端，最后，真正的原因就找到了。如果是邻村的敌人惹起的这场病，那么，他们就决定去袭击那个村子。因此，甚至在沿岸的村子中间也是经常发生仇斗的，更不用说被认为是真正巫妖和敌人的山居食人者了，但是在同这些人有了较亲近的接触以后，证明他们也和住在海岸上的邻居是完全一样的人。①

太平洋岛上波利尼西亚人的村落里充满一片和睦的气氛，要描写的话，可以写上许多页动人的文章。不过，他们是属于较发展的文明阶段的人。所以，我们现在要从遥远的北方去寻找例证。然而，在离开南半球以前，我必须说一下，即使是声名极坏的费强

① 见《俄国地理学会会报》1880 年第 161 页以下。关于蒙昧人的日常生活的详尽末节，没有一本游记能像从马克莱的札记中摘来的这些片段记载得更为深刻了。

人，自从人们开始对他们有了更好的了解以后，对他们的看法也好多了。同他们生活在一起的几个法国传教士“从未见到过有什么值得抱怨的恶意行为”。在他们拥有一百二十至一百五十人的部落里，他们也实行和巴布亚人相同的原始共产主义，他们的一切东西都是公有的，对老年人很优待。在这些部落里充满了一片和平的气氛。①

在爱斯基摩人以及和他们最近的同种斯林克人、哥罗席人和亚鲁特人中，我们找到了同人类在冰川时期情况最相似的实例之一。他们的器具和旧石器时代人的器具几乎没有区别，他们当中有些部落至今还不知道如何捕鱼，他们只用一种鱼叉叉鱼。② 他们知道使用铁器，但这是从欧洲人那里得来的，或是从遇难的船只上找到的。他们的社会组织是很原始的，虽然他们业已脱离了“共婚”阶段，甚至已在氏族限制之下了。他们过着家庭生活，但家庭的关系常常破裂，丈夫和妻子经常互相交换。③ 然而，这些家庭依然是团结在氏族中的，它们又怎能不是这样呢？除了紧密地团结他们的力量以外，他们怎么能维持住艰苦的生存竞争呢？他们这样做了，所以在生存竞争最艰苦的地方，即格陵兰的东北部，部落团结得最紧密。“长屋”是他们经常的住处，里面住着几家人，用破烂的毛皮把屋子隔成几个小间，前面有一条公用的通道。有些屋

① 马夏尔：《合恩角科学考察》(*Mission Scientifique au Cap Horn*)，巴黎，1883年，第1卷第183—201页。

② 见荷姆船长的《格陵兰东部探险记》(*Expedition to East Greenland*)。

③ 在澳大利亚，有人见过整个的氏族中人为了消除灾祸而全体互相交换妻子，见波士特：《关于家族权利发展史的研究》(*Studien zur Entwicklungsgeschichte des Familienrechts*)，1890年，第342页。更加紧密团结，是他们对付灾难的特殊方法。

子成十字形，在这种屋子里，在中心保持着一堆公火。一个德国探险队曾在那些长屋之一的附近度过一冬，这个探险队得以证实在那整个漫长的冬天里，“没有发生过扰乱和平的口角，没有因为使用那小小的空间而发生争执”。“骂人甚至说不好听的话，如果不是以讽歌（nith-song）这种合法的形式表达的，都要被认为是坏行为”。[①] 紧密地住在一起和紧密地互相依照，这就足以使大家一个世纪又一个世纪地对公共利益保持深深的尊重，这一点已经成为爱斯基摩人的生活特征。甚至在爱斯基摩人的较大群体里，“公众舆论就是真正的法庭，一般的惩罚是人人对那个犯罪者加以鄙视”。[②]

爱斯基摩人的生活是建筑在共产主义基础上的。猎获的动物和捕到的鱼全都属于氏族所有。但在有几个部落，特别是在西部受丹麦人影响的部落里，私有财产也掺入了他们的制度中。然而，他们有一个很新颖的办法以消除由于私有财产的积累而引起的麻烦——这些麻烦本可迅速摧毁部落的团结的。当一个人富裕起来的时候，他便举行一次盛大的宴会来招待他氏族中的人，在大吃一阵以后，再把他的所有财产分给他们。达尔在育空河畔曾看见一

① 伦克博士：《爱斯基摩人的部落》（*The Eskimo Tribes*）第 26 页，见《格林兰情况报告》（*Meddelelser om Grënland*），第 11 卷，1887 年。

② 见上引伦克博士的著作第 24 页。在尊重罗马法的环境中成长起来的欧洲人，是很难理解那种部落的权威力量的。“事实上，”伦克博士写道，“在爱斯基摩人当中生活了一二十年的白种人，回来后，对有关他们的社会状态所依据的传统观念的知识，也不能真实地有所增加，这种情况不是例外，而是规律。白种人（不论是传教士还是商人）总是坚信自己的武断看法：最庸俗的欧洲人也要比最卓越的土人更好。”载《爱斯基摩人的部落》，第 31 页。

家亚鲁特人用这个方式分送了十支枪、十套皮衣、两百串珠子、许多条毡毯、十张狼皮、两百张海獭皮和五百张黑貂皮。分过东西以后，这一家人又把节日衣服脱下来送给别人，再穿上破旧的皮衣，对他们的亲族说，虽然现在他们是比人们当中任何一个人都穷了，但他们赢得了众人的友谊。[①] 这种方式的分散财产，看来在爱斯基摩人中间是一种习惯，在一定的季节里举行，把一年中获得的东西展览一遍以后便一一分掉。[②] 我认为，这样的分散财产，揭示了一个和第一次出现私有财产同时出现的古老制度，它们一定是在少数人发财致富使人不安后用来恢复氏族成员间平等的手段。在有史时期，在许多不同的种族（如闪族和亚利安族等）中定期举行的土地再分配和定期放弃一切债务，一定就是这个古老的习惯的残余。我们在所有的原始种族当中还发现这样一种习惯：要么就把死者个人的财产和他一起埋掉，要么就在他的坟前把它毁掉——这种习惯必然是出自同一个来源。事实上，在死者坟前所烧毁或打坏的，是他个人的财产，而不是他和部落共有的小船和公共捕鱼工具之类的东西。所毁坏的，仅仅是个人的财产。在以后的一个时期，这个习惯变成了一种宗教仪式：它获得了神秘的解释，并且在单单靠公众舆论不能使一般人都遵守这个习惯时，便由宗教来强迫实行。最后，代替这种习惯的方法是烧掉死者的财产

① 达尔：《阿拉斯加及其资源》(Alaska and its Resources)，英国剑桥，1870 年。

② 达尔在阿拉斯加，雅各森在白令海峡附近的伊格尼托克看见过这样的分散财产。吉伯特·斯普罗特说，在温哥华的印第安人中也有这样的习惯；伦克博士在描写刚才所讲的那种定期的展览时说："个人所积累的财产，其主要用途就是定期把它分掉。"他还提到（同前第 31 页）为了"这同一个（保持平等）目的的破坏财产"。

的简单模型(如像在中国),或者只把他的财产拿到坟前去,在葬礼完毕以后又拿回来——以刀剑、十字架和其他代表公共荣誉的物品来说,欧洲人现在还是普通地按照这个习惯来办的。[①]

关于爱斯基摩人的部落道德标准之高,在一般文献中是经常谈到的。然而,以下一段关于亚鲁特人——和爱斯基摩人种族很相近的人——的风俗的叙述,也许能更好地说明一般蒙昧人的道德。这是一个在亚鲁特人中间住了十年之久的最出众的人物——俄国传教士文尼亚米诺夫写的。我大部分用他的原话摘要如下:

> "忍耐(他写道)是他们的主要特点;那简直是非比寻常。他们不仅每天早晨在结冰的海里洗澡,赤身裸体地站在海滩上吸进寒冷的风,而且,即使在食物不足、艰苦劳动时,他们的忍耐力也是超出我们想象之外的。在食物长期不足的时候,亚鲁特人首先是照顾他们的孩子,他把所有的东西都给他们,而自己则忍饥挨饿。他们没有偷窃的习性,这一点连最初的俄国移民也谈到过。不是说他们从不偷窃,每一个亚鲁特人都会承认他曾在某一次偷过什么东西,但偷的东西永远是一些微不足道的东西,整个的事简直只能算儿戏。父母对孩子们的疼爱,虽然从来不以言语或娇惯的行动来表达,但是却很感动人。要费很大的劲才能使一个亚鲁特人答应一件事情,但他一经答应,无论发生什么情况他也会遵守他的诺言(有一个亚鲁特人送给文尼亚米诺夫一条干鱼,但后者在匆匆走开

① 参看附录8。

时把它忘记在海滩上。那个亚鲁特人把它拿回家去，当他第二次送给这个传教士时，已经是第二年的1月了；而11月和12月，正是亚鲁特人营地非常缺乏食物的时候，但这些饥饿的人却碰都不碰这条鱼，在1月里又把它送到文尼亚米诺夫的手里）。他们的道德规则，真是又多又严。以下种种都认为是可耻的事情：对不可避免的死亡感到恐惧；向敌人讨饶；未曾杀过一个敌人就死去；被判定犯过偷窃罪；在港里弄翻船只；怕在狂风暴雨时到海上去；在长途旅行中由于食物缺乏第一个病倒的人；在分配猎获物时表现了贪心（在这种情况下，每一个人都把他自己那一份送给那个贪婪的人来羞辱他）；把公众的秘密泄露给自己的妻子；在两个人去打猎时，不把最好的猎获物给同伴；夸耀自己的事迹，尤其是夸大虚构的事迹；轻蔑地辱骂任何人。还有，向人讨乞；在别人面前宠爱自己的妻子和同她跳舞；亲自讲价还价；卖东西永远必须通过第三者，由他来决定价值，也都被认为是可耻的事情。至于妇女认为可耻的是不会做衣服、不会跳舞和做各种妇女的活；此外，在生人面前宠爱丈夫和儿女，或甚至和丈夫说话，也认为是可耻的事情。”①

这就是亚鲁特人的道德，在这方面，还可以用他们的故事和传说来作为进一步的例证。让我再补充一点，当文尼亚米诺夫（在

① 文尼亚米诺夫：《关于安纳拉石卡地区的报告》，原文为俄文，共三卷，圣彼得堡，1840年。在达尔的《阿拉斯加和它的资源》中有这个报告的选录（英文）。关于澳大利亚土人的道德，在《自然》第42卷第639页上也有类似的描述。

1840 年）写那个报告的时候，从上一个世纪以来，在 6 万人口当中只发生过一次谋杀事件，而且 40 年来在 1,800 个亚鲁特人当中连一件违犯习惯法的事也没有。但是，如果我们注意到，在亚鲁特人的生活中绝不知道有辱骂、嘲笑和使用粗鄙的语言的事，那么这件事看来就没有什么奇怪了。甚至连他们的小孩子也从不打架、从不彼此咒骂的，他们顶多只许说："你的妈妈不会做衣服"，或者"你的爸爸瞎了一只眼睛"。①

对欧洲人来说，蒙昧人的生活中的许多特点一直是一个谜。关于部落团结的高度发展和促使原始人彼此诚心相待的善意，如要多少可靠的例证来说明，就可举出多少可靠的例证来。以上所说的那些蒙昧人也杀婴，有时候也遗弃老人，而且盲目地遵奉血仇要用血来还的信念，所有这些仍然是事实。因此，我们必须解释一下在欧洲人乍看起来是如此矛盾的事实能够同时存在的道理。我刚才说过，在亚鲁特人中，做父亲的宁肯饿几天或几个礼拜，而把一切可吃的东西都给他的孩子；在布西门人中，做母亲的为了和孩子在一起而甘心去当奴隶，我可以写满若干页的例证来说明在蒙昧人和他们的孩子之间存在的真正温情关系。旅行家不断地偶然谈到这些关系。在这本书里，你可以看到母亲的慈爱，在那本书

① 值得注意的是，有几位作者，例如米登多夫、席伦凯和芬席，在描述奥斯提亚克人和撒莫耶人时，差不多用的也是相同的词句。甚至在酒醉的时候，他们的口角也是不值一提的。"在一百年里，在整个冻土苔原中仅仅发生过一次系人的事件"；"他们的孩子从来不打架；""无论什么东西，即使是食物和杜松子酒，在苔原放几年也不会有人去动它；"等等。吉伯特·斯普罗特在温哥华岛上的亚脱印第安人中"从未看见过两个清醒的土人争斗过"。"他们的孩子也很少吵嘴打架。"（见前引伦克的著作）还有其他等等。

里，你可以看到一个父亲把被毒蛇咬伤的孩子背在肩上狂奔过森林，一个传教士会告诉你父母在失去孩子时是多么伤心，他们的孩子在几年前出生时拿去献神，但为传教士所营救了；你将知道，“蒙昧的”母亲往往喂她孩子的奶一直喂到四岁，在新赫布里底群岛，当人们特别喜爱的孩子死去时，母亲或姑母将为了到另一个世界去照护他而自杀。[①] 还有其他一些事例等等。

类似的事实，还见到过许多；所以，当我们看见这些爱孩子的父母杀婴时，我们必须把这个习惯（不论它以后转变成什么形式）看做是起于纯粹生活需要的压力，是对部落的义务和抚养已经在成长中的孩子们的手段。一般的说，蒙昧人并不是像有些英国作者所说的“无限制地生殖的”。恰恰相反，他们采取了减少出生率的一切办法。为此，他们强制制定了在欧洲人看来一定认为是十分过火的一系列的限制，而且严格地遵守它们。但是，尽管这样，原始人依然不能抚养他们所有的孩子。然而，一当他们能够增加他们经常的生活资料时，他们便立即开始放弃杀婴的做法。总的说来，做父母的是很勉强地遵从这个义务的，当他们能够供养的时候，他们就采取种种折中的办法，以挽救他们新生婴儿的生命。我的朋友艾利·邵可侣说得很好，[②]他们发明了吉利的和不吉利的出生日期，在吉日出生的孩子，就让他活下去；他们尽量把杀孩子的时刻拖延几个小时，然后说，如果这个孩子活上了一天，那么，就

① 吉尔的话，在杰兰和威茨的《原始人类学》第 5 卷第 641 页加以引用。并参看第 636—640 页，在这中间，引证了许多父母爱子女和子女孝顺父母的事实。

② 《原始人》（*Primitive Folk*），伦敦，1891 年。

必须让他自然地终其天年。[①] 他们听森林中是不是传来孩子的哭声，如果听见的话，便认为它将给部落带来灾祸；由于他们没有寄养孩子的人或托儿所来摆脱掉孩子的拖累，他们每一个人都对执行这种残忍的判决感到畏缩。他们宁可把孩子抛弃在森林中，而不愿用暴力夺去他的生命。维持杀婴是无知而不是残忍，所以，传教士们不必用说教的办法来感化蒙昧人，他们还是仿效文尼亚米诺夫的例子更好些，他在衰老从前每年都坐着一条简陋的小船渡过鄂霍次克海，或者骑着狗往来于诸克起人之间，供给他们面包和渔具。他这样做才真正制止了杀婴。

至于肤浅的观察家所说杀父母的行为，也是如此。我们方才讲过，抛弃老年人这种习惯，并不像有些作者所说的那样普遍。它被人们过分夸张了，但是，几乎在所有的蒙昧人中都会偶然发现这种事情；这种事情的发生，究其原因，也和抛弃婴儿一样。当一个"蒙昧人"觉得自己成了部落的一个负担的时候，当他每天早晨要从孩子们嘴里夺取他那一份食物的时候（孩子们不像他们的父亲那样能够克制，他们饿了就要啼哭），当他每天早晨需要年轻人肩负着他走过多石的沙滩或处女林的时候（在蒙昧人那里没有运病人的车子，也缺少穷人来推着他们四处走），他就开始讲至今俄国的老农夫还讲的一句话："我是用别人的生命活着的，是告退的时候了！"于是他就与世辞别了。他采取了士兵们在同样的情况下所采取的办法：如果要挽救自己的连队，就必须向前进，然而他再也不能动了。他知道，他一掉了队就一定会死亡，于是，这个士兵便

① 见前引杰兰等的著作第 636 页。

求他最好的朋友在出发以前为他帮最后一次忙；这时候，那个朋友颤抖着双手向这个将死的人开枪。蒙昧人的做法也是如此。老年人自己要求死去，他自己坚持要对大家尽最后的义务，于是得到了部落的同意；他为自己挖好坟墓，然后邀请他的亲族来共进最后分别的一餐。他的父亲是这样做的，现在该轮到他了，他带着恋恋不舍的心情和他的亲人告别。蒙昧人深信死亡是他们对自己部落应尽的义务的一部分，所以他不仅（像摩法特所说的）拒绝别人来挽救他，而且一个必须在自己丈夫墓上殉葬的妇女在被传教士救到一个岛上去以后，她在夜间仍旧逃跑，游过宽阔的海湾，回到她的部落，死在丈夫的坟上。[①] 这对于他们已经成为宗教的规矩。一般的说，除了在打仗中以外，蒙昧人是极不愿意担当使人流血的任务的，他们当中谁也不愿意沾上人血，他们采取各种各样的策略来避免它，然而这些策略往往为人们大大误解。在大多数情况下，他们把比老年人应得的份额更多的公共食物给了他以后，就把他弃置在森林里。北极探险队在他们不能再携带他们生病的同伴时，也是这样做的。"再活几天！也许会有什么意外的救星！"

西欧的科学家们遇到这种事实时，是绝对不能理解的；他们不能把这种事实和高度发展的部落道德调和起来，他们对绝对可靠的观察家的报告的准确性表示怀疑，但是，他们又不进行解释何以会并存这样的两种事实：高度的部落道德同抛弃父母和杀害婴儿的行为。如果上面所说的欧洲人去告诉一个蒙昧人说，一个极其喜爱自己孩子的人，一个看见戏台上表演悲剧就感动得流泪的多

① 艾尔斯金的记述，杰兰和威茨的《原始人种学》第5卷第640页所引。

情的人，在欧洲居住在贫民窟的附近，却眼看着贫民窟里的孩子由于没有东西吃而饿死，那么，这个蒙昧人也是不能理解他们的。我记得，我费了很大力气想使我的通古斯族朋友了解我们个人主义的文明，但结果是徒劳的：他们无法了解，他们采取了最离奇的看法。事实上，以这种思想——无论是好是坏，同部落人都共祸福——培养起来的蒙昧人之不能理解一个“有道德的”、不懂得休戚与共的欧洲人，也和一般欧洲人之不能理解蒙昧人一样。但是，如果我们的科学家在一个半饥半饱的部落（他们所有的食物在未来几天中还不够一个人吃）中生活过，大概就可能理解他们的动机了。同样，如果一个蒙昧人在我们中间生活过，并且受过我们的教育，那么，他也许会懂得我们欧洲人为什么对邻居是那么漠不关心，懂得为什么要设立“皇家委员会”来防止“寄养婴儿”了。俄国农民说得好：“石头房子造就铁石心肠。”所以，首先要在石头房子中住过，才能理解。

关于吃人的习性，我们也必须说同样的说。如果考虑到巴黎人类学会最近对这个问题的一次争论时所揭示的那些事实，以及散见于有关“蒙昧人”的文献中许多偶见的论点，那么我们就必然会承认这种做法是由于纯粹的生存需要而产生的，然而由于迷信和宗教的缘故，才发展到菲吉群岛或墨西哥那样的程度。事实上，迄至今日，还有许多蒙昧人不得不吃最腐烂不堪的尸体，而且在食物极端缺乏的时候，有些蒙昧人还不得不把坟墓中的死人挖出来吃，即使在瘟疫流行的时候也是这样，这些都是已经证实的事实。但是，如果我们现在置身于人类在冰川时期所不得不面对的环境，气候又潮湿又寒冷，只有很少的植物性食物；同时，如果我们考虑到坏血病仍然对食物不足的土人所造成的可怕损害，考虑到他们所知道的唯一的营养品是肉和鲜血，那么我们就一定会承认，人类在从前是食种子的动物，他们是在冰川时期才变成食肉动物的。那时候，他们发现了许多鹿，但北极地区的鹿是常常移居的，有时候，它们完全离开一个地区许多年。在这种情况下，人的最后资源消失了。在这样艰难困苦的时候，连欧洲人也采取过人吃人的办法，而蒙昧人只是在那个时候才采取了吃人的办法。直到现在，他们有时候仍在吃他们自己部落中的死人的尸体，由此可见，他们那时一定是吃过那些必须死去的人的。老年人死了，深信他以自己的一死对部落尽到了最后的义务。这就是为什么有些蒙昧人把吃人的行为说成是出自神意，是照天上使者传达的旨意办的。但在后来，它便失去了它的必要性，而是作为一种迷信保存下来了。必须把敌人吃掉，以便承受他们的胆量，在再晚的一个时期，也为同一目的吃敌人的眼睛或心。这时候，在那些已经有许多祭师和发达的神话的部落中，又创造了嗜人血的邪神，祭师们要求拿人做牺牲品，以息神怒。自有了吃人的事情以来，这种事在它的这一宗教阶段中可以说是获得了它最令人作呕的性质。墨西哥是大家熟知的例子；在菲吉群岛，国王可以吃自己的任何一个属民，我们在那里也发现了一批有势力的僧侣，发现了复杂的神学①和完全发展了的专制政治。吃人的行为是起因于需要，而后来竟变成了一种宗教制度，因此，在它已在有些部落（这些部落在以前肯定是吃人

① 普里卡德：《波利尼西亚回忆录》（*Polynesian Reminiscences*），伦敦，1866 年，第 363 页。

的，但未达到神权政治这个进化阶段）中不见了很久以后，却仍然以宗教的形式残存着。对于杀婴和抛弃老人，我们也必须抱这样的看法。在某些事例中，这些习惯也可以说是古代的残余，是被虔诚地保留下来的过去的传统。

在结束本章以前，我要论述一下另外一种风俗习惯，这种风俗习惯也是一个造成最错误结论的根源。我要说的，就是血仇血报这个风俗。所有的蒙昧人都认为血仇必须要用血来还。如果有谁被杀了，凶手必须偿命，如果有谁受伤了，伤人者也必须流血。这个规则是没有例外的，甚至对动物也是一样，如果打猎的人使动物流了血，他回到村子时也要流他的血。这是蒙昧人的公正观念——现在在西欧一般仍是按这个观念来处理凶手的。如果加害者或被害者都是属于同一部落，那么，就由这个部落和被害者来解决这件事情。① 如果伤人者是属于另外一个部落，而那个部落因为这种或那种理由拒绝赔偿时，被害者的部落便要决心由自己来报复。原始人是那样把每个人的行为都看做是部落的事务，是根据部落的意思做的，所以，他们往往认为氏族应该对每一个人的行

① 需要谈到的是，在执行死刑时，谁也不愿意充当刽子手。每一个人都扔石头去打，或者用斧子去砍，但都小心翼翼地避免击中要害。在较后一个时期，由僧侣用一把圣刀来刺死牺牲者。再以后，是由国王执行死刑，直到文化发达而发明了绞刑吏。参看巴士顿在《历史上的人类》第3卷《血仇》(*Der Mensch in der Geschichte, III. Die Blutrache*)第1—36页中对这个问题的深刻见解。尼斯教授说，在我们这个时代，在军队中执行死刑时还存在着这种部落习惯的残余。在19世纪中叶，习惯的做法是命令12个士兵出来，11个人拿实弹的枪，1个人拿空弹的枪，一齐向被判死刑的人射击。由于这12个士兵都不知道他们之中谁拿的是实弹的枪，所以每个人都不以为自己是刽子手，以此安慰自己不安的良心。

为负责。因此，他们可以向加害者的氏族或亲族中的任何一个人进行正当的报复。[①] 然而，报复往往超过了罪犯的行为，这是常有的事情。他们本来是想打伤那个罪犯的，但很可能就把他打死了，或者打伤的程度比他们所预想的要重，这样就又引起了一场新的仇斗。因此，原始时代的立法者们慎重地把报复行为限制于以眼还眼、以牙还牙、以血偿血的做法。[②]

然而，值得注意的是，虽然在有些原始人当中，特别是在被外来的侵入者赶到高原去的山地人（例如高加索的山地人，特别是婆罗洲的鞑亚克人）当中，这种报复行为也许达到了异乎寻常的程度，但在大多数原始人中是要比我们所想象的少得多的。近来有人告诉我们说，鞑亚克人的血仇制，竟严重到认为一个年轻人在未取得敌人的首级之前既不能结婚也不能被认为是成年人。这种可怕的风俗，在一本近代的英国著作中有着详尽的描述。[③] 然而，看来这种论断似乎是过于夸张了。再者，如果我们了解所谓“猎取人头的人”的行为完全不是出自个人感情的驱使，那么，鞑亚克人的

① 在非洲（在别处也有）有一个流传很广的习惯：如果一个氏族中有人犯了盗窃，另一个氏族就一定要取回相等于被盗的东西，然后再去追究那个盗贼。见波士特《非洲的法学》（*Afrikanische Jurisprudenz*），莱比锡，1887 年，第 1 卷第 77 页。

② 见柯瓦列夫斯基教授的《现代习惯和古代法律》，原文为俄文，莫斯科，1886 年，第 7 卷，其中有许多关于这个问题的重要见解。

③ 见卡尔·波克：《婆罗洲的猎取人头者》（The Head-Hunters of Borneo），伦敦，1881 年。休·罗爵士在婆罗洲做过多年总督，他告诉我说，这本书把“猎取人头”的情景描写得太过夸张了。同时，在谈到鞑亚克人时，这位指教我的人也像伊达·普菲法尔一样，说了许多同情他们的话。让我再补充一句，玛丽·金斯莱在她那本描写西非的书中对汎人——他们以前被称为“最可怕的食人者”——也说了许多类似的同情的话。

“猎取人头”就有了完全不同的面貌了。他们这样做，是由于考虑到这是他们对自己部落应尽的道德义务，正和欧洲的法官按照上述“以血偿血”这个显然错误的同一原则，把判处死刑的凶手交给绞刑吏一样。如果出于同情心使鞑亚克人和法官饶恕了那个凶手的话，他们甚至会后悔的。这就是为什么鞑亚克人除了在他们的公正感驱使之下杀人以外，永远是被了解他们的作者说成是最富有同情心的人，其原因就在这里。例如，就连那位描写可怕的猎取人头情景的作者卡尔·波克也曾这样写道：

> “至于说道德，我不能不给鞑亚克人在文明的阶梯上占一个很高的地位……他们当中完全没有发生过抢劫和盗窃的事情。他们也是非常真诚的……如果说我从他们知道的并不永远是‘全部的事实’，但至少我从他们知道的总完全是事实。我真希望我也能够用这一番话来说马来人”（第209和210页）。

波克的话，被伊达·普菲法尔所提出的证据充分地证实了。她写道：“我完全承认，我是乐于在他们中间再旅行一些时候的。我经常发现他们是很诚实、善良和谨守慎为的……在这方面，他们比我所知道的任何一个民族都好得多。”[①]史托尔滋在谈到他们的

---

① 伊达·普菲法尔：《我的第二次环球旅行》(*Meine zweite Weltreise*)，维也纳，1856年，第1卷第116页以下。并参看艾利塞·邵可侣在《世界地理》第13卷中所引穆勒和泰明的《荷兰在多岛的印度的领地》(*Dutch Possessions in Archipelagic India*)一书中的话。

时候，差不多也用的是相同的辞句。鞑亚克人一般只有一个妻子，而且对她很好。他们是很合群的，每天早晨，整个氏族的人大队地一起去捕鱼、打猎或种植。他们的村子都是由大茅屋组成的，每个茅屋里住着十多家人，有时候达到几百人，大家相安无事地住在一起。他们对妻子很尊重，对孩子很喜爱；如果他们当中有一个人生病的话，妇女们就轮流照护他。一般的说，他们对饮食很有节制。在真正日常生活中的鞑亚克人就是如此。

如果还要列举一些蒙昧人的生活实例的话，将使人感到这样一再地讲很乏味。我们无论在什么地方都可看到相同的社会生活方式和休戚与共的精神。当我们力图深入研究过去时代的模糊情况时，我们就会发现在那时也有以互助为目的的相同部落生活和人的相同的联合，不管这种生活和联合的方式是多么原始。因此，在达尔文把人类的社会性看做是推动人类进化的主要因素时，他是完全正确的，而当那些把达尔文学说庸俗化了的人力主相反的看法时，他们是完全错误的。

> “人类的体力和敏捷（达尔文写道），都是很低的，而且又缺少天生的武器等等，但是，他第一依靠智力（达尔文在另外一页上说，这主要是，甚或完全是为了共同的利益而获得的），第二依靠使他帮助同胞和接受同胞帮助的**社会性**，以这两项来弥补上述的缺陷是绰绰有余的。”①

① 《人类的起源》，第二版，第 63 和 64 页。

在18世纪，人们把“蒙昧人”和他“在自然状态中的生活”理想化了。但是，现在的科学家们又走向了另外一个极端，特别是他们当中那些对动物生活的群居方面没有深刻了解的人，他们为了想证明人类是由动物进化来的，便把一切可以想象得出的“兽性”特征都加在蒙昧人的身上。显然，这种夸张的说法甚至比卢梭的想象更不科学。蒙昧人不是美德的理想范例，也不是“蒙昧状态”的理想范例。但是，原始人由于艰苦的生存竞争本身的需要而培养和保持了一种品质：他把自己的生存和部落的生存看做是一致的；没有这种品质，人类就绝不能达到他现在所达到的水平。

正如我们已经说过的那样，原始人是如此的把他的生活和部落的生活看做是一致的，以致认为他们的每一点行为（不论是多么无意义的行为）都是整个部落的事务。他们的全部行为要受一系列数不清的不成文的规矩法则的约束，这些规矩法则是他们对善和恶——也就是对自己的部落有利或有害——的共同经验的结果。当然，他们制定那些规矩法则的理由，有时候是极其可笑的。有些是由于迷信制定的；总之，他们在做任何事情的时候，都只能看到他们的行动的直接结果，而不能预见他们的行为的间接的和未来的结果——在这一点上，他们只不过是把边沁所指责的文明的立法者的缺点有所扩大罢了。但是，不论可笑与否，蒙昧人都遵从他们的不成文法的规定，尽管这些规定也许是很不方便的。他们之盲目遵从这些规定，甚至超过了文明人的盲目遵从成文法的规定。他们的不成文法就是他们的宗教，就是他们的生活习惯。氏族观念经常浮现在他们的脑海里，为了氏族的利益而自我约束和自我牺牲的事情每天都有。如果一个蒙昧人违反了一项较小的部落规则，他将饱尝妇女们嘲笑的苦痛。如果错误行为很严重，他将日夜不安地深恐给他的部落招来灾祸。如果他无意中伤害了他自己部落中的某一个人，因而犯了一切罪行中最大的罪行，那么，他将感到极其苦痛：他跑到森林中去，除非他部落中的人使他的身体受一些苦痛和流一些自己的血，否则他就要自杀。① 在部落内，一切东西都是公有的；很少的一点儿食物也要分给所有在场的人；如果是独自一个人在森林时，他在吃东西之前一定要高喊三次，请可能听到他的声音的人都来同享。②

总之，在部落的统一还未受到分立家庭的破坏时，“人人为大家”在部落内是最高准则。但是，这个准则不适用于邻近的氏族或部落，即使在他们联合起来互相保护时，也是不适用的。每一个部落或氏族各成一个独立的单位。同哺乳动物和鸟类中的情况一样，领土是粗粗地分给各部落的，除了打仗的时间以外，他们都互相尊重彼此的疆界。一个人在进入邻居的地界时，必须表示他没有恶意。他愈是高声喊叫说他来了，便愈能赢得别人的信任；如果他要走进屋子，他必须把自己的斧头放在门口。任何一个部落都没有必须把它的食物和其他部落分享的义务，它可以分给别的部落，也可以不分给他们。因此，蒙昧人的生活分成两类活动，而这两类活动各有不同的伦理形式：其一是部落内部的关系，其二是和部落以外的人的关系；而(正像我们的国际法一样)“部落之间的”规则和习惯法是大不相同的。因此，当发生战争的时候，最令人作

① 见巴士颠的《历史上的人类》第3卷第7页。并参看上引格雷的著作第2卷第238页。

② 见上引米克鲁可-马克莱的著作。霍顿脱人也有同样的习惯。

呕的行为也许正是那些值得部落称赞的行为。对道德的这种双重观念,存在于人类进化的整个过程中,而且一直保存到现在。我们欧洲人在消除这种双重的道德观念方面取得了一些进展——至少,这个进展不大——但我们必须说:当我们在一定程度上把我们的休戚与共的观念(至少存在于理论上)推及于我们的民族,而且还部分地推及于其他民族时,我们便减少了我们自己民族以内,甚至我们自己家庭以内的休戚与共的纽带。

分立家庭在氏族中的出现,必然会动摇已经建立的统一。分立的家庭意味着分立的财产和财富的积累。我们已经谈到爱斯基摩人是怎样事先预防这种弊害的;所以,尽管有破坏的因素在起作用,但人们仍在竭力用各种不同的制度(如村落公社和行会等)来保持部落的团结;随着时代的进程来研究这方面的情况,是最有趣的一种工作。另一方面,在极其遥远的古代出现的粗浅知识,当和巫术掺混在一起时,也就变成了个人可以用来反对部落的一种力量。这些知识被小心地秘不传人,只传授给巫师、僧侣和祭司的秘密团体中的人,而我们发现在所有的蒙昧人当中都有这种团体。与此同时,战争和侵略创造了军事上的权威和武士阶级,他们的组合或团体取得了巨大权力。然而,在人类生活的任何一个时期,战争都不是人类生存的正常状态。当武士们彼此残杀,而教士对他们的屠杀又加以颂扬的时候,人们还是继续过着他们日常的生活,继续从事他们的日常劳动。研究群众的生活,研究他们用什么方法即使在屈服于国内最暴虐的神权政治或专制政治的时候,也能保持他们以他们自己的平等、互助和互援的观念——一句话,以习惯法——为基础的自己的社会组织,研究人类发展的这个方面,现在已经成为研究人类生活的真正科学的重大问题和职责了。

第四章　野蛮人之间的互助

大迁移　新的组织的必要　村落公社　共同劳动　裁判程序　部落间的法律　从我们同时代的野蛮人的生活中引来的例子　布里亚特人　卡巴尔人　高加索山地人　非洲的种族

在研究原始人类的时候，不能不对他们在他们生活的最初阶段就表现出来的社会性具有深刻的印象。从最古的和稍后的石器时代的遗物中都可发现人类社会的遗迹。当我们着手观察依然过着新石器时代人类生活方式的蒙昧人时，我们发现他们是以极其古老的氏族组织紧密地联合在一起的，这种组织使他们能够把个人的微弱力量联合起来，能够共同享受生活和向前进步。人类在自然中不是例外，也要遵循伟大的互助原则，这一原则使那些在生存竞争中最善于彼此互助者获得了最好的生存机会。这是从前面几章得出的结论。

然而，当我们开始研究较高的文明阶段，并且参考对这个阶段有所记述的历史时，我们便为它所揭示的斗争和冲突所迷惑了。旧时的联合好像完全破裂了。种族和种族相战，部落和部落相战，个人和个人相战；从这种敌对力量的纷乱斗争中，人类便分化成不同的阶级，变成了暴君的奴隶，分裂成经常准备互相战争的国家。由于手上有了人类的这种历史，因而悲观的哲学家便洋洋得意地作出结论说，战争和压迫是人类的本性，说人类的好战和掠夺的本能只能以强有力的权威限制在一定范围内，强使人类保持和平，从而给少数更高贵的人以一种机会，使他们能够给未来的人类准备更好的生活。

然而，只要我们更严密地分析人类在有史时期的日常生活（近来已经有许多苦心研究早期制度的学者这样分析过了），事情的面貌就立刻显得大不相同了。姑且不说大多数历史学家的成见和他们对历史的戏剧性方面的明显偏好，单以他们素来研究的文献而论，其本身就夸大了人类生活中的斗争部分，低估了和平相处的部分。狂风暴雨的日子使我们忘记了光辉灿烂的日子。甚至在我们这个时代，我们在书报、法庭和政府机关的文件以及小说和诗歌中为未来的历史学家所准备的浩繁记载，也有这种片面的缺点。它们为后代的人极其详尽地描述了每一次战争、每一次战役和冲突、每一次斗争和暴行，以及个人所遭受的每一种苦难，但它们几乎丝毫没有谈到我们每一个人都亲身体验的无数的互助行为和献身精神，没有注意到我们日常生活中的本质事物——我们的社会本能和风俗。所以，如果说过去的记载是那么不完善，是不足为奇的。过去的编年史家把折磨他们那个时代的人的小战争和小灾难都详尽无遗地加以记述，但他们却毫不注意群众的生活，而广大的群众主要是习惯于和平劳动的，只有少数人才热衷于战争。史诗、纪念碑文以及和平条约——差不多所有的历史文献都有这种特点：它们只记载和平的破坏而不记载和平的本身。所以，有最善良意愿的历史学家也不知不觉地把他所要描述的那个时代歪曲了；为了要恢复斗争和团结之间的真正比例，我们现在不得不对成千上万的小事情和在过去的遗迹中偶然保存下来的模糊迹象作一番细腻的分析，不得不借助于比较人种学来解释它们，听了那么多关于分裂人类的情况以后，我们不得不一砖一瓦地把过去那些团结人类的制度复塑出来。

不久以后，必须把历史按照新的观点重新写过，以便照应到人类生活的这两个潮流，估计每一个潮流在人类进化中所起的作用。但在目前，我们可以利用最近在寻求被人们那样忽视了的第二个潮流的主要特征方面所准备的大量材料。我们可以从大家比较熟知的历史时期中举出群众生活的一些实例，以便说明在这些时期中互助所起的作用；这样，我们（为了简明起见）就省得远溯到埃及，甚至希腊和罗马的古代历史了。因为，事实上人类的进化并不具有一个绵延不断的性质。在一定的地区和一定的种族中，文明曾经几次中断，而在其他地区和其他种族中又重新开始。但是，每一次重新开始，它所采取的又是我们在蒙昧人当中所看到的那种氏族组织。所以，如果以我们自己的文明在公元最初几个世纪在罗马人称为“野蛮人”的那些种族中间的最后一次开始为例，我们就可以掌握自氏族到我们现今的制度为止的一切进化阶段。以后的篇幅就用来叙述这些例证。

科学家们还不能确定约两千年前由于什么原因把所有的民族从亚洲赶到了欧洲，结果造成使西罗马帝国陷于覆亡的蛮族大迁移。但是，当地理学家对着中亚细亚沙漠中人口稠密的城市的废墟注目沉思，或者沿着现今已经不存在的古代河床和现在已缩小成池塘似的古代大湖泊的原来广阔轮廓加以考察时，自然而然地就要想到了一个原因。这个原因就是干燥：最近时期的干燥，仍然以我们从前不打算承认的速度继续着。[①] 人类是无力抵御它的。当蒙古西北部和东土耳其斯坦的居民发现水在减少的时候，他们什么办法也没有，只好沿着通向低地的河谷往下迁移，并且把住在平原上的人驱向西方。[②] 一个种族接着一个种族地迁到欧洲，迫使其他种族在接连的几个世纪里一再西迁或东迁，去寻找多少可以永居的新地方。在迁移过程中，种族和种族（土著和移民、亚利安人和乌拉尔-阿尔泰人）混杂起来了；所以，如果说，在他们的故国中使他们团结在一起的社会制度，在欧洲和亚洲所发生的这个人种混合过程中被完全破坏了的话，那是不足为奇的。但是，它们没有被破坏；它们只不过是发生了新的生活环境所需要的改变罢了。

当条顿人、克尔特人、斯堪的纳维亚人、斯拉夫人和其他各种人第一次同罗马人接触的时候，这些民族的社会组织是处于一种过渡状态中的。以真正的和假定的共同血统为基础的氏族联盟，

① 洪积世的湖泊，现在已经不存在了，但是在中亚细亚以及亚洲西部和北部发现了它们的无数遗迹。向东直到阿拉尔湖的中途，在地面上到处都可见到和现今在里海发现的同一个种类的贝壳，而且在向北远到喀山的新堆积层中也有发现。里海海湾（过去被认为是亚姆河的旧河床）的遗迹和土克曼地区交叉在一起。我们当然必须推断过去出现过暂时的、定期的振动。但是尽管这样，也显然是由于干燥的原因，而且干燥的速度是大于我们过去所预料的。雅德林则夫最近连续发表了几篇可靠的报告，其中指出，甚至在西伯利亚西南部的较潮湿地区，那些村庄所在的地方在八十年前还是卡奴群湖中的一个湖泊的湖底，而在约五十年前占地达几百平方英里的其他湖泊，现在只不过是一些池塘罢了。总之，亚洲西北部的干燥的速度，必须以世纪来计算，而不能以我们从前所经常说的地质学的时间单位来计算。

② 正如现在狄米蒂·克里门慈在蒙古鄂尔坤河畔和鲁克春低地以及斯文·赫定在罗布泊附近的重大发现所证明的，整个文明竟因此消失。

使他们在接连几千年间团结在一起。但是，这些联盟只能在宗族或氏族本身的内部没有分立家庭的时候才能满足对它们的要求。可是，由于前面所说的种种原因，分立的家长制家庭在氏族内部慢慢地然而是肯定地发展起来了，其结果显然是意味着个人财富的积累和权力的聚集以及两者的世袭传授。野蛮人的频频迁移和随之而来的战争，只不过是使宗族的分裂为分立家庭的过程加速，而种族的分散以及它们同异族人的混合，又格外易于使这些以血亲关系为基础的联盟最后分裂。因此，野蛮人这时候便处于这样一种境地：要么眼看着自己的氏族分化成家庭的松散组合，这样，其中最富有的家族，尤其是把僧侣的职能（或军事的声誉）同财富结合起来的家庭，必然要把它们的权威强加在别人身上；要么就找出以某种新的原则为基础的某种新的组织形式。

许多种族都没有力量抵抗这样的瓦解；他们分裂了，而且在历史上消失了。但是，那些比较顽强的种族没有瓦解，它们以一种新的组织形式——村落公社——经历了这场考验，这种组织使他们在以后的15个世纪或更多的时间里保持了团结。以共同的努力而取得或保护共同的地域，这种观念被推进发展，而且代替了逐渐消逝的同一血统的观念。共同的神，逐渐丧失了他们的祖先的性质而有了地区性。他们变成了一定地区的神或圣人；"土地"和它的居民成为一体了。地区联盟成长起来，代替了旧时的血统联盟，这种新的组织显然在一定的情况下具有许多优点。它承认家庭的独立，甚至还强调家庭的独立，村落公社放弃了一切干涉家庭范围以内事务的权利；它给个人的主动性以更多得多的自由；它在原则上不反对不同血统的人的结合，而且还同时维持着必要的行动和思想的一致，它的力量强大到足以反抗少数巫师、祭司以及职业的或显赫的武士的统治趋势。因此，它变成了未来组织的根本细胞，而且在许多民族中，村落公社迄今还保持着这种特性。

村落公社不是斯拉夫人甚至也不是古代的条顿人所特有的，这一点现在大家都知道，而且也很少有人提出争论。在撒克逊时代和诺尔曼时代，在英国到处都有村落公社，而且直到上一个世纪还有部分存在[①]；它是古老的苏格兰、爱尔兰和威尔士的社会组织的基础。在法国，从公元最初几个世纪直到都尔果时代，都是由村民议会共同占有和分配可耕的土地，由于都尔果觉得村民议会"太吵闹"，才把它取消了。在意大利，它在罗马的统治时代保持下来，而且在罗马帝国崩溃以后重又活跃起来。在斯堪的纳维亚人、斯拉夫人、芬兰人（公社叫庇塔亚，大概基拉冈达也是公社的意思）、古尔兹人和里夫人中，也有村落公社。通过亨利·曼因爵士划时代的著作，我们都已熟知印度——过去和现在，在亚利安人和非亚利安人当中——也有村落公社；艾尔芬斯登曾叙述阿富汗人中间也有过这种公社。我们还发现，村落公社在蒙古人中称为乌卢斯，在卡巴尔人中称为塔达尔，在爪哇人中称为迪萨，在马来人中称为科达或拖发，而且以各种各样的名称出现于阿比西尼亚、苏丹和非洲腹地，在南、北美洲的土人和太平洋各群岛的一切大小部落中也可找到。总

① 如果说我赞成（只举出现代的专家）纳斯、柯瓦列夫斯基和维诺格拉多夫的意见而不赞成西波姆先生（为了完全起见才提出登曼·罗斯先生）的意见的话，那不仅是因为这三位作者的见解深刻和意见一致，而且还因为他们对村落公社具有完整的知识和相同的见解，这种知识在西波姆先生的著作中是深感缺乏的，虽然这些著作在其他方面都很出色。进一步说，上述的评语更适用于伏斯特耳·德·古朗吉的最典雅的著作，他的见解和激烈的解释往往只是限于他一人的看法。

之，我们还不知道哪一个种族或哪一个民族没有经历过村落公社时期。单单这个事实就足以攻破说欧洲的村落公社是农奴制的产物这一论点。它先于农奴制度，甚至奴隶制度也不能破坏它。最低限度，对所有一切曾经在或迄今依然在历史中起一定作用的种族来说，它是普遍的进化阶段，是氏族组织的自然产物。[①]

它是自然成长的，因此在组织上不可能绝对一致。一般的说，它是那些认为有共同血统和共同占有某一块土地的家族之间的联合。但在一定情况下，有些种族的家族在萌生新的形式的家庭之

① 关于村落公社的文献，是如此的浩繁，所以只能列举几部著作。关于苏格兰、爱尔兰和威尔士的情况，一般都取材于亨利·曼因爵士和西波姆先生的著作以及瓦尔特的《古老的瓦利斯》(*Das alte Wallis*，波恩，1859年)。至于法国，可参看维奥勒的《法兰西法律史纲五：私法》(*Précis de l'histoire du droit français：Droit privé*，1886)和古文书学院图书馆所收藏的他的几篇专题论文；巴博的《旧王朝下的农村——18世纪的村民议会》(*Le Village sous l'ancien régime*〔*The mir in the eighteenth century*〕，第三版，1887年)；以及邦纳梅尔和铎尼俄等人的著作。至于意大利和斯堪的纳维亚，在拉佛勒的《原始的财产》(*Primitive Property*)中已列举了这方面的主要著作，拉佛勒的这本书，有毕舍尔的德文本。关于芬兰人，可参看莱恩的《报告集》(*Föreläsningar*)第1卷第16页，还有柯士基纳的《芬兰史》(*Finnische Geschichte*，1874)，以及各专题论文。关于里夫人和古尔兹人，参看路奇茨基教授发表在1891年出版的《北方公报》中的论著。关于条顿人，除了摩烈尔和索姆：《老德意志帝国制度和司法制度》(*Altdeutsche Reichs-und Gerichts-Verfassung*)的名著以外，并参看达恩的《原始时代》、《民族大迁移》、《伦巴底民族的研究》(*Urzeit*，*Völkerwanderung*，*Langobardische Studien*)、詹生、威勒、亚诺特等人的著作。关于印度，除了亨利·曼因和他所举的著作以外，并参看约翰·菲尔爵士的《亚利安人的乡村》(Aryan Village)。关于俄国和南部的斯拉夫人，参看喀维林、波士尼可夫、索可罗夫斯基、柯瓦列夫斯基、艾菲门科夫人、伊凡尼谢夫和克劳斯等人的著作(在俄国地理学会的《资料汇编》中有直到1880年的丰富的参考书目索引)。关于一般的结论，除了拉佛勒的《原始的财产》、摩尔根的《古代社会》、里伯特的《文化史》(*Kulturgeschichte*)、波士特、达尔冈等人的著作以外，并参看柯瓦列夫斯基先生的讲演(《家庭和私有制的起源和发展概论》，斯德哥尔摩，1890年)。应该一提的还有许多专题论文，它们的书名在维奥勒的《私法》和《公法》中所列的完备的书目里可以查到。至于其他种族，请看以后的注释。

前，其成员往往已经很多，祖孙五代、六代或七代同在一个屋子里或同一个范围中生活，他们有共同的家和共有的牲畜，而且在共同的灶上一起饮食。在这种事例中，他们保持着人种学上所说的"联合家庭"或"未分家庭"这种形式，迄今我们在整个中国、在印度、在南部的斯拉夫人的察德鲁卡中还可以看到，而且有时候也见之于非洲、美洲、丹麦以及俄国北部和法国西部。[①] 在其他一些种族或其他情况尚不十分确定的环境中，家庭并未大到这种程度；孙子（有时候儿子）在结婚后，就离开原来的家庭，从头去建立他自己的新家庭。但是，不管联合与否，不管是聚集在一起还是分散在森林中，家庭依然是联合在村落公社之中的；而几个村落结合成部落，几个部落又结合成联盟。所谓的"野蛮人"自开始在欧洲或长或短地定居下来以后，在他们中间发展起来的社会组织，就是如此。

经过一个很长的进化阶段之后，宗族或氏族才承认居住在分离的茅屋中的家长制家族的单独存在；不过，即使承认了它的单独存在，氏族一般还是不承认个人可以继承财产。少数可以作为个人私有的东西，不是在死人的坟墓上毁掉，便是和死人一起埋掉。

① 有几位权威学者主张把联合家庭作为介于氏族和村落公社之间的中间阶段，毫无疑问，在许多事例里，村落公社是由未分的家族成长起来的。然而我认为，联合家庭事实上是另外一回事情。我们在宗族内部发现它的存在；另一方面，我们不能证实联合家庭也有不属于宗族或不属于村落公社或高（原文为Gau，系古代日耳曼人的军事和行政的单位组织。——译者）而单独存在的时候。我想，早期的村落公社是直接从宗族中慢慢成长起来的，它按照种族的情况和当地的环境，或是由几个联合家庭，或是由联合家庭和单独的家族，或仅仅是由单独的家庭（特别是在新移居地）组成的。如果这个看法是正确的，那么，我们就没有理由规定出这样的次序：宗族、复合的家庭、村落公社——这个次序中的第二项，在人种学上同其他两项的意义不同。参看附录9。

恰恰相反，村落公社却充分承认个人可以在家庭之内积累财富和传留给后代。但是，他们所说的财富，只限于动产之类的东西，包括牲畜、工具、武器和属于这一类的住房——住房“像所有能够焚毁的东西一样，都是属于这一类”。[①] 至于私人占有土地，村落公社并未承认，也不能承认这种私有，一般说来，在现在也仍然是没有承认的。土地是部落或整个种族公有的财产，而村落公社本身只要在部落不要求重新分配村落土地时，就占有它那一份土地。森林的砍伐和草原的开垦，大都是由几个公社担负，或者至少是由几个家族（永远是在公社的同意之下）联合起来做的，开垦出来的土地，由各家庭占用 4 年、12 年或 20 年，过期后就作为公有的耕地来对待了。正如私有财产或“永久”的占有不符合于宗族的原则一样，它也不符合于村落公社的原则和宗教观念，因此，要使野蛮人习惯于土地可以私有的观念，必须要罗马法和不久就接受了罗马原则的基督教会给他们以长期的影响。[②] 然而，即使私有财产或无限期占有得到了承认，占有分散财产的人，依然是荒地、森林和牧场的共同主人。此外，我们还不断发现（特别是在俄国的历史上），当几个各自分开活动的家族占据了属于其他部落的某些土地时，它们很快就结合起来，组成一个村落公社，而到了第三或第四

① 斯托布：《论德国法律史》(Beitrage zur Geschichte des deutschen Rechtes)第 62 页。

② 有几个种族（例如巴达维亚人和高卢的法兰克人），由于罗马帝国的影响，在最早的野蛮时期也发现有私有土地的一些痕迹。参看埃内马—斯德纳格的《德国大地主阶级的成长》(*Die Ausbildung der grossen Grundherrschaften in Deutschland*)第 1 卷，1878 年。并参看伯斯勒的《按照旧德国法律新开垦的土地》(Neubruch nach dem alteren deutschen Recht)第 11—12 页，见柯瓦列夫斯基的《现代习惯和古代法律》，莫斯科，1886 年，第 1 卷第 134 页所引。

代的时候，就宣称它们的村落是同一个血统了。

一连经过了若干世纪，才把野蛮人置于罗马或拜占庭式的国家统治之下，在这个时期，整个一系列的制度（有一部分是从氏族时期继承来的）便从土地公有的基础上发展起来。村落公社这种联盟不仅能保证每一个人在公有的土地中有他应得的一份土地，而且这个联盟的宗旨在于从事共同的耕作，以各种可能的形式进行互助，保护不遭受暴力的侵害，以及进一步发展知识，发展民族的联系和道德观念；而有关司法、军事、教育或经济方式的每一项改革，都必须通过村落、部落或联盟的会议才能决定。公社是宗族的继续，因此它继承了宗族的一切职能。它就是拉丁文的"统一体"，俄文的"农村公社"，它本身就是一个世界。

旧的宗族，总是共同打猎、捕鱼和种植果园的。在野蛮人的村落公社中，共同从事农业也成了一种法则。不错，关于这方面的直接证据很少，在古代的文献中，我们只看到狄阿多拉斯和尤里乌斯·恺撒所说的关于里巴里群岛的居民（克尔特—伊伯利亚人部落之一）和斯维比亚人的几段话。但是，要证明有些条顿人的部落以及法兰克人和古代的苏格兰人、爱尔兰人和威尔士人是共同从事农业的，那是不乏例证的。[①] 至于这种方式的遗迹，简直是不胜枚举。甚至在完全罗马化了的法国，大约在 25 年前，在莫比盎（布

① 摩烈尔的《村民公有土地的联合》（*Markgenossenschaft*）；兰普舍的《民权时代法兰克人的经济和法律》（*Wirthschaft und Recht der Franken zur Zeit der Volksrechte*），载《袖珍历史手册》（*Histor Taschenbuch*），1883 年；西波姆的《英国的村落公社》（*The English Village Community*）第 6、7、9 章。

里塔尼)地方还存在着共同耕种的习惯。[①] 古威尔士的联合队(cyvar)以及分配给乡村圣所共同耕种的土地,在接触文明最少的高加索人的部落中也可以常常见到[②],同样的情况在俄国的农民中也是屡见不鲜的。并且,许多人都知道,在巴西、中美洲和墨西哥的许多部落都有耕种他们公有土地的习惯,这种习惯在新喀里多尼亚的一些马来人和几种黑人等种族中,也很普遍。[③] 总之,在许多亚利安人、乌拉尔—阿尔泰人、蒙古人、黑人、美洲印第安人、马来人和美拉尼西亚人中,共同耕种是那么习以为常的事情,所以,我们必须把它看做是原始农业的一种普遍形式——虽然不是唯一可能的形式。[④]

然而,共同耕作不一定就意味着共同消费。我们发现早在氏族组织中,当满载水果或鲜鱼的小船回到村子的时候,人们就把运来的食物在几家人或年轻人居住的茅屋和"长屋"中分配掉,各家就把分到的食物拿回去食用。只限于亲族或协同工作的人才在一块儿吃饭,这种习惯流行于氏族生活的初期,后来在村落公社中,

① 列杜诺的记述,载《人类学会会报》1888 年第 11 卷第 476 页。

② 瓦尔特:《古老的瓦利斯》第 323 页;巴克拉茨和库达多夫的文章,载《高加索地理学会会报》(俄文)第 14 卷第 1 部分。

③ 班克拉夫特的《土著种族》(*Native Races*);威茨的《原始人类学》第 3 卷第 423 页;蒙脱吉尔的文章,载《人类学会会报》,1870 年;以及波士特的《研究集》(*Studien*)等。

④ 奥利、鲁洛、劳迪士和西尔威斯特在他们论述安南的村落公社的一些著作中指出,在安南也有德国和俄国的那种形式,参看约伯—杜瓦尔在《法国和外国法律的新史评》(Nouvelle Revue historique de droit français et étranger)1896 年 10 月和 12 月号中发表的关于这些著作的评论。海恩利希·古诺写了一本研究秘鲁在印加帝国建立以前的村落公社的优秀著作:《印加帝国的社会状况》(*Die Soziale Verfassung des lnka-Reichs*,斯图嘉德,1896 年)。这本著作对土地的共同占有和共同耕种都有所叙述。

它就成了一种定则。甚至共同种植的谷物，除了储存一部分以备公用之外，一般也是把它分给各家的。然而，在一块儿共同吃饭的这个传统，则被忠实地遵守着；利用各种机会，例如纪念祖先、宗教节日、田间工作的开始和结束、生日、结婚和丧葬等，使整个村落的人都来一块儿聚餐。甚至直到现在，这种习惯（在英国称为“收获的晚宴”）还没有完全消失。另一方面，虽然土地在很早以前就已经不是共同耕种和共同播种了，但有许多农活迄至现在还依然是由整个村落来做的。在许多情况下，一部分公有土地仍然是共同耕种的，其目的或者是为了供贫苦人使用，或者是为了充裕共同的储备，或者是为了宗教节日之用。灌溉用的渠道，是共同挖掘和共同修理的。村落的草地，由村落收刈，俄国的村落公社在草地上刈草的情景，是最动人的风光之一：男子互相比赛地拿着镰刀刈草，而妇女则翻草和把草堆积起来；这表明人类的工作可以这样做，而且应当这样做。在这种事例中，干草是分给各家的，显然，如果没有得到许可，谁也没有权利取用邻人堆积的干草。在高加索的奥西特人中，还在遵守这条规则，这是最值得注意的。当杜鹃啼叫，报告春天到来的时候，当草地上不久又将复满绿草的时候，每一个需要草料的人都有权利从邻居的草堆中拿草去喂养他的牲畜。[①]从前的公有权利这时又行使起来，好像是在证明那没有约束的个人主义是多么违反人类的本性。

当欧洲的旅行家在太平洋的某一个小岛登陆时，看见远处有一丛棕榈树，便向着那个方向走去，这时候，他惊奇地发

① 柯瓦列夫斯基：《现代习惯和古代法律》第1卷，第115页。

现，那些小小的村落是用大石铺筑的道路连接起来的，光着脚的土人在上面行走起来很舒服，和瑞士山区中的“老路”很相像。在整个欧洲，“野蛮人”的道路都是这样，我们必须到离开交通线很远的人烟稀少的荒漠地区，才能充分理解野蛮人的村落公社为了征服到处是一片森林和沼泽的荒野（这就是约两千年前的欧洲），需要进行多么艰巨的工作。缺少工具而又力量微弱的单独家庭，是不能征服这一片荒野的，相反的，他们也许会被荒漠所征服。只有共同劳动的村落公社才能控制那荒芜的森林、低洼的沼泽和无边无际的草原。简陋的道路、渡船、冬天拆掉春泛后又重新修起的木桥、村落周围的篱笆和栅栏墙、星罗棋布地修建在他们地区上的土砌堡垒和小塔楼，所有这些都是野蛮人的村落公社兴建的事业。当一个村落的人数增多的时候，它就分出新支。新的村落在别处建立起来，于是，一步步地又把森林和草原置于人类的控制之下。欧洲各民族的整个建立过程，就是由村落公社这样发展起来的。甚至在今天，俄国的农民如果还没有完全为穷困所压倒，他们也仍旧要结成村落公社迁移的，当他们在黑龙江畔或玛尼托巴定居下来以后，又共同开垦土地和建筑房舍。甚至英国人最初在美洲开始殖民的时候，也恢复过这种旧制度；他们结合成村落公社。①

① 巴尔弗瑞：《新英格兰史》（*History of New England*）第2卷第13页；见曼因：《村落公社》（*Village Communities*，纽约，1876年）第201页的引文。

在野蛮人同自然敌人进行艰苦斗争的时候，村落公社是他们的主要武器。同时，在他们对抗最狡猾和最有力的压迫者时，村落公社又使他们联合在一起，在那种混乱的时代是极容易产生这种压迫的。想象中的野蛮人——随意打仗和杀人的人——同"嗜血的"蒙昧人一样，都是根本不存在的。相反，真正的野蛮人生活在很广泛的一系列规则下，只考虑什么东西对他的部落或联盟可能有益或有害；这些规则在诗和歌、格言和三合音、语录和训诫中虔诚地一代代留传下来。我们愈是对它们进行深入研究，便愈可理解到把他们团结在村落公社中的联系是多么紧密。两个人之间的每一件争吵，都被看做是公社的事情，甚至在争吵时可能说出的一些伤人的话，也认为是对公社和对公社祖先的一种冒犯。骂人的人必须向被骂者和公社赔罪。[①] 如果两人之间的口角终于造成了斗殴和伤害，那么，站在旁边没有进行干涉的人也将被当作施加伤害的人来处理。[②]

裁判的办法也渗透了这种精神。每一次争端均首先请中间人或仲裁人解决，通过他们的调解，大多数争端就告了结，仲裁人在野蛮人的社会中是起着非常重要作用的。但是，如果事情严重到不能以这种方式来解决的时候，就提交村民议会。村民议会必须"作出判决"，并且按照附有假定条件的形式宣布判决，即"假定错误行为经人证实，就须如此赔偿"，而错误行为之能否成立，必须有

① 高聂士瓦特：《关于人类社会发展的研究》(*Études sur le dévelopment des sociétes humaines*)，巴黎，1850 年。

② 这至少是加尔穆克人的一条法规，他们的习惯法同条顿人和古时的斯拉夫人等的法律极其相似。

6个人或12个人的发誓肯定或否定；如果这两类发誓人间发生矛盾，便凭神明裁判法(例如把手插入火或沸水中，不受伤的就是无罪，或者双方决斗，胜者便是无罪)来解决。连续使用了两千多年的这一办法，本身就很可以说明问题了；它表明所有村落的成员之间的关系是多么密切。并且，要执行村民议会的决定，只有用村民议会本身的道义权威，除此以外，并无其他任何权威。反抗者可能遇到的唯一的威胁是，村民议会也许会宣布他是不受法律保护的人，但是，这种威胁也是相互的：一个人如果对村民议会不满意，他也可以宣布脱离这个部落，加入另一个部落——这是最可怕的一种威胁，因为这将给对自己成员之一有失公正的部落带来种种的灾害。[①] 反抗习惯法的正确判决，亨利·曼因说得好，简直是“不可想象的”，因为“法律、道德和事实”在那个时代是不能彼此分开的。[②] 村落公社的道义权威是如此之大，以致后来在村落公社屈从于封建领主之下的时候，它仍能保持住它的裁决权；它只许领主或他的代表按照领主发誓要遵守的习惯法“寻求”上述的有条件的判决，由他征收原来应该属于村落公社的罚款。但是，在很长一个时期内，领主本人如果也是公社的荒地的共同主人，那么，有关公社的事情，他也要服从公社的决定。不论贵族或教士，都必须服从村民议会——古话是：“有权利使用这儿的水和牧草的人，都必须服从”(Wer daselbst Wasser und Weid genusst, muss gehorsam sein)。甚至在农民变成了领主下的农奴时，农民们倘要传见领

① 许多非洲人和其他的部族迄今还保有这个习惯。

② 《村落公社》，第65—68和199页。

主，领主也必须到村民议会去。[①]

就他们对正义的观念来说，野蛮人显然和蒙昧人没有多大区别。他们也认为，杀人的必须偿命，伤人的必须受同样程度的伤，而受害的家族必须执行习惯法的判决。这是神圣的职责，对祖先的职责，必须在光天化日之下而不能偷偷摸摸地尽这项职责，而且尽了这项职责之后还要四处传扬。因此，传说和史诗中最动人的文字完全歌颂他们认为是正义的事。甚至神明本身也是赞助这种行为的。但是，野蛮人的正义有一个突出的特点，它要限制可能卷入争执的人数，要根除以命抵命、以伤还伤的野蛮观念，而代之以赔偿的制度。野蛮人的法典——为法官们使用而记载下来的习惯法规则的集合——“首先是允许，其次是鼓励，最后是强迫实行”以赔偿代替报复的办法。[②] 然而，有些人把赔偿完全误解了，他们把它说成是一种罚款，是使富人可以为所欲为的一张全权证书。赔款(wergeld)和罚款(fred)[③]是完全不同的，对各种现行侵犯行为科处的赔款照例是那么高，所以绝不能说是在鼓励这种侵犯人的行为。在杀人的事件中，赔款往往超过了凶手可能有的一切财产。“18 头母牛的 18 倍”，这就是不知道怎样计算 18 以上的数字的奥

① 摩烈尔在《村民公有土地条例的历史》(Gesch，der Markverlassung，第 29、97 节)一书中坚持他对这个问题的看法。他认为“所有公社的成员……俗人和教士领主，时常还加上部分共有人(Markberechtigte)和来到村落公社的外地人，都要服从它的管辖”(第 312 页)。这种观念，在局部地方一直保持到 15 世纪。

② 见前引高聂士瓦特著作第 50 页；特鲁普：《历史的法律论集》(Historicai Law Tracts)，伦敦，1843 年，第 106 页。

③ 高聂士瓦特已证明，罚款是起源于用来安慰祖先的一种奉献。后来因为妨害大家安宁的缘故，便把它交付给公社；再往后，当法官、国王或领主窃取了公社的权利时，赔款便属于他们的了。

西特人所定的赔款。而有些非洲部落的赔款,竟多到 800 头母牛或 100 只骆驼连同它们的小骆驼;在比较穷困的部落中,是 416 只绵羊。[①] 绝大多数的赔款是赔偿不起的,所以凶手没有办法,只好表示忏悔,请求受害人的家族收留他。甚至现在在高加索,当争斗了结的时候,犯罪者仍用嘴唇吻一下部落中年纪最大的妇人的胸膛,从而成为受害人家族中所有男子的"同乳弟兄"。[②] 在有几个非洲部落中,犯罪者必须把他的女儿或姊妹嫁给受害人家族中的一个男子,在另外的部落中,他必须娶他所造成的那个寡妇;总而言之,他变成那个家族中的一个成员,在一切重大的家务中,他的意见也可得到采纳。[③]

野蛮人不仅不轻视人命,而且还丝毫不知施行可怕的刑罚,那些残酷的刑罚是世俗法和寺院法后来在罗马以及拜占庭的影响下才开始采用的。因为,例如说萨克森人的法律相当广泛地判处死刑,连对纵火和武装抢劫者都判死刑,其他野蛮人的法典却只是对出卖亲族和亵渎公社敬奉的神明的人才处以死刑,因为这是唯一平息神怒的方法。

可见,所有这些同想象中的野蛮人的"道德放纵"相去很远。

---

① 波士特的《资料》(*Bausteine*)和《非洲的法学》,鄂尔登堡,1887 年,第 1 卷第 64 页以下;前引柯瓦列夫斯基著作第 2 卷第 164—189 页。

② 米勒和柯瓦列夫斯基:《在喀巴迪亚山居人的村落公社中》,载《欧洲通报》1884 年 4 月号。在穆干草原的沙克塞文人中,血仇往往是以敌对双方结成姻亲而告终,据马尔可夫的记述,载《高加索地理学会会报》的附录(第 14 卷第 1 期第 21 页)。

③ 波士特在《非洲的法学》中列举了一系列的事实,说明公正的观念在非洲的野蛮人中是根深蒂固的。只要我们对野蛮人的习惯法进行认真的研究,就不能不得到相同的结论。

相反的，在威尔士的三弦歌、阿瑟王传说、布列洪的法律注释①、古老的德国传说等等，以及迄今还见之于现代野蛮人的谚语中所表述的早期村落公社的精细、深切的道德原则，却使我们不能不感到钦佩。乔治·达生在他给《遭到焚烧的恩亚尔的故事》(The Story of Burnt Njal)所写的序言中，很公正地把北欧传说中的北欧人的品质概括如下：

> 摆在他们面前的事，他们就正大光明地去做，毫不惧怕敌人、魔鬼或命运……他们的行为又豪迈又勇敢。对朋友和亲族，又温和又慷慨；对敌人(按"复仇法"所规定的敌人)，又严峻又无情，但即使对敌人，他们也要尽到自己的一切本分。……不破坏停战，不搬弄是非，不在背后诽谤他人。不敢当面讲的话，背后就不对任何人说。对前来求食或躲避风雨的人，绝不拒之门外，即使对敌人，也是一样。②

同样的或更好的原则，在威尔士的史诗和三合音中也很多。不论是对敌人或朋友，都要"按照温和的天性和公正的原则"行事；"弥补过失"，是每一个人的最高职责，诗人立法者说："恶就是死，善就是生。"③布列洪的法律说："如果不尊重诺言，那么，世人都要被欺骗了。"并且，谦恭的黄教信徒莫尔多瓦人在称赞了上述的品

① 参看尼斯教授著《关于国际法和政治权利论文集》(Études de droit international et de droit Politique)中《古代爱尔兰的法律》这出色的一章，布鲁塞尔，1896年。

② 《序言》第35页。

③ 《古老的瓦利斯》第343—350页。

质之后，还在他们的习惯法的原则中加上“奶牛和挤奶罐，在邻人之间属于公有”；“必须为你自己也要为前来要奶的人挤奶”；“孩子的身体是因为被打而发红，但是打人者的面孔是因为害羞而发红的”，[①]等等。“野蛮人”所说的和实行的这些原则，要叙述起来的话，可以写满许多篇页。

古老的村落公社还有一个值得特别谈一下的特点，这就是以休戚与共的感情共处的人的范围在逐渐扩大。不仅部落联合成种族，而各个种族，即使是血统不同，也结成联盟。有一些联盟是极其牢固的，例如，凡达尔人在他们联盟中的一部分人到莱茵河去了，而且从那里渡过莱茵河到了西班牙和非洲以后，他们在四十年的时间内仍然尊重他们同盟者的地界和荒弃的村庄，直到通过使者确知他们的同盟者不打算回来的时候，他们才占用这些土地和村庄。有些野蛮人所采用的办法是，让种族中的一部分人耕种土地，另一部分人便在共同领土的边境上或边境以外作战。至于几个种族之间结成联盟，那更是常见的事情。西坎伯人同切鲁斯克人和斯维比亚人结成联盟，奎特人同沙尔麦特人结成联盟，沙尔麦特人同亚兰人、卡尔卜人同匈奴人结成联盟。后面我们就能看到，远在野蛮人所占有的欧洲大陆上出现类似国家这样的东西之前，国家观念在欧洲已经逐渐发展起来了。这些国家——因为我们不能说梅罗文吉王朝的法兰西或 11 和 12 世纪的俄罗斯不是国家——的所以能够组成，是由于有共同的语言以及在各个小共和

① 麦诺夫：《关于莫尔多瓦人的司法惯例简述》(*Sketches of the Judicial Practices of the Mordovians*)，载《俄国地理学会人种学学报》1885，第 236、257 页。

国之间有只从一个特殊的家族中推举它们的领主这种默契。

战争无疑是不可避免的，迁移即意味着战争；亨利·曼因爵士在他关于国际法的部落起源这一出色的研究论著中，已充分证明“人类的凶残和愚昧，莫过于甘愿忍受战争这样的罪恶，而不设法加以防止”，他并且指出，“含有防止战争或以其他办法来代替战争这种意图的古代制度，其数目”是极其多的。[①] 实际上，人类并不是我们所想象的那么好战，所以，野蛮人一旦定居下来以后，他们就那么迅速地丢掉本来的战争习惯，而且很快就不得不供养一些特殊的首领和他所率领的一批特殊武士，以便保护他们不受可能的侵犯者的侵害。他们宁可从事和平的劳动而不愿进行战争，人类的爱好和平，正是武士生涯成为一种专门职业的根源；这种职业专门化的结果，后来便造成了农奴制和人类史中“国家时期”的一切战争。

历史发现很难恢复野蛮人的制度的面貌。历史学家每走一步，都要遇到一些单靠他自己掌握的资料难以解释的事物的模糊迹象。但是，一到我们对迄今还生活在同我们野蛮祖先的社会组织相似的组织下的许许多多部落的制度进行研究后，我们便豁然明了过去的情景了。在这方面，我们所遇到的唯一困难是不知选择哪个研究对象好，因为，太平洋的各个岛屿、亚洲的草原和非洲的高地都是真正的历史博物馆，它们包括人类从蒙昧的宗族一直

---

① 亨利·曼因：《国际法》(*International Law*)，伦敦，1888 年，第 11—13 页。尼斯：《国际法的起源》(*Les origines du droit international*)，布鲁塞尔，1894 年。

发展到国家组织过程中所经历的一切可能的中间阶段的标本。现在，让我们来研究一下几个这样的标本。

如果我们以蒙古族布里亚特人的村落公社，特别是以勒拿河上游受俄罗斯人影响较少的库丁斯克草原上的布里亚特人的村落公社为例，我们便看到处在畜牧和农业之间过渡状态中的野蛮人的较好代表。[①] 这些布里亚特人现今依然生活在"联合家庭"中，也就是说，每一个儿子虽然在结婚之后就住在分开的茅屋中，但至少仍然是三代人住的茅屋处在同一个围墙之内，这个联合家庭，共同耕种他们的土地，共同经管他们的联合家庭财产和牲畜以及他们的"牛犊地"（围有篱笆的小块土地，上面长着嫩草，以备养育牛犊之用）。一般说来，食物是分开在各人的茅屋中食用的；但在做烤肉时，联合家庭中的二十到六十个成员就在一起吃了。聚在一块儿生活的几个联合家庭和同村定居的几个较小家庭——它们大都是偶然分裂的联合家庭的残余——结成一个村落公社，几个村落公社又结成一个部落；库丁斯克草原上的 46 个部落（或氏族）结合为一个联盟。在有特殊需要时，几个部落就结合成较小的和更紧密的联盟。他们不知道私有土地——土地为村落公社公有，或者更确切地说是联盟公有的，而且，必要的时候，在部落的会议上可以把各个村落公社之间的土地重新分配，在联盟的会议上可以把 46 个部落之间的土地重新分配。值得注意的是，东西伯利亚的全部 25 万布里亚特人虽然在俄罗斯的统治之下已有

① 1862 年被流放到西伯利亚的一位俄国历史学家——喀山的夏波夫教授——在《东西伯利亚地理学会会报》（1874 年第 5 卷）上发表了一篇关于他们的制度的出色文章。

3个世纪，而且十分熟悉俄国的制度，但他们依然采用这种组织。

尽管这样，在布里亚特人中间财产的不平等现象仍然在迅速地发展着，特别是由于俄国政府过于看重它自己所选的王公，更造成了这种情况。俄国政府把这些王公当作负责税收的人，而且在联盟同俄国的行政关系方面，甚至同俄国进行贸易方面，是联盟的代表。因此，少数人的发财致富之道是很多的，同时大多数布里亚特人则由于俄国人夺取他们的土地而愈来愈贫困。但是，布里亚特人，尤其是库丁斯克的布里亚特人，有这样一个习惯（习惯是胜过法律的）：如果一家人失去了他们的牲畜，那么，比较富裕的家庭就给他们一些母牛和马，以便他们可以恢复过来。至于没有家庭的贫民，他可以在他的同族家中吃饭；他走进一间茅屋，坐在火旁边（他有这个权利，而不是向人讨施舍），吃一份永远是分得很均匀的食物，晚上他就睡在他吃晚饭的那一家。征服西伯利亚的俄国人对布里亚特人的共产行为感到十分惊奇，以致称他们为“亲如手足的人”，而且报告莫斯科说：“他们的一切东西均属公有，无论何物，共同享受。”直到现在，当勒拿河的布里亚特人要出卖他们的小麦，或者把他们的一些牲畜卖给俄国屠夫的时候，同是一个村落公社或部落中的各家人，便都把他们的小麦和牲畜集中起来一起去卖。此外，每一个村落公社都储备有在必要时可以借贷的谷物，都有它的公用炉灶（古时法国村落公社的公灶），都有它的铁匠——他像印第安人公社中的铁匠一样①，是公社的一个成员，在公社内

① 亨利·曼因爵士的《东方和西方的村落公社》(*Village Communities in the East and West*)，纽约，1876年，第193—196页。

的工作不付工资。他必须无偿地工作，如果他在空闲的时间制造一些刻花的镀银小铁牌（这在布里亚特人中是用来装饰衣服的），他可以卖给别的氏族的妇女，但对他自己氏族中的妇女，却只能当作礼物赠送。在公社内部是不允许买卖的，这个规定是如此严格，以致较富裕的家庭需要雇工的时候，也只能到另外一个氏族或俄罗斯人当中去雇。显然，这种习惯不只是布里亚特人才有，它在现代的野蛮人亚利安人和乌拉尔—阿尔泰人中是那么流行，以致可以说，它在我们的祖先中一定是一种普遍的习惯。

联盟内部的团结感情，是以部落的共同利益、它们的村民议会以及经常和村民议会同时举行的喜庆事情来维系的。不过，这种情感的维持，还依靠另外一种制度——亚巴（aba），即共同狩猎，它使人想起非常遥远的过去。每年秋天，库丁斯克的46个氏族便聚在一起打这样的一场猎，猎获的东西分给各家。此外，还不时举行整个种族的狩猎，以维护整个布里亚特族的团结。这时候，所有散布在贝加尔湖东部和西部几百英里远的布里亚特人的氏族，都必须派来他们的狩猎代表。成千上万的人来到一个地方，每个人都带着一个月的粮食；每人所带的粮食，分量必须完全相等，因此，在集中之前，要由大家推举的一位长者称过（总是“用手”称的，如果用秤来称，就将被认为是亵渎古老的习惯）。把粮食集中起来以后，便把狩猎的人分成二十人一队，按照完善的预定计划前去打猎。在举行这样的狩猎时，整个布里亚特族又恢复了它在团结成一个强有力的联盟时期的史诗式传统。让我再补充一句，这样的共同狩猎，在红印第安人和乌苏里江沿岸的中国人中也是常有的

(称为卡达——kada)[①]。

关于卡巴尔人,有两位法国探险家[②]已经对他们的生活方式做过详尽的描述,他们是在农业方面比较进步的野蛮人。他们把经过灌溉和施肥的田地照料得很好,在丘陵地带中,每一块可以利用的土地都用铲子耕种。卡巴尔人在他们的历史上经历过许多变迁,他们有一个时期采用过穆斯林的继承法,但是由于对它抱有反感,于是在150年前又恢复了古代的部落习惯法。因之,他们的土地所有权是混合性的,私有的土地和公有的土地同时并存。此外,他们现在的组织基础是村落公社(thaddart),它往往包括几个自称是有共同祖先的联合家庭和外族的较小家庭。几个村落便结合成氏族或部落,几个部落便结合成联盟,几个联盟有时候就可结成同盟,其目的主要是为了进行武装防御。

卡巴尔人除了村落公社的村民议会(djemmâa)的权力之外,是不知道有其他任何权力的。所有的成年人都参加在露天或设有石座的特殊建筑物中举行的村民议会,而村民议会的决定显然是取得一致同意的:大家讨论,直到所有与会的人都同意接受或服从某个决定。在村落公社中,谁也没有把一个决定强加于别人的权力,这种制度,凡是在有村落公社的地方,人类都曾经采用过,而且现今在村落公社继续存在的地方,依然被采用着,也就是说,在全世界还有成千上万的人采用这种制度。村民议会任命它的行政人员——长者、书记和司库;它征收赋税,掌管公有土地的再分配和

① 纳察洛夫:《北乌苏里江地区》(俄文),圣彼得堡,1887年,第65页。

② 哈诺铎和列杜诺克斯:《卡巴尔人》(*La Kabylie*),共三卷,巴黎,1883年。

各种公用事业。许许多多的工作都是由大家一起做的，例如道路、伊斯兰教寺院、水泉、灌溉渠道、防备匪盗的塔楼和篱笆等等，都是由村落公社修建的；至于大道、较大的伊斯兰教寺院和大市场，则由部落修建。现今还存在着许多共同耕种的痕迹，各家的房舍仍然是由村落中的男子和妇女一起修建的，或是由他们帮助修建的。"帮助"的事情，每天都有，而且在耕种和收获等等工作中，不断有人要求帮助。至于技术工作，每一个公社都有它自己的铁匠，他在公有的土地中享有一份土地，他为整个公社工作。在耕种季节快要到来的时候，他便到各家去修理工具和犁头，不指望任何报酬。至于制造新犁头，他们认为这是一种神圣的工作，绝不能以金钱或任何其他形式的工资来酬谢。

由于卡巴尔人已经有了私有财产，所以在他们当中显然是有富人也有穷人。但是，正如所有紧紧生活在一起，而且知道贫穷是如何而来的人一样，他们认为那是每个人都可能遇到的偶然事情。"别说你绝不会背上讨饭袋子乞讨，别说你绝不会进监牢"，这是俄罗斯农民的一句格言，卡巴尔人实行了这句格言，从他们的表面行为上是看不出贫富之分的，当穷人要求"帮助"的时候，富人就到他的田里去工作，正和穷人反过来也为富人工作一样。[①] 此外，村民议会还留有一定数量有时由大家耕种的田园和耕地，以供最穷苦的人使用。许许多多类似这样的习惯，现今还继续存在。由于穷

① 要请人"帮助"，就需向公社中的人提供一些饮食。一位高加索朋友告诉我说，在格鲁吉亚，当穷人需要"帮助"的时候，他便从富人那里借一两只绵羊来准备饭食，而公社中的人，除了为他工作以外，还带来许多粮食，以便使他可以偿还他的债务。在莫尔多瓦人中，也有类似的习惯。

苦人家无力购买肉类，便规定用罚款或赠给村民议会的礼物以及使用公共的橄榄油盆而付给公社的款子来购买，并且平分给那些买不起肉的人。当一家人在不是集市的日子杀了一只绵羊或小牛自己吃的时候，便由村里传唤的人在街上大声宣布这件事情，以便让病人和怀孕的妇女来取他们所需要的肉食。在卡巴尔人的生活中，充满了互相援助的事情，如果他们当中有一个人在异乡的旅途中遇到了一个需要帮助的卡巴尔人，他就必须去帮助，甚至不惜牺牲自己的财产和生命。如果他不这样做，那么，由于这种漠不关心而遭受损害的人的村民议会可以提出控诉，而那个自私者的村民议会将立刻赔偿损失。我们在这里遇到了研究中世纪商人行会的学者所熟知的一种习惯：在冬天，每一个进入卡巴尔人村落的异乡人都有住宿的权利，而且他的马可以在公有的土地上吃一天草。但是，如果需要的话，他几乎可以得到他们无限制的帮助。因此在1867—1868年发生饥荒的时候，卡巴尔人不分种族地接待和供养了每一个来到他们村落里逃难的人。在迪里斯地区，不下1万2千人是从阿尔及利亚的各个地方来的，甚至还有来自摩洛哥的人，他们都受到了这样的供养。由于这种原因，所以当人们在整个阿尔及利亚死于饥饿的时候，在卡巴尔人的土地上就没有一个人饿死。他们的村民议会要求他们节省必需品，组织救济，而且从未向政府请求过帮助，也没有发过一点儿怨言；他们认为这是一种天职。然而在欧洲的移民中，却采用了各种各样的警察措施来防止由于涌进了大量的外地人而产生的盗窃和混乱。在卡巴尔人的地区里，是不需要这些东西的：村民议会既不需要外人的帮助，也不需要外人的保护。[①]

我只能大致地谈一下卡巴尔人生活中的另外两个最有趣的特点：一个是“阿纳雅”（anaya），即在战争时水井、河道、寺庙、市场和一些道路等等的受到保护；另一个是梭福（çofs）。在阿纳雅中，我们发现有一系列的减少战争祸害和防止冲突的制度。例如市场，特别是边境上卡巴尔人和外族人会集的市场，是阿纳雅；谁也不敢在市场上捣乱，如果发生乱子的话，立刻就会受到聚集在市镇上的外来人的弹压。妇女们从村子到水泉去的道路，在战争时也是阿纳雅，还有其他等等。至于梭福，则是一种流传很广的组织形式，它的性质有些像中世纪的“市民会”（Bürgschaften 或 Gegilden），是为了互相保护和达到村落、氏族和联盟这些地区组织所不能达到的知识、政治和情感等种种目的的团体。梭福没有地区的限制；它在各个村落中招收成员，甚至也招收外来人，它对人们在生活中可能遇到的一切不测事情时，给他们以保护。同时，它试图用超地区的团体来弥补地区团体的不足，以表达各种各样的超越境界的互相友爱。个人的爱好和理想的自由国际组织，我们认为是我们这个时代的最好的特点之一，其实起源于野蛮的古代。

高加索的山居人提供了另外一个对说明这种情况极有教益的例证。它使柯瓦列夫斯基教授在研究奥西特人的现代风俗习惯（他们的联合家庭、村落公社和法律观念）时，能够在《现代习惯和古代法律》这一名著中一步步地追溯到同古代野蛮人的法典相似

---

① 哈诺铎和列杜诺克斯：《卡巴尔人》第 2 卷第 58 页。蒙古人的习俗对外来人也同样尊敬。拒绝留宿外来人的蒙古人，在那个人因此而遭受损害时，他将付出十足的赔偿（巴士颠：《历史上的人类》，第 3 卷，第 231 页）。

的倾向，甚至研究出封建制度的起源。在另外一些高加索种族中，我们有时候不是从部落式的，而是从不同血统的家庭自愿联合而成的村落公社里，看到一些公社的起源。最近在有些赫夫苏尔人的村落中的情况就是如此，这些村落的居民发誓要“共产和友爱”。[①] 在高加索的另一个地区达格斯坦，我们发现在两个部落之间产生了封建关系，它们却同时都保持了它们的村落公社（甚至还保持了氏族的“阶级”痕迹），因此，它们生动地说明了蛮族在征服意大利和高卢时是什么形式。战胜的种族——列兹庚人，在扎卡塔雷地区征服了几个格鲁吉亚人和鞑靼人的村落，但并未把他们置于分立的家庭制度之下；他们组成了一个封建氏族，这个氏族现今在三个村落中包括有12,000个家庭，为他们所共有的格鲁吉亚人和鞑靼人的村落不下20个。征服者把他们自己的土地分给他们的氏族，而氏族又把它平分给各个家族。但是他们并不干涉他们的纳贡者的村民议会，这些村民议会依然实行着尤利乌斯·恺撒所提到的那种习惯，即每年由村民议会决定哪一部分公有土地需要耕种，而这一部分土地就按照有多少家族分成多少份，并且用抽签的方式把它们分给各个家族。值得注意的是，虽然在列兹庚人（他们的制度是私有土地而公有农奴[②]）中，常常可以看到无产者，但在属于他们的继续实行公有土地的格鲁吉亚农奴中，却很少

① 霍达多夫：《赫夫苏尔人见闻录》，载《高加索地理学会会报》，第14卷，第1期，梯弗里斯，1890年，第68页。他们还发誓不娶自己团体中的姑娘，这是恢复了古代的氏族规则的突出事例。

② 巴克拉茨：《扎卡塔雷地区札记》，载前述会报第14卷第1期第264页。在列兹庚人中也和在奥西特人中一样，“联合队”是很普遍的。

见到。至于高加索山居人的习惯法,它和朗哥巴人或舍拉族法兰克人的习惯法几乎一样,所有的几点倾向,颇能阐明古代野蛮人的法律程序。由于他们的性情易于冲动,他们便尽力防止由于争吵而产生的严重后果;所以,赫夫苏尔人虽然在争吵时动辄拔刀相向,但如果有一个妇女跑来把她头上所戴的那块麻布头巾扔在他们中间,那么他们立刻就会收起他们的刀子,争斗就告平息。妇女的头巾就是阿纳雅。如果争吵没有及时停止,终于发生了杀人事件,那么赔偿的数额是如此巨大,以致使杀人者除非为受害人的家族所收容,否则他的整个一生也将完全毁灭。如果为了一点小事便动刀伤人,他将永远失去他的亲族的尊重。一切争端均由调解人控制;他们从氏族的成员推举法官——小事推举 6 个,事情重大时要有 10 到 15 个——并且由俄罗斯的见征人证明这些法官是绝对廉正的。发誓被看做是极为严重的事,所以受大家尊敬的人可免予发誓:只要他肯定一下就够了;而且在重大的事情中,赫夫苏尔人会毫不踌躇地承认自己的罪行(我说的当然是还没有接触过文明的赫夫苏尔人),所以更无须发誓。誓言主要是用在这样一些事件中的,例如关于财产的争执,这种争执除了简单地陈述事实以外,还需要进行某种判断。在这种情况下,一句判断就可以决定争端结果的人,其行事是极为慎重的。总之,他们绝不缺少诚实的品质,也绝不缺少对同种人的权利的尊重,这一点是高加索蛮族社会的特点。

在非洲的那些种族中,有着那么多各种各样极其有趣的社会,举凡处于从早期村落公社过渡到野蛮专制王国之间的一切中间阶段的社会形式都有,所以,甚至在这里想谈一下从它们制度的比较研究中所得出的主要结论，也是不可能的。[①] 只这样说一下就够了，那就是甚至在国王的最凶暴专制之下，在许许多多的事务中，村落公社的村民议会和它们的习惯法仍然是至高无上的。国家的法律固然可以允许国王随他的高兴或仅仅为了满足他的贪欲，便夺去任何一个人的生命，但是人民的习惯法继续保持着现今还存在于其他野蛮人中或过去曾经在我们祖先中存在过的那一系列互助制度。至于那些天性较厚的种族（在博尔弩、乌干达、阿比西尼亚），特别是波哥人，他们的习惯法的一些倾向，是来自真正优美和细致的情感的。

南美和北美的土人的村落公社也有同样的性质。我们发现巴西的突比人是在属于整个氏族所有的“长屋”中生活的，一个氏族中的人习惯于共同种植玉米和卡沙薯。文化更为发达的亚拉尼人也有共同耕种土地的习惯。乌喀嘉人也是如此，他们在他们的原始共产主义和“长屋”这种制度下，学会了修筑良好的道路和从事各种家庭工业[②]，而且他们的家庭工业和欧洲中世纪初期的工业相比，毫不逊色。他们也都是遵循我们在前面所举的那几种习惯法而生活的。在世界的另一端，我们发现了马来人的封建制度，但这种封建制度却没有力量彻底摧毁村落公社——它最低限度对一部分土地仍旧保留着共同所有权，而且可以把土地在部落的几个

① 见波士特：《非洲的法学》，鄂尔登堡，1887 年；明曾格：《论波哥人的法律和风俗》(*Ueber das Recht und Sitten der Bogos*)，温苔特，1859 年；卡萨里：《巴苏陀人》(*Les Bassoutos*)，巴黎，1859 年；麦克林：《卡非尔人的法律和习惯》(*Kafir Laws and Customs*)，科克山，1858 年，等等。

② 威茨：《原始人类学》，第 3 卷，第 423 页以下。

村落中重新加以分配。[1] 在米那哈撒半岛的亚尔夫鲁斯人中，我们发现有共同轮种农作物的习惯。在宛陀兹的印第安族中，我们发现在部落以内实行定期的土地重新分配，而且土地是由氏族耕种的。在伊斯兰教的制度还没有把那里旧组织完全摧毁的一切苏门答腊地方，我们发现有联合家庭（suka）和村落公社（kota），这种村落公社还保持了它对土地的权利，甚至对不是由它授权开垦的那一部分土地，也保有它的权利。[2] 我们所以谈到这些话，是要说明我们在前面作为村落公社的特点扼要陈述的互相保护以及防止仇恨和战争的一切习惯，现今仍然是存在的。不仅如此，而且土地愈是充分地保持公有，人们的习惯愈是良好和和平。德·士图尔绝对肯定地说，无论在什么地方，村落公社这种制度愈是少受征服者的侵害，则财富的不平等情况便愈小，复仇法的规定也愈是没有那么残忍；相反的，凡是村落公社遭到彻底破坏的地方，"那里的居民便要从专制统治者受到最难忍受的迫害"，[3]这是很自然的事情。威茨说，保持了部落同盟的那些种族，比丧失了联盟的旧联系的种族有更高的发展水平和更丰富的文化，他这番话只不过是指出很容易预见到的事情罢了。

如果再举一些例子，那就使我陷于使人厌烦的重复了——因为在各种不同气候的地区和各个种族中的野蛮人社会是极其相似

① 波士特：《关于家族权利发展史的研究》，鄂尔登堡，1889 年，第 270 页以下。

② 鲍威尔：《人种局年报》（*Annual Report of the Bureau of Ethnography*），华盛顿，1881 年，波士特的《关于家族权利发展史的研究》一书第 290 页中所引；巴士颠的《大洋洲的群岛》（*Inselgruppen in Oceanien*），1883 年，第 88 页。

③ 德·士图尔的话，见威茨的著作第 5 卷第 141 页所引。

的。在人类中，同样的进化过程真是相似得令人惊奇。当氏族组织内有分立家庭的分离，外有氏族迁移的瓦解，而且又不得不接纳不同血统的异族时，便产生了以地域观念为基础的村落公社。由前一个制度（氏族）中自然而然成长起来的这个新制度，使野蛮人度过了历史上最混乱的时期，而没有分裂成在生存竞争中必然失败的单独家庭。新的耕作形式在新的组织下发展起来了；农业达到了许多种族迄今仍难超过的阶段，家庭工业也达到了十分完善的地步。荒野被征服了，在其间纵横交错地修起了道路，到处是由老公社分出来的许多新村落群。市场、有防御设备的中心和公众礼拜的地方都建立起来。逐渐树立起了更广泛的、扩展到整个种族和几个不同血统的种族的联盟观念。旧的正义观念——只知道复仇的观念，渐渐起了深刻的变化，对做错的事情实行赔偿的思想代替了复仇。在这种组织下，创立了习惯法——它迄今还是三分之二或更多一些的人类的日常生活法则，此外还培养了一系列旨在防止少数（他们的势力将随着私有财产的愈来愈容易积累而增大）压迫多数的习惯。这就是群众的互助倾向所采取的新形式。人类在这种新的群众组织形式下在经济、知识和道德方面所取得的进步如此巨大，以致后来当国家产生的时候，只需把村落公社为全体利益而行使的法律的、经济的和行政的一切职能夺取来为少数人的利益服务就行了。

第五章　中世纪城市中的互助

野蛮人社会中权威的成长　村落中的农奴制　设防的城市的反抗以及它们的解放和特许状　行会　中世纪自由城市的双重起源　独立的裁判和独立的行政　劳动者的光荣地位　行会和城市经营的商业

在人类的天性中，生来就具有合群以及互相帮助和支援的需要，所以在历史上还找不到一个时期人类是分成为单独的小家庭，为了生活资料而互相斗争着。相反的，正如我们在前面两章所看到的，现代的研究证明，自人类史前生活之初，他们就结合成支族、氏族或部落，借共同血统这一思想和对共同祖先的崇拜而得以维系。几千年来这种组织把人们集聚在一起，即使并没有任何权威把它强加于人。它在人类往后的一切发展中留下了深深的痕迹；当共同血统的纽带由于大规模的迁移而松散，当分立家庭的发展在氏族本身内部摧毁了旧有的团结，这时候，人类的社会性天才便创造了一种按地域原则结合的新形式——村落公社。这种组织又使人类团结了许多世纪，使他们能进一步发展他们的社会组织，度过历史上的最黑暗的时期，没有瓦解成分散的集团。这样它就使人类在进化的道路上又前进了一步，创造了许多第二级的社会制度，其中有些制度直到现今仍然存在。现在我们就来追溯这种永远存在的互助倾向的继续发展。如果从所谓野蛮人的村落公社在罗马帝国崩溃后重新建立一个新文明这个时候着手，我们就必须对中世纪群众的社会需要，特别是对在中世纪的行会和城市中的这种需要所采取的新形式作一番研究。

绝不像有些人常常把他们比作好战的动物那样，在公元最初几个世纪的野蛮人（像现今还处在相同的野蛮阶段的许多蒙古人、非洲人和阿拉伯人等一样），始终是爱好和平而不喜欢战争的。只有少数的部落——它们在大迁移中被赶到了不毛之地的沙漠或高原，因而被迫定期地去抢劫他们的得天较厚的邻居。除了这些部落以外，大部分的条顿人、萨克森人、克尔特人和斯拉夫人等，当他们在新征服的土地上定居下来以后，便很快又从事于农业耕种和畜牧。最早的野蛮人的法典，已经为我们说明了社会是由爱好和平的农业村落公社而不是由互相战争的各个人群组成的。这些野蛮人在田野上到处建立村落和农舍[①]；他们采伐森林，在激流上建造桥梁，移民到从前完全无人居住的荒野。他们把不可靠的战争事业让那些剽悍的人的兄弟会或“代理组织”去干，这些人在临时的头目的领导下，四处奔走，把他们的冒险精神、武器和战争知识拿来保护渴望和平生活的人们。武士们东走西闯，进行他们的家庭争斗，而广大群众则仍然耕种土地，只要他们的自称为统治者的

① 亚诺特在他的《日耳曼种族的迁徙和殖民》（Wanderungen und Ansiedelungen der deutschen Stämme）第 431 页上，甚至认为现在德国中部可耕面积的一半肯定是在 6 至 9 世纪间开垦的。尼希也抱这种看法，见他的《德国民族史》（Geschichte des deutschen Volkes），莱比锡，1883 年，第 1 卷。

人不干涉他们村落公社的独立，他们便很少去注意这些人。[①] 欧洲的新占领者发展了一整套占有和耕种土地的制度，这些制度现在还为亿万人所采用；他们制定了赔偿损害的规则来代替旧部落式的流血复仇；他们学会了最初的工业简陋技术。虽然他们用栅栏围墙防卫他们的村落，或者修建碉楼和土筑堡垒以便躲避新的侵略，但他们不久就把守御这些碉楼和堡垒的任务交给那些专门从事战争的人了。

正是野蛮人的爱好和平的本能而不是想象的好战本能，使他们以后变成了军事首领的从属。显然，由于武士团的生活方式，使他们比在农业村落公社中耕种土地的人更容易发财致富。即使现在，我们也可以看见许多有武力的人仍然时常结伙去射杀马泰伯勒人，抢劫他们的牛群，虽然马泰伯勒人渴望和平，并且愿意拿很高的代价来换取和平。古时的武士团当然并不比我们这个时代的武士团更加有所顾忌。牛群、铁（在那个时候是极其昂贵的[②]）和奴隶就是用这个方法夺取来的。虽然所获得的东西大部分当时就挥霍在史诗中所大事颂赞的豪华筵席上，但仍然有一部分劫掠来的财富被用来发展财富。那时有大量的荒地，只要能获得所需要的牲畜和工具，是不乏准备耕种的人的。被牛瘟、疫病、火灾或新

① 勒欧和波达：《意大利史》(Histoire d'Italie)，法文版，1844 年，第 1 卷第 37 页。

② 偷一把普通的刀，要赔偿 15 个索里第(Solidi)，偷磨坊的 1 件铁零件，要赔偿 45 个索里第(关于这个问题，请看兰普舍的《民权时代法兰克人的经济和法律》，载赖美尔的《袖珍历史手册》——Historisches Taschenbuch，1883 年，第 52 页)。按里披里安人法律的规定，1 个武士的剑、矛和盔甲，至少值 25 头母牛，或者 1 个自由人的两年劳动。在舍拉人法典中规定，单是一副胸甲就要值 36 蒲式耳小麦之多，见米舍勒所引德米谢尔的著作。

移民的袭击所毁灭的村落，往往便被居民抛弃，他们到处去寻找新的居住地。在俄国，他们在类似的情况下至今仍然是这样做的。如果有一个武士团的首领给农夫们一些牲畜去从事耕种，给他们一些铁去打犁（如果不是现成的犁的话），保护他们不再遭受侵袭，并且，在他们开始偿还债务以前，免去他们几年的各种义务，那么他们就在这块土地上定居下来。同歉收、洪水和瘟疫经过一番艰苦斗争之后，这些开拓者就开始偿还他们的债务，对土地的保护者承担奴隶的义务。毫无疑问，财富就是这样积累起来的，而权力则永远是随着财富而来的。① 然而，我们愈是深入研究这些时期——公元第 6 和第 7 世纪——的生活，我们就愈会发现，要构成少数人的权威，除了财富和军事力量以外，还需要另外一个因素，这个因素就是法律和权利。由于群众想维持和平、树立他们所认为的正义的愿望，使武士团的首领——王公贵族等——在两三百年以后获得了他们的那种权力。在部落时期养成的正义观念——对损害进行适当的报复——现在像一根红线似地贯穿于以后所有制度的历史中，并且比军事和经济的原因更重要得多，它变成了国王和封建主的权威的基础。

事实上，野蛮人的村落公社经常关心的主要事情之一，一向是

① 在一个很长时期内，首领们的主要财产就是他们个人的领地，在这些领地上，居住着一部分掳来的奴隶，但主要还是由上述方法而来的人民。关于财产的起源，见埃内马-斯德纳格的《德国大地主阶级的成长》，载席莫勒的《研究》(*Forschungen*)，第 1 卷，1878 年；达恩的《日耳曼人和罗马人的上古史》(*Urgeschichte der germanischen und romanischen Völker*)，柏林，1881 年；摩烈尔的《村落制度》(*Dorfverfassung*)；基佐的《法国历史论文集》(*Essais sur l'histoire de France*)；曼因的《东方和西方的村落公社》；波达的《意大利史》；以及西波姆、维诺格拉多夫和格林等的著作。

如何迅速地终止从当时流行的正义观念中所产生的争斗。当发生争执的时候，公社立刻进行干涉，村民议会在听取了案件的陈述以后，便决定应该给受损害的人或他的家族多少赔偿以及应该交给公社多少破坏安宁的罚款。内部的争执是很容易用这个方法平息的。但是，尽管采取了各种防止争端的办法[①]，如果两个不同的部落或部落同盟之间仍然爆发了争斗，那么要找一个在公正和对古老的法律的知识方面都可以被双方所接受的仲裁人或依法裁决人，那就困难了。更困难的是，各个部落和部落同盟的习惯法对各种案件的赔偿规定是不一致的。因此，习惯的办法，是从以保持古法律的纯洁闻名的家族或部落中寻找依法判决的人。由于编成了诗歌、三弦歌和传说等，法律便能长久地留在人们的记忆里，用这种办法保存法律，便成了一种艺术，一种“秘诀行业”，很谨慎地在某些家族中一代代地相传着。所以，在冰岛和斯堪的纳维亚的其他地方，在每一次全族大会上，便总有一种人（称为 lövsögmathr）背诵全部法律来启发公众；大家知道，在爱尔兰有一种以熟知古代传统著称的特殊阶层，他们以此享有像法官那样大的权力。[②] 还有，我们从俄罗斯编年史中得知，俄国西北部的有些种族，鉴于“氏族起来反抗氏族”产生了愈来愈混乱的状况，便请求诺尔曼的习惯法专家做他们的裁判人和武士团的指挥。我们发现，在以后的二

① 见亨利·曼因爵士的《国际法》，伦敦，1888 年。

② 《爱尔兰的古代法》（Ancient Laws of Ireland），序言；尼斯：《国际法研究》（Études de droit international）第 1 卷，1896 年，第 86 页以下。在奥西特人当中，从三个最古老的村落中选出来的仲裁人享有一种特殊的声誉（柯瓦列夫斯基的《现代习惯和古代法律》，莫斯科，1886 年，第 2 卷第 217 页，俄文）。

百年间，做诸侯或公爵的人常常是从同一个诺尔曼家族中选出来的，所以，我们不能不认为斯拉夫人相信诺尔曼人更了解为各个斯拉夫族所同样承认的良好法律。在这种情况下，掌握那种用来留传古代习惯的北欧古文，对诺尔曼人是有决定性好处的；但在另一些情况中，也依稀有这样的迹象：他们请求种族中“最老的”一个支族，即所谓母支，提供裁决人，而信赖母支的决定是公正的。[①]在稍后时期，我们看到他们显然是倾向于从基督教的教士中选择依法裁决人，那时候，教士们仍然恪遵基督教的基本原则（这种原则现已被人遗忘了），认为报复是非正义的行为。当时，基督教的教士打开教堂，作为那些逃避血仇的人的避难所，他们自愿在刑事案件中担任裁决，始终反对从前以命抵命、以伤还伤的旧部落原则。总之，我们愈是深入研究早期制度的历史，我们愈难相信权力得之于军事的论据。相反的，在后来变成了压迫的根源的那种权力，倒是由于群众的和平倾向而产生的。

在所有这些事例中，为数常达赔款一半之多的罚款，是归村民议会所有的，从太古时候起，这种罚款就是用之于公用事业和共同防务的。在卡巴尔人和有些蒙古族当中，罚款仍然是作为这种用途（修建塔楼）。我们有直接的证据，说明即使在以后的几个世纪里，在普斯科夫以及法国和德国的几个城市中，法律上所规定的罚

① 可以想见，这种观念（它同古代的爱尔兰的贵族首领继承制的观念有关）在那个时期的生活中是起着重要作用的；但还没有对这方面进行研究。

款仍旧是作修缮城墙之用的。[①] 因此，这些罚款自然是交给依法裁决人，而他必须维持负有保护领土和执行判决之责的武士团。这在第8和第9世纪已经成了普遍的习惯，即使依法裁决人是一个被选任的主教，他也必须按照这个习惯办理。所以，我们现在称之为司法权和行政权的结合，其起源就是这样来的。首领或国王行使这两种职权是有严格限制的。他不是人民的统治者——最高的权力依然属于村民议会——甚至连民团的首领他也够不上；当人民拿起武器的时候，他们是在一个独立的(也是推举的)司令官统率之下行动的，这个司令官不隶属于国王，他和国王是平等的。[②] 国王只在他个人的领地上才是主人。事实上，在野蛮人的语言中，konung、koning或cyning这几个词和拉丁文的rex是同义的，它的意义只不过是一队人的临时领袖或头目。一队船只甚至一只单独的海盗船的首领，也称为konung，直到今天，在挪威还称捕鱼的指挥为Not-kong——“网王”。[③] 对一个国王的人身尊敬，那时候还不存在，他们对背叛亲族的人是要处以死刑的，但杀死国王的人，反而能以赔款折罪：一个国王的价值只不过比一个自

① 在1002年的圣昆丁的宪章里说得很清楚，犯罪者的房屋(原应毁掉)赎金，用来修筑城墙。在日耳曼城市中的消费税，也供作这个用途。在普斯科夫，大教堂是存放罚款的银行，修城墙的费用就是从这项资金中提取的。

② 索姆：《法兰克的法律与法院组织》(Fränkische Rechts-und Gerichtsverfassung)，第23页；并参看尼希的《德国民族史》第1卷第78页。在俄国的自由城市中也是这样。

③ 参看奥古斯丁·第耶利的《关于法国历史的通信和商榷》(Letters sur l'histoire de France)第7信对这个问题的精辟见解。野蛮人翻译的部分圣经，对了解这一点是极有帮助的。

由人的价值定得更高得多罢了。[①] 在北欧的传奇中，有一段描写克努王（Knu 或 Canute）的故事，他杀死他自己的武士团中的一个人以后，便把他的伙伴们召集到一个祭坛来，跪在那里求他们饶恕。他被饶恕了，但他必须先付九倍于规定的赔款，其中有三分之一归他自己，作为对他损失了一个部下的补偿，三分之一交给那个被杀者的亲属，还有三分之一（罚款）则交给武士团。[②] 实际上，一定要到流行观念在教会和罗马法学者的双重影响下有了彻底的改变以后，才能产生国王的人身是神圣的这种观念。

然而，要追溯权威是怎样从方才所讲的因素中逐渐发展起来的，将会超出本文所讨论的范围。历史学家们，例如英国的格林先生和格林夫人，法国的奥古斯丁·第耶利、米舍勒和吕谢尔，德国的考夫曼、詹生、亚诺特，甚至还有尼希，意大利的勒欧和波达，俄国的比拉耶夫、珂斯托马洛夫和他们的门生，还有其他许多历史学家，他们都已经详尽地论述过这个过程。他们指出：一度是自由的人民原来只是答应“供养”某一部分军事保护者，而后来是怎样逐渐变成了这些保护者的农奴；自由的人为什么有“托庇”于教会或一个领主的痛切需要；每一个领主和主教的城堡是怎样变成了强

① 按照盎格鲁-撒克逊法律，国王比一个贵族贵三十六倍。罗萨里法典规定，杀死一个国王，是要处死刑的。但是（除了受罗马的影响以外）伦巴底的法律在公元 646 年又采用了这种新的规定，据勒欧和波达说，这是为了保护国王不受流血的报复。由于国王在那个时候是他自己所下判决的执行者（正如从前部落是它自己所下判决的执行者一样），所以他必须用一个特殊的规定来保护他自己，尤其是因为在罗萨里之前，有几个伦巴底王均相继被杀，因此更必须如此（见前引勒欧和波达的著作第 1 卷第 66—99 页）。

② 考夫曼：《德国史》（*Deutsche Geschichte*），第 1 卷：《原始时代的日耳曼人》，第 133 页。

盗窝——一句话，封建制度是怎样强加在人民头上的；十字军由于解放了佩戴十字架的农奴，从而怎样第一次鼓舞了人民的解放信念。所有这些，不需要再在这里重述了，因为我们主要的目的是研究人民群众在他们的互助制度中所表现的建设天才。

有一个时期，当野蛮人的自由的最后痕迹似乎要消失的时候，当欧洲沦落在成千个小统治者的统治之下，走向野蛮人在早先的文明发轫的时期以后的那种神权制度和专制国家制度，或者走向像我们现今在非洲所看到的野蛮的君主政体的时候，欧洲人民的生活便采取了另外一种方向。它所走的路线，和古代的希腊城市一度走过的路线相似。从城市的集团直到最小的村镇，都开始摆脱它们世俗的和宗教的领主的束缚，它们的行动是那么一致，看来几乎令人难以理解，而且有一个很长时期也的确为历史学家所不能理解。凡是有防御工事的村落都起来抗击领主的城堡，起先蔑视它，然后攻打它，最后摧毁它。这个运动从一个地方发展到另一个地方，席卷了欧洲的每一个城市，在不到一百年的时间内，在地中海、北海、波罗的海、大西洋一直到斯堪的纳维亚的峡江；在亚平宁、阿尔卑斯、黑森林、格兰扁山脉和喀尔巴阡山脉的山麓；在俄罗斯、匈牙利、法国和西班牙的平原，到处都出现了自由的城市。在各个地方发生的这种反抗，都具有相同的面貌，经过相同的阶段，达到相同的结果。无论在什么地方，凡是有城垣获得保护或是希望获得保护的人都组织了“同盟会”、“兄弟会”或“友谊会”，在一个共同的看法之下联合起来，大胆地追求互助和自由的新生活。他们获得了那样巨大的成功，以至在三四百年间他们就改变了欧洲的本来面貌。他们到处修建起宏伟富丽的建筑，表现了自由人的自由联合的天才，在美观和表现力方面真是无与伦比。他们给后代遗留了各种艺术和工艺，我们现今的文明虽然具有种种成就和未来进步的希望，也不过是这些艺术和工艺的进一步发展而已。当我们现在寻求产生这些伟大成果的力量时，我们发现它们所以获得成功，不在于个别英雄的天才，也不在于巨大国家的有力组织或其统治者的政治才能，而是在于有这种互助和互援的潮流。我们曾看见这种潮流在村落公社中起过作用，而在中世纪，由于有了新的联合形式，就更加高涨有力，它所依据的精神是完全一致的，然而是按照一种新的形式——行会组成的。

大家都知道，封建制度在这个时期并未使村落公社完全解体。虽然领主终于把奴隶劳动强加在农民身上，并且窃取了从前是只属于村落公社的权利（赋税、永远管业、遗产税和婚姻税），但农民仍旧保有村落公社的两种基本权利：土地公有和独立裁判。在古时，当国王派遣的裁判官到了一个村落公社时，农民们一手拿着鲜花、一手拿着武器去迎接他，并且问他打算采用哪一种法律：是村落原有的呢还是他随身带来的？如果采用第一种，他们就把鲜花给他，以示欢迎；如果采用第二种，他们便和他进行斗争。① 现在，他们接待了他们无法拒绝的国王或领主的官员，但他们仍然保持了村民议会的裁判权，他们自己指派六个、七个或十二个法官，和领主的法官一起当着村民议会的面充当仲裁人和依法裁决人。在大多数事例中，官员们除了批准判决或征收例行的罚款以外，便没

① 达恩：《日耳曼人和罗马人的上古史》，柏林，1881年，第1卷第96页。

有什么事情可做。这种珍贵的独立裁判权（它在当时还意味着独立行政和独立立法），经过历次的斗争始终保持着。甚至查理大帝殿前的法学家也不能把它废除，他们不能不承认这种权利。同时，在有关村落公社土地的一切事务中，村民议会仍保留了它的最高权力，并且（像摩烈尔所说的）在土地所有权这个问题上，还常常要领主本人遵从它们的决定。封建制度不论多么发展，也不能打破这种抵抗；村落公社丝毫没有让步。在第 9 或第 10 世纪，当诺尔曼人、阿拉伯人和乌格里亚人的侵袭证明武士团对保护土地已经不起什么作用时，在全欧洲便开始风起云涌地修筑石墙和城堡来防卫村落公社。那时村落公社用它的力量修筑了千万个有防御设备的中心地区。一到他们修建好了城墙，并且这种新的庇护物——城墙使他们获得了共同的利益时，他们不久便懂得，他们此后既能抵抗内部的敌人（领主）的侵害，也能击退异族敌人的侵袭。自由的新生活开始在有防御设备的地区中发展起来。这样就诞生了中世纪的城市。[①]

① 我所以如此赞同许久以前即由摩烈尔——见《德国城市制度史》（Geschichte der Städteverfassung in Deutschland，埃尔兰根，1869 年）——所发表的看法，是因为它充分证明了从村落么社到中世纪城市是一个不间断的进化过程，而且唯有这一看法能解释村落公社运动的普遍性。萨费尼、艾希荷恩和他们的门徒肯定地证实了罗马城邦（municipia）的传统从未完全消失，但他们没有考虑到野蛮人在未有任何城市之前所经历的村落公社时期。事实是，无论什么时候，当人类在希腊、罗马或中欧新开始一个新文明时，都要经过相同的阶段——部落、村落公社、自由城市、国家——而每一个阶段自然是从前一个阶段中产生出来的。当然，以前的每一种文明的经验是永不会消失的。希腊（它本身就受了东方文明的影响）影响罗马，而罗马又影响了我们的文明；但它们每一个都同样是从部落开始的。正如我们不能说我们的国家是罗马国家的继续一样，我们也不能说欧洲（包括斯堪的纳维亚和俄罗斯）的中世纪城市是罗马城市的继续。它们是野蛮人的村落公社的继续，在一定程度上是受了罗马城市传统的影响的。

在历史上，没有任何时期能比 10 和 11 世纪更好地说明群众的建设力量了，在这两个世纪里，有防御设备的村落和市镇好似无数“封建山林中的绿洲”，开始从领主的枷锁下解放出来，慢慢地完善了未来的城市组织。可惜的是，关于这一时期的史料特别稀少：我们只知道结果，关于取得这些结果的方法，所知道的却很少。在城墙的保护下，城市的民会——或者是完全独立的，或者是由主要的贵族或商人家庭领导的——争得和保持了选择城市的军事“保卫者”和最高裁判人的权利，或者至少有在那些企图占据这些位置的人当中加以选择的权利。在意大利，新兴的城市经常驱逐它们的“保卫者”或统治者，并且和那些拒绝下台的“保卫者”进行斗争。在东方的情况也是如此。在波希米亚，富人和穷人一样(Bohemicœ gentis magni et parvi，nobiles et ignobiles)，都参加选举[①]；而俄国城市的民会(vyeches)，也定期选举它们的大公——常常是从同一个鲁利克家族中选出的，和他们订立约法，如果民会对诸侯感到不满意的话，就把他加以驱逐。[②] 而这个时候的西欧和南欧的城市，大多数都是倾向于以它们自己所选的主教来做城市的“保卫者”的。有那样多的主教带头保护城市的“特权”和保卫城

① 柯瓦列夫斯基：《俄罗斯的现代习惯和古代法律》(Modern Customs and Ancient Laws of Russia)，伊尔切斯特讲座讲稿，伦敦，1891 年，第 4 讲。

② 在比拉耶夫的《俄罗斯的历史故事》(Tales from Russian History)和珂斯托马洛夫的《专制政治在俄国的起源》(The Beginnings of Autocracy in Russia)，特别是塞吉维奇教授的《民会和王公》(The Vyeche and the Prince)里，对所谓“理想时期”都有确切的论证；但在他们之前，已经有人做过许多研究工作了。英国的读者可以在方才所说的柯瓦列夫斯基的著作和伦保德的《俄国史》(History of Russia)以及本书作者为最近一版的《张伯斯氏百科全书》(Chambers's Encyclopœdia)的《俄罗斯》条所写的一段撮要中，找到一些有关这个时期的材料。

市的自由，因而许多主教在他们死后被认为是城市的圣者和特有的守护神。温契斯特的圣乌特尔德，奥格斯堡的圣尤尔利克，勒根斯堡的圣伍尔福冈，科伦的圣赫里伯，布拉格的圣亚达尔伯，以及许许多多的修道院长和僧侣，都因他们起来保卫公众的权利，被尊为那些城市的圣者。① 在新的保卫者（不论他是教士还是俗人）的领导下，市民们为他们的民会争得了充分的独立裁判和独立行政的权利。②

解放的全部过程，是由一系列献身于共同事业的细小行为所逐渐推进的，是由来自群众中的战士——姓氏没有被历史保存下来的无名英雄——所完成的。在新兴的城市中掀起了奇异的“神的和平”（treuga Dei）运动，群众竭力用这个运动来制止无休止的贵族们的门阀之争，主教和市民们力图把他们在他们自己的城墙之内建立的和平推行于贵族。③ 这个时期，意大利的商业城市，特

① 费拉里：《意大利革命史》（Histoire des révolutions d'Italie）第 1 卷第 257 页；喀尔森：《中世纪的德国城市》（Die deutschen Städte im Mittelalter）第 1 卷（哈勒，1891 年）。

② 关于伦敦的民会，参看葛姆先生的精辟见解——《关于地方制度的文献》（The Literature of Local Institutions），伦敦，1886 年，第 76 页。但是必须指出，在王室所在的城市里，民会从未达到它在其他地方那样所具有的独立地位。甚至可以肯定地说，莫斯科和巴黎之所以被国王和教会选作未来国家的王权发祥地，就是由于它们没有由民会在各种事务中作为主权者行事的传统。

③ 吕谢尔：《法国的城市》（*Les Communes françaises*）；并参看克鲁柯恩的《神的和平史话》（*Geschichte des Gottesfrieden*），1857 年。塞米松还在《和平和神命休战》（*La paix et la trève de Dieu*，两卷，巴黎，1869 年）一书中试图把公社运动说成是产生自这种制度的。实际上，像在路易大王统治时期为抵抗贵族的掠夺和诺尔曼侵袭而建立的联盟一样，“神命休战”是一个十足的群众运动。唯一提到这个大联盟的历史学家——即维塔利斯——称它为“民众的团体”，见《关于法国历史的商榷》，载《奥古斯丁·第耶利著作集》第 4 卷，巴黎，1868 年，第 191 页及注释。

别是阿马尔菲(它从公元 844 年就有了它的选举执政官,并且在 10 世纪时常更换它的总督)[①],已经创立了海运和商业的习惯法,这些法律在以后就变成了全欧洲的楷范;腊万纳完善了它的行业组织;在公元 980 年进行了第一次革命的米兰,变成了一个大商业中心,它的商业从 11 世纪起就享有充分的独立权[②]。布鲁日和根特也是这样;有几个法国城市也是这样,那儿的公所(Mahl)已经成了一个完全独立的机构[③]。在这个时期,已开始用建筑物来美化城市,这些建筑物至今还博得我们的赞赏,它们充分表明了那个时代的文化运动。罗耳·格拉伯在他的编年史中写道:"这时候,几乎普天下的会堂都焕然一新",有一些最美的中古建筑就是从这个时期开始修建的:美妙的不来梅古教堂是在 9 世纪修的,威尼斯的圣马可教堂是 1071 年竣工的,比萨的美丽的圆顶建筑是 1063 年完成的。事实上,被称为 12 世纪文艺复兴[④]和 12 世纪唯理主义的文化运动——宗教改革的前驱[⑤]——就是从这个时期开始的,而这时候,大多数城市还不过是一些围有墙垣的小小村落公社的简单联合体。

① 费哈里:《意大利革命史》第 1 卷第 152、263 等页。

② 柏伦士:《佛罗伦萨史》(*Histoire de Florence*)第 1 卷第 188 页;上引费哈里的著作第 1 卷第 283 页。

③ 第耶利:《论第三等级史》(*Essai sur l'histoire du Tiers État*),巴黎,1875 年,第 414 页的注释。

④ 洛甘:《12 世纪的文艺复兴》(*La Renaissance au XIIe siècle*),见《关于法国历史的研究》(*Études sur I'histoire de France*),巴黎,1875 年,第 55—117 页。

⑤ 珂斯托马洛夫:《12 世纪的唯理主义者》,见他的《专论和研究集》(俄文)。

但是，这些自由和启蒙运动日渐成长的中心在12和13世纪所以有那样的力量，除了村落公社的原则之外，还必须有另外一个因素，使它们在思想和行动上趋于一致并具备创造的能力。由于职业、行业和艺术愈来愈繁多，由于远地的商业愈来愈发达，所以必须有一种新的联合形式才能满足需要，而能提供这种必要的新因素的就是行会。关于这种联合的论著，非常之多；这些联合的名称有“行会”、“兄弟会”和“友谊会”等。在俄国叫做“德鲁热斯特瓦”（druzhestva）、“敏涅”（minne）和“阿尔切尔”（artels），在塞尔维亚和土耳其叫做“艾斯纳福”（esnaifs），在格鲁吉亚叫做“阿姆卡里”（amkari），等等。它们在这些名称之下，在中世纪取得了惊人的发展，在城市的解放中起了极大的作用。历史学家花费了60年以上的时间才了解到这种制度的普遍性和它的真正特性。而且，只是在现在，当我们翻印了千百个行会的规章并加以研究之后，当我们知道了它们和罗马的社团（collegia）同早期希腊和印度的协会（unions）的关系之后，我们才能完全有把握地断言，这类兄弟会只是我们曾在宗族和村落公社中看到它们起过作用的那些原则的进一步发展。①

再没有比那些在航行的船舶上临时组成的行会更能说明中世纪的这类兄弟会了。当汉撒同盟的一条船在离开港口完成了它的第一个半天航程时，船长（Schiffer）便把所有的船员和旅客召集到

① 关于行会的普遍性，在兰伯特牧师的《行会生活两千年史》（*Two Thousand Years of Guild Life*，赫尔，1891年）中可以找到非常有趣的事例。关于格鲁吉亚的阿姆卡里，见伊吉察洛夫的《外高加索的阿姆卡里组织》（*Gorodskiye Tsekhi*），载《高加索地理学会会报》，第14卷，第2册，1891年。

甲板上，向他们发表了如下的一段谈话(这是根据当时一个人的记载)：

> "'由于目前我们是在上帝和大海的摆布之下，'他说，'人与人必须要平等相待。由于我们被狂风巨浪以及海盗和其他危难所包围，我们必须保持严格的秩序，以便顺利完成我们的航行。这就是为什么我们要祈祷我们一帆风顺，并且按照航海法的规定，提出坐裁判席位的人(Schöffenstellen)。'于是船员们便推举出一位裁判长(Vogt)和四位裁判(scabini)来做自己的法官。在旅行终了时，裁判长和裁判便辞去他们的职务，并且对船员们说：'在船上发生的一切事情，我们必须彼此原谅，把它们看作已成过去了。我们裁判得当的，是为了正义。这就是为什么我们要以诚实的正义的名义请求你们忘掉可能产生的互相仇恨，并且以面包和盐发誓，绝不以错误的精神看待这种仇恨。任何一个人，如果认为他受了委屈，可以向陆地上的裁判长提出申诉，并且请他在日落以前秉公裁判。'在上岸的时候，便把收存的罚款和资财交给海港的裁判长去分给穷人。"①

这一段简单的叙述，也许比任何东西都更能说明中世纪的行会精神。无论在什么地方，只要有一批人——渔民、猎人、行商、建

① 见费查的《法兰克福档案》(*Frankfurter Archiv*)第2卷第245页所载汶特勒的《旅行记》(*Reisebericht*)；见詹生的《德国民族史》(*Geschichte des deutschen Volkes*)第1卷第355页。

筑者或定居的工匠——为了一个共同的目的而聚集在一起，便将产生这种组织。所以，在船上船长虽有他在海上的权威，但是为了共同事业的成功，所有船上的人，穷人和富人，船主和船员，以及船长和水手，在他们的相互关系上都承认彼此是平等的，简单地说，都是普通人，都必须互相帮助，把他们可能发生的争执交由他们大家推举的裁判处理。同样，当一些工匠——泥水匠、木匠和石匠等——在一起建筑房屋（例如一座大教堂）时，虽说他们都属于同一个有行政组织的城市，而他们每一个人又属于各自的行业，但是他们为了共同的事业（他们比任何人都更了解这个事业）而联合起来。他们所以结合成一个团体，是由于有了更密切的联系，虽说这种联系是临时的；他们为了修筑大教堂而建立行会[①]。直到现在，我们在卡巴尔人的"梭福"中仍可看到这种情形[②]：卡巴尔人有他们的村落公社，但是这种联合不足以应付联合所有的一切政治的、商业的和个人的需要，因此便祖成梭福这种更密切的团体。

至于中世纪行会的社会性，任何一个行会的规章都可以用来阐明它。以早期丹麦人的某一行会的规章（skraa）为例，我们在其中看到的，首先是一段陈述支配整个行会的兄弟般的情感的说明文，其次便是关于两个会友之间或一个会友和外人之间发生争执时的独立裁判的规定，最后是列举会友们的社会职责。如果一个会友的房子被烧掉了，或者他的船遭了难，以及他在朝香的旅途中遭遇了不幸，那么所有的会友都必须帮助他。如果一个会友患了

① 莱纳德·艾纳博士：《科伦大教堂史序》（*Der Dom zu Köln, Historische Einleitung*），科伦，1871 年，第 46、50 页。

② 见前章。

重病，就必须有两个会友在床边看护他，直到他脱离危险；如果他死了，会友们必须把他送到教堂的墓地去埋葬——这在那些瘟疫流行的时代是一件大事。在他死后，如果需要的话，他们还必须扶养他的子女，他的寡妻则时常成为行会的一个姊妹。[①]

这两个首要的特点，在每一种兄弟会——无论它是为了什么目的而组成的——中都可看到。在任何一件事情上，行会的成员都相待如手足，彼此也真以兄弟姊妹相称[②]；在行会中大家平等。他们有一些共同的"财产"（牲畜、土地、建筑物、礼拜堂或"储蓄"）。所有的会友都发誓要抛弃一切旧怨，他们虽然没有把绝不争吵的义务加在每一个人的身上，但他们都赞同任何争执不得变成仇恨，也不得在会友们自己作出裁判以前向其他裁判组织提出诉讼。如果一个会友和行会以外的人发生了一场争执，无论他是好是坏都要帮助他，这就是说，无论是别人的诬告还是他真有侵害他人的行为，他们都必须帮助他，使事情达到和平解决。只要他的行为不是暗地侵害别人——如果是的话，他将被当作一个不受法律保护的人——行会都要帮助他。[③] 如果受害人的亲友要立刻用新的侵犯行为来报复，那么，会友们就给他一匹马，或者给他一条船、一对

① 珂伏德·安切尔：《论丹麦古代行会的庆典及其衰落》（Om gamle Danske Gilder og deres Undergang），哥本哈根，1785年。克努的一个行会的规章。

② 关于妇女在行会中的地位，参看陶尔明·斯密士女士在她父亲的《英国的行会》（English Guilds）一书中所写的序言。1503年剑桥行会的规章之一（第281页）确有这样一句话："本规章是经行会中的全体兄弟姊妹一致同意而制定的。"

③ 在中世纪，只有暗地害人才被当作是杀人的行为。在光天化日之下报仇是正义行为；因口角而杀人，只要杀人者表示忏悔，并且愿意赔偿损害，便不算是谋杀。这种分别的明显痕迹，在现代的刑法（特别是在俄国的刑法）中还依然存在。

桨、一把刀和一块打火的钢，让他及时逃走。如果他留在城里，便有 12 个会友跟随在身边保护他；同时，他们就安排和解的办法。他们到法庭去宣誓说他的陈述是真实的，如果发现他确实有罪，他们也不会让他因为交不出应付的赔偿而完全破产或者变成一个奴隶。他们大家来交付赔款，正和古时宗族所采取的办法一样。只有在一个会友对会友和其他的人失信时，他才被驱逐出会，才被大家“看做是没有价值的人”(tha scal han maeles af brödrescap met-nidings nafn)。[①]

这就是那些兄弟会的主要思想，它们逐渐包括了整个中世纪生活的各个方面。事实上，我们知道在所有一切可能有的行业中都有行会：农奴有农奴的行会[②]，自由人有自由人的行会，还有农奴和自由人共同组成的行会。而且，为了打猎、捕鱼或到远地贸易等特殊目的，也组成行会，当那个特殊的目的完成后，行会便解散了。在某种行业或贸易中，一些行会也有经历几个世纪之久的。同时，随着生活中的职业种类愈来愈繁多，行会也跟着愈来愈多。因此，我们不仅看到商人、工匠、猎人和农人组成行会，也可看到僧侣、画家以及小学和大学的教师组成行会，同样，演耶稣受难剧的、建筑教堂的、发展某一派艺术和技术“秘诀”的或从事一种特殊娱乐的，也组成行会——甚至乞丐、刽子手和堕入歧途的妇女，也按

① 见上引珂伏德·安切尔的著作。这本古时的小册子包含有许多为后来的研究者所未曾注意到的事实。

② 它们在农奴的起义中起了很重要的作用，因此在 9 世纪的后半叶，曾接连几次遭到禁止。当然，国王的禁令始终是一纸空文。

照独立裁判和互助这两项原则组成他们各自的行会。[①] 至于俄国,我们有确实的材料证明,对"俄国的建立"来说,俄罗斯的猎人、渔民和商人的行会(阿尔切尔)和萌芽中的村落公社具有同样的功绩,而且,直到今天,在这个国家里还到处都是行会。[②]

从这短短的叙述中就可看出,早先那些研究行会的人说这种制度的主要精神是一年一度的聚餐,这种看法是多么谬误。实际上,聚餐之日往往就是选举会首们和讨论更换会章以及裁判会友间的争执之日[③],或重新对行会表示忠诚的日子以及这种日子的

① 中世纪意大利的画家也组织了行会,他们的行会在以后就变成了艺术学院。那时候意大利的艺术是那么富于个性,甚至现在我们还可分辨出帕杜亚、巴撒诺、特累维索和韦罗纳等城市(虽然所有这些城市都是在威尼斯的统治之下)各有一派不同的风格,其所以如此,据保罗·理其泰说,是因为每一个城市的画家分属于自己的行会,这些行会和另一个城市的行会友好相处,然而是独立存在的。我们所知道的最古老的行会规章,是韦罗纳的行会的规章,它的时代是 1303 年,但它显然是模仿了某一个更古老的规章的。"凡有需要,都给予兄弟般的帮助","对路过本城的外地人要殷勤招待,这样就可获得你所要知道的消息","对病弱的人要给予安慰",所有这些,都是各会友的义务的一部分(《19 世纪》1890 年 11 月号和 1892 年 8 月号)。

② 关于俄国行会的主要著作,参看《大英百科全书》第 9 版第 84 页"俄罗斯"条。

③ 例如陶尔明·斯密士在《英国的行会》(伦敦,1876 年,第 274—276 页)中所举剑桥的行会的原文,从其中可以看到,"重大日子"是"选举日";或参看克罗德的《早期裁缝行会史》(*The Early History of the Guild of the Merchant Taylors*),伦敦,1888 年,第 1 卷第 45 页;等等。关于重新表示忠诚,参看巴本海的《古代丹麦的公安会》(*Altdänische Schutzgilden*,布列斯劳,1885 年,第 67 页)中所述的"约姆斯海寇传奇"(*Jömsviking saga*)。看来很可能是这样的:当行会开始受到迫害的时候,许多行会就在它们的规章中只订明聚餐的日子或它们的宗教责任,而谈到行会的司法职能时,措辞就很含糊了;但这种职能很久以后才消失。"谁是我的裁判?"这个问题,现在是没有意义了,因为国家已经把司法组织攫归它的官僚机构。但在中世纪,这是极其重要的,因为愈是存在独立裁判,就愈是意味着独立行政。还需要提到的是,用拉丁文的 Convivii(聚餐者)来翻译萨克森和丹麦的"行会兄弟"(即 brodræ),也是容易造成上述混淆的原因。

第二天。好像古代部落大会的庆宴或布里亚特人的亚巴、英国的教区宴会和收获晚宴一样，聚餐只不过是巩固团体的一种方式。它是一切东西均属氏族公有的时代的象征，至少在这一天所有的东西都是属于大家的；大家坐在同一张桌子上分享同样的食物。甚至在很久以后，住在伦敦某个行会的收容所的人，在这一天仍和富有的会首同桌用餐。至于谈到有几位研究家在古老的萨克森的“治安行会”和所谓“社会的”或“宗教的”行会之间所作的区分，我们认为，按上面所讲的意义来说[①]，一切行会都是治安行会；而按一个村落公社或一个城市在一个特定的圣者保护之下就是社会的和宗教的行会来说，则所有的行会都是宗教的。行会制度之所以在亚洲、非洲和欧洲有那么巨大的发展，它所以存在了几千年之久，而且在具有相似的条件时又一再地出现，是因为它不止是一个聚餐的协会，也不止是在一定的日子到教堂去做礼拜的团体或者是办理丧事的协会。它满足了人类天性中的深刻需要，它体现了以后为国家的官僚机构和警察所窃取的一切性质，而且远远地超过了所有这一切。它是一个在生活的各种环境和各种事件中都“以行动和忠言”互相帮助的团体，它是一个主持正义的组织——和国家有这一点区别，所以在任何情况下它都导入了人情和友爱的因素而没有那种重形式的因素（国家干涉的那种特征）。即使一个会友在行会的裁判所受到审问时，问他的人也是十分了解他的，并且以前在日常工作中、在聚餐和履行会友义务时，都是同他在一

① 参看格林先生和格林夫人在“英国的征服”（*The Conquest of England*，伦敦，1883 年）第 229－230 页上关于治安行会的精辟评论。

起的:确实是和他平等的人,是他的会友,而不是法律学家,不是别人的利益的保护者。[①]

很显然,一个制度能这么符合团结的需要而又无损于个人的独创精神,是必然要传播、成长和壮大的。唯一困难的,是要找到这样一种形式:它既可形成行会的联合而又不妨害村落公社的结合,并且还能使所有这类团体联合成一个和谐的整体。当找到了这种联合形式,同时又有一系列的顺利条件使这些城市能巩固它们的独立时,它们便同心同德地联成一体了。它们思想上的一致,连我们处在这有铁路、电报和印刷术的世纪的人,也没有不称赞的。我们看到了几百个城市的特许状,它们记述了城市的解放事业——虽然由于解放程度的不同,在细节上有无穷的差异,但是它们通篇都表露了同样的主导思想。各个城市形成了小村落公社和行会的联盟。

> "所有属于本城友谊会的人,"佛兰德斯伯爵菲利普在1188年颁发给埃尔市民的特许状中这样写道,"诚心宣誓,在一切有益和忠实的事务中他们要像兄弟般互相帮助。如果一个人在言语或行动上侵害了别人,受害者本人和他的亲友都不得进行报复……"他可提出申诉,而加害人将按照推举为裁判人的十二位法官所宣布的裁决进行赔偿。如果加害人或被害人经三次警告后仍不服从裁判人的裁决,那么他将被当作

① 参看附录10。

一个坏人和发伪誓的人而被驱逐出会。①

“城中的每一个人都应当忠实于他的盟友，并按照他认为是正当的行为对他的盟友进行帮助和提出忠告。”亚眠和亚布维尔的特许状写道。“在城市的境域以内，所有的人都要尽力彼此互助，无论何人不得拿走他们当中任何一个人的任何一样东西，或者向他索取财物。”我们在士瓦松、康比涅和桑利以及许许多多同样类型的特许状中也可看到这样的文字。② 还有许许多多这样的特许状，在词句上虽有极大差异，但主旨仍是相同的。

杰伯特·德·诺金特写道：“城市是互助的誓言(mutui adjutorii conjuratio)，……一个讨厌的新词。有了它，农奴们(capite sensi)便从一切奴隶状态中解放出来了；有了它，农奴们犯法时就只能处他们以依法确定的罚金；有了它，农奴们便不再有义务交付他们历来缴纳的款项了。”③

这种解放的浪潮在12世纪波及了整个欧洲大陆，席卷了所有富庶的城市和最穷困的城镇。虽然我们可以说，首先解放的大都是意大利的城市，但我们还不能确定哪里是运动开始扩展的中心。在欧洲中部，往往是一个小镇起来领导它那一个地区，而大中心城

① 《法兰西国王敕令汇编》(*Recueil des ordonnances des rois de France*)第12卷第562页，见奥古斯丁·第耶利的《关于法国历史的通信和商榷》12开本版第196页引文。

② 吕谢尔：《法国的城市》第45—46页。

③ 杰伯特·德·诺金特的《自传》，见上引吕谢尔的著作第14页。

市则以小镇的特许状作为模范。例如，罗利这个小镇的特许状便为法国西南部的83个城镇所采用，而波蒙的特许状则为法国和比利时的500多个城镇所仿效。有些城市特派代表到邻近的城市去取特许状的抄本，并根据这个模本来制定它们的特许状。然而，它们并不是简单地互相抄录，它们按照它们从领主那里取得的让步来制定自己的特许状，结果，正如一个历史学家所说的，中世纪城市的那些特许状，像中世纪教堂和大礼拜堂的哥特式建筑一样，也是千变万化、多种多样的。它们都有相同的主导思想——大教堂象征着一个城市的教区和行会的联合——而在细节上则有无穷的变化。

独立裁判是主要的一点，而独立裁判便意味着独立行政。可是，城市并不单纯是国家的一个"自治的"部分——这种意义含混的词在那个时候还没有发明——而它本身就是一个国家。它有宣战和缔结和约的权力，有同它的邻城结成同盟和联盟的权力。它在自己的事务中是至高无上的，它也不干扰别人的事务。最高的政治权力完全授予一个民主的公所，例如普斯科夫，它的市议会可以派遣和接受使节，可以缔结和约，可以接受和驱逐诸侯，或者在几十年内不要诸侯。又如意大利和中欧的几百个城市，它们的最高政治权力是授予大商贾甚至贵族的，或者为他们所篡夺。总之，原则始终是一致的，城市就是一个国家，而且更值得注意的是，当城市的权力为大商贾甚或贵族特权阶级所篡夺的时候，城市的内部生活以及它日常生活中的民主精神并未消失，它们是很少依赖于所谓国家这种政治形式的。

所以有这种表面上的反常，是由于中世纪的城市不是一个中央集权国家。在这种城市存在的最初几个世纪里，就它的内部组织而言，是很难称为一个国家的，因为在中世纪不像现在这样把领土的管辖和职能的行使都集中于中央。每一个组合都有它的一份主权。城市一般是分成四个区的，或者是从一个中心辐射形地分散为五个到七个部分，每一个区或部分，大体是适应于在该区或该部分占主要地位的商业或职业的。尽管这样，但它仍然包括有各种社会地位和职业的居民——贵族、商人、手工业者，甚至半农奴；每一个区或部分都构成一个十足独立的组合。在威尼斯，每一个岛便是一个独立的政治组合，它有它自己的有组织的商业，有它自己经营的盐业，有它自己的司法和行政，有它自己的公所。由城市任命一个长官，这丝毫不会改变这一组合的内部的独立。[①] 在科伦，我们看到居民们分成同业行会（Geburschaften）和居民行会（viciniœ），即邻里行会，这种行会是从法兰柯尼亚公国时代起就有了的。它们各有各的法官（Burrichter）和所选的12名依法裁判人（Schöffen），它有它自己的监察官和当地的民军统帅。[②] 格林先生说，在征服者威廉征服英国以前，早期的伦敦历史是“许许多多分布在这一地区以内的有城墙的各个小组合”的历史，“每一个组合随着它自己的生活、制度、行会、辖地和教堂等等而成长，它们只是很慢地才聚集成一个城市的联盟”。[③] 如果查考一下俄国诺夫戈

---

① 勒布兰：《威尼斯史》（*Histoire de Venise*）第1卷第393页；同时见勒欧和波达：《意大利史》（法文版，1844年）第1卷第500页引马林的著作。

② 亚诺特博士：《德国自由城市制度史》（*Verfassungsgeschichte der deutschen Freistädte*），1854年，第2卷第227页以下；艾纳：《科伦城史》（*Geschichte der Stadt Koeln*）第1卷第228—229页；并参看艾伦和伊克特所发表的文件。

③ 《英国的征服》，1883年，第453页。

罗德和普斯科夫这两个城市的编年史(这两部编年史所记载的当地的详细情况都比较丰富),我们使发现它们的区(konets)是由独立的街道(ulitsa)组成的,每一条街道的居民虽然主要是某一种行业的工匠,但其中仍然有商人和地主,而且每一条街道又是一个单独的组合。在犯罪的案件中,它的成员共同负责,它的司法和行政是由街长(ulichanskiye starosty)主持的,它有它自己的钤记,而且在必要的时候,还设有它自己的公所;它有它自己的民兵和自选的牧师,有它自己的集体生活和集体事业。①

这样,中世纪的城市看来是一种双重联盟:由所有房主联合成的小地区组合——街道、教区和区——和由个人按照其职业以誓约联合成的行会;前者是由城市村落公社的起源而产生的,而后者则是新条件下的后来产物。

保证自由、独立行政与和平,是中世纪城市的首要目的;而劳动,正如我们谈到手艺行会时即将看到的,是中世纪城市的首要基础。但是,中世纪的经济学家并不仅仅是注意“生产”的,由于他们能从实际考虑问题,他们懂得,要生产就要保证“消费”;因此,供给“穷人和富人首先共同需要的食物和住所”(gemeine notdurft vnd gemach armer vnd richer)②,是每一个城市的基本原则。在食物和其他主要必需品(煤和木材等等)未到达市场之前便去购买,或者按别人不能获得的特殊优厚条件购买,一句话,先买权是完全禁

① 比拉耶夫:《俄罗斯史》(Russian History),第2和第3卷。

② 格拉米:《13至15世纪符次堡城的制度史和行政史》(*Verfassungsund Verwaltungsgeschichte der Stadt Würzburg im 13. bis zum 15. Jahrhundert*),符次堡,1882年,第34页。

止的。每一种东西都必须送到市场上供大家购买，直到敲钟收市为止。只有在这个时候零售商才能购买剩余的东西，即使这样，他的利润也只能是“正当的利润”。[①] 此外，在收市以后，当谷物为一个面包师以批发价格买下来时，每一个市民都有权要求按批发价格购买一部分谷物（约半个夸脱）自用，只要他在生意最后结束以前这样做的话；反过来说，如果市民们买了谷物来转卖的话，每一个面包师也可以这样做。市民买来自用的谷物，须送到市镇的磨坊去按固定的价格依次碾磨，并且可以在公灶（four banal）烤面包。[②] 简单地说，如果城市中物资缺乏的时候，人人都必须或多或少受一些苦。但除了灾荒以外，在自由城市存在期间，自始至终没有一个人饿死，这种情况和我们这个时代太经常有人不幸地饿死恰成对照。

然而，所有这些规则都是城市生活的后期才有的，而在较早时期，是由城市本身购买一切食用品来供给居民之用。最近由格罗士先生发表的文件完全证实了这一点，并且充分支持了他的下一

① 当一条运煤的船到达符次堡后，在头八天中，只能零售，每一家人都有权购买不超过五十筐的煤。剩下的煤可以趸售，但只许零售商赚一些正当的利润，非法的利润是严加禁止的（见上引格拉米的著作）。在伦敦的情况也是如此（《白书》，*Liber albus*，见奥钦科夫斯基的著作第161页引文）；事实上，到处都是这样的。

② 见发格尼耶：《关于13和14世纪巴黎的工业和工业阶级的研究》（*Études sur l'industrie et la classe industrielle à Paris au XIIIme et XIV me siècle*），巴黎，1877年，第155页以下。不用说，对面包和啤酒所征收的税额，是仔细地试验过一定数量的谷物能做出多少面包和啤酒以后才决定的。在亚眠市的档案中，对这种试验有着详细的记载（见德·卡洛恩著作第77、93页）。在伦敦也是这样办的；参看奥钦科夫斯基的《中世纪末叶英国经济的发展》（*England's wirthschaftliche Entwickelung im Ausgang des Mittelalters*），耶拿，1879年，第165页。

结论：生活必需的商品“由一定的市政官以城市的名义购买下来，然后分成若干份分配给商民，从港口启岸的货物，除了城市当局不买的场合以外，是谁也不许买的”。他又说：“这在英格兰、爱尔兰、威尔士和苏格兰已经成了一种十分普遍的习惯。”[①]甚至在16世纪，我们还发现谷物的公买是“以便极力首先”为“伦敦城和商会、一切公民和居民的……方便和利益服务的”——伦敦的市长在1565年这样写道。[②] 大家都知道，在威尼斯，一切谷物的买卖都是掌握在城市的手中；各“区”在收到主管进口的部门送来的谷物时，必须把分配给每一个公民的数量送到他们的家里。[③] 在法国，亚眠市常常购买食盐来按实价分配给所有的公民[④]；甚至现在，我们在法国的许多城市仍可看到所谓“市场”（halles）——它们就是从前用来存放谷物和食盐的仓库（dépôts）[⑤]。这在俄国的诺夫戈罗德和普斯科夫也是很平常的习惯。

---

① 查理·格罗士：《商人行会》（*The Guild Merchant*），牛津，1890年，第1卷第135页。他的材料证明，在利物浦（第2卷第148—150页）、在爱尔兰的沃特福德、威尔士的尼士和苏格兰的林里茨哥和杜尔索，也是这样做的。格罗士先生发表的原文证明，城市所以购买这些货物，不仅是为了分配给商民，而且还分配给“所有的市民和平民”（第136页注），也就是像杜尔索的17世纪法令所说的，是为了“供给该城的商人、工匠和居民，他们可以按照他们的需要和能力取得他们应得的一份”。

② 查尔斯·克罗德：《早期裁缝行会史》，伦敦，1888年，第1卷第361页，附录10；并参看以后的附录，它说明在1546年也是这样购买的。

③ 西勃拉里奥：《但丁时代意大利经济状况》（*Les Conditions économiques de l'Italie au temps de Dante*），巴黎，1865年，第44页。

④ 德·卡洛恩：《15世纪法国北部的城市生活》（*La vie municipale au XV me siècle dans le Nord de la France*），巴黎，1880年，第12—16页。在1485年，城市是允许向安特卫普运去一定数量谷物的，“安特卫普的居民对亚眠的商人和市民一直很友好”（同上第75—77页和原文）。

⑤ 巴博：《旧王朝下的农村》，巴黎，1880年。

关于城市购买货物以供公民之用和它们经常采用的方式，这一整个问题好像还没有引起那个时期的历史学家的特别注意；但到处都可找到一些说明这个问题的非常有趣的事实。例如在格罗士先生发表的材料中，有基尔肯尼在 1367 年颁布的一项法令，从这个法令中我们可以知道，货物的价格是怎样确定的。“商人和海员，”格罗士先生写道，“须立誓说明货物的最初成本和运费，然后便由该市的市长和两个老成持重的人定货物的售价。”在杜尔索也是照这个规矩买卖来自“海上或陆地”的货物的。这种“定价”方法是那么符合中世起流行的商业观念，所以几乎被普遍采用。由第三者来定货物的价格，是一个很古老的习惯；至于城市之内的一切交易，由“老成持重的人”——第三者——而不由卖者或买者来确定价格，这肯定是一种普遍的习惯。但是，这种情况使我们可以再进一步追溯一下商业的历史——追溯到主要产品的买卖是由整个城市经办的时期，那时候，商人只不过是城市在外地销售它所输出的货物的经纪人和信托人。格罗士先生还发表了沃特福德的一项法令，法令上说：“无论何种货物……都应暂由市长和〔代表城镇〕的公共购买官购买下来，然后再分配给本市的自由民（自由民和居民原有的货物除外）。”这项法令几乎只能解释为一个城市的对外贸易是由它的代理人办理的。此外，我们有直接的证据，说明在诺夫戈罗德和普斯科夫确是这样。独立自主的诺夫戈罗德和普斯科夫派遣它们的商队到远方去买卖货物。

我们也知道，差不多所有中欧和西欧中世纪城市里的手工业行会都是作为一个团体购买一切必需的原料的，并通过它们的职员售卖它们制造的产品。在对外贸易方面，也几乎只能是这样——尤其是在13世纪以前，外地不但把一个城市中所有的商人看成应对他们当中任何一个人所立的债券集体负责，而且整个城市对城中每一个商人的债务也要负责。沿莱茵河畔的市镇只是在12和13世纪才开始订立特别的条约废除了这种责任。[①] 最后，我们还看到格罗士先生发表的伊普斯威奇城的重要文件，我们从这个文件中知道，这个城市的商人行会是由该城所有一切享有自由权的人和愿意向商人行会交纳入会金（"their hanse"）的人组成的，全城的人都来共同讨论怎样才能更好地维护商人行会和给它以某些特权。所以，看来伊普斯威奇城的商人行会与其说是一个普通的私人行会，毋宁说是一个市镇的受托人的团体。

总之，我们对中世纪城市的情况了解得越多，我们便越可看出它不单单是一个保护某种政治自由的政治组织。它试图在比村落公社更大得多的规模上组织一个在消费和生产以及一切社会生活方面进行互助和互援的紧密组合，而又不把国家的枷锁强加于人，却使属于艺术、技术、科学、商业和政治组织的每一独立阶层的个人都能充分自由地发挥他的创造才能。这种努力究竟取得了多大成果，等我们在下一章把中世纪城市的劳动组织和城市及其周围的农村人口的关系加以分析之后，便可完全清楚。

① 艾纳：《科伦城史》，第1卷，第491、492页及其上下文。

第六章　中世纪城市中的互助(续)

中世纪城市之间的相似处和相异处　手工业行会：它们每一个的国家属性　城市对农民的态度；试图解放他们　领主　中世纪城市在艺术和学术方面所取得的成就　衰落的原因

中世纪的城市并不是遵照一个外部的立法者的意志，按照某种预先订好的计划组织起来的。每一个城市都是真正自然地成长起来的——永远是各种势力之间的斗争的不断变化的结果，这些势力按照它们相对的力量、斗争的胜算和它们在周围环境中所取得的援助而一再地自行调整。因此，没有两个城市在内部组织和命运方面是完全相同的。单独来看，每一个城市从一个世纪到另一个世纪也是在变化着的。然而，当我们总览一下所有欧洲的城市，我们就会觉得地方和全国的差异消失了，我们惊奇地发现，虽然它们是在各自不同的情况下独立发展起来的，但是它们之间却有着一种奇妙的相似之处。其居民是由粗俗的佣工和渔民所组成的苏格兰北部小镇；同世界各地通商贸易、沉溺于奢侈品、爱好娱乐及活泼生活的佛兰德富庶城市；由于对东方通商而致富的、在城垣内培养了高雅的艺术爱好和文明的意大利城市；以及俄国湖泽地区以农业为主的贫穷城市；所有这些城镇，它们之间似乎没有什么共同的地方。但是，它们的主要组织方式和促进精神，却都是出自一个极其相同的渊源的。我们在每一个地方都可看到相同的小公社和行会的联盟，围绕在母城四周的相同的“子镇”，以及相同的民会和相同的独立标志。城市的“保卫者”，在名称和服饰上虽各有不同，但都代表着相同的权力和利益。食物的供应、劳动和商业，都是按照极相类似的方式组织的。内部斗争和外部斗争都抱有极相类似的雄心；不仅如此，连在斗争中采用的方式，以及在记年、法令和公文中采用的格式，都是完全相同的。并且，它们的纪念建筑物不论是哥特式、罗马式或拜占庭式的，都表达了相同的愿望和理想；它们都是按照相同的方法设计和建筑的。许多不相似的地方只是时代不同的结果，各姊妹城市之间的真正差别在欧洲各部分都有出现。主导思想的一致和来源的相同，弥补了气候、地理位置、财富、语言和宗教上的差别。这就是为什么我们可以把这种中世纪城市作为一个明确的文明阶段来论述的原因。虽然我们很欢迎对各城市的地方差别和个别差别的研究，但是我们仍然要指出各个城市相同的主要发展方式。①

① 关于这个问题的文献很多，但还没有一本著作是把中世纪城市作为一个整体来研究的。关于法国的城市，奥古斯丁·第耶利的《关于法国历史的通信和商榷》仍然是经典的著作，吕谢尔的《法国的城市》也是这一类著作中后起之秀的作品。关于意大利的城市，一般是取材于西士蒙第的巨著《中世纪意大利各共和国史》(Histoires des républiques italiennes du moyen âge，巴黎，1826 年，共 16 卷)；勒欧和波达的《意大利史》、费拉里的《意大利革命史》和卡尔·赫格尔的《意大利的城市制度史》(Geschichte der Städteverfassung in Italien)。关于德国，我们有摩烈尔的《德国城市制度史》、巴托尔德的《德国城市史》(Geschichte der deutschen Städte)，在最近的著作中，有卡尔·赫格尔的《日耳曼人的城市和行会》(Städte und Gilden der germanschen Völker，两卷，莱比锡，1891 年)、鄂多·喀尔森博士的《中世纪的德国城市》(两卷，哈勒，1891 年)以及詹生的《德国民族史》(五卷，1886年)——这本著作，我们希望不久能译成英文(法文译本出版于1892

从最早的野蛮时期起就给予市场以保护，毫无疑问，这在中世纪城市的解放中起了极大的作用，虽说不是唯一的作用。早期的野蛮人是不知道在他们的村落公社中进行买卖的，他们只是在某些固定的地方和固定的日子同外人进行交易。为了使外来人在来市场的途中不致因两个血族之间可能产生的争斗而被杀害，所以市场永远是受到所有血族的特别保护的。市场设立在教堂的附近，它和教堂一样，是神圣不可侵犯的。在卡巴尔人当中，市场迄今仍然和妇女们去井里汲水来往的道路一样，是阿纳雅；这两个地方，即使在部落之间打仗的时候也绝不允许携带武器去的。在中世纪，市场普遍受到这种保护。[①]在人们进行贸易的地方是不准许有复仇殴斗的，而且在它的一定范围内也是不允许的。如果在混杂的买者和卖者中间发生了争吵，就必须到市场的保护者——村落的裁判所或主教、领主、国王的法官——那里去请求裁判。外

年）。关于比利时，有渥特的《城市自由》（Les Libertés communales，布鲁塞尔，1869—1878 年，共三卷）。关于俄罗斯，参看比拉耶夫、珂斯托马洛夫和塞吉维奇的著作。最后，关于英国，我们有格林夫人的《15 世纪的城镇生活》（Town Life in the Fifteenth Century，两卷，伦敦，1894 年），这是一部论述较广地区中的城市的最优秀著作之一。此外，我们还有许多著名的地方志和我在本章及前章常常提到的几部优秀的通史和经济史。但是这些丰富的文献，主要是分别研究（有时是出色的研究）各个城市（特别是意大利和德国的城市）的历史、行会、土地问题、当时的经济原则、行会和手艺同业工会的经济重要性、城市之间的同盟（汉撒同盟）和城市的艺术。在第二类著作中，包括有异常丰富的材料，本书只列举了几部比较重要的著作。

① 库利舍在一篇出色的论述原始商业的文章——见《群众心理杂志》（Zeitschrift für Völkerpsychologie），第 10 卷，第 380 页——中也指出，据希罗多德说，亚吉比人被认为是不可侵犯的，因为西徐亚人和北方各部落之间是在他们的领土上进行贸易的。一个逃亡者在他们的领土上是不可侵犯的，亚吉比人常常被他们的邻族人请去做仲裁人。参看附录 11。

地来做买卖的人被看做是客人,而他就以客人的名义进行交易。即使是敢于在大道上公然劫掠商人的领主,也要尊重那竖立在市场上的界标(Weichbild),在界标上,有的挂着国王的王徽或一只手套,有的挂着当地的圣者的肖像或简简单单的一个十字架①,究竟挂哪一样要看市场的保护者是国王还是领主或当地的教会和民会而定。②

不难理解,当市场的特殊裁判权不论是自愿或不自愿地让给城市以后,就可以发展成为城市的独立裁判权。城市的自由权利的这种起源,在许许多多的事例中都可找到它的痕迹,它对城市自由权的进一步发展必然打上了特殊的烙印。它使城市的商业部分占有优越的地位。当时在城市中占有房屋同时又是城市土地共有者的市民,往往组成掌握那个城市贸易的商人行会。虽然在最初每一个市民不论贫富都可参加商人行会,并且商业本身也好像是由整个城市的信托人为城市经营的,但这一行会却逐渐变成了一种具有特殊权利的团体。行会妒忌地阻止那些不久就开始涌进自由城市的外来人参加行会,并且把商业上获得的利益保留给很少的几个"家族"——他们在城市解放时就是市民。显然,这样一来就有造成商人寡头政治的危险。但在10世纪,尤其是在11和12

① 几乎可以肯定是"市场十字架"。——译者

② 最近对仍未明确的"界标"和"界标法"进行了一些讨论,见佐费尔的《德意志国家和法律的遗风》(*Alterthümer des deutschen Reichs und Rechts*)第3卷第29页;喀尔森的著作,第1卷第316页。上面的解释好像是比较切合实际的,但当然还需要作进一步的研究来证实。显然,"mercet cross"* 这个词,用苏格兰文来解释,可以看作教会的管辖权的标志,但我们在主教掌管的城市和以民会为最高主权的城市中都看到有这种标志。

两个世纪，主要的手工业者也组织了行会，他们的势力大到足以遏制商人寡头政治的倾向。

手工业者的行会，在那个时期是它的产品的共同贩卖者和原料的共同购买者，它的成员是商人，同时又是手工业者。因此，手工业者旧有的行会从自由城市的生活一开始就占有优势，它保证了手工业者以后在城市中占有很高的地位。① 事实上，在中世纪的城市中，手工劳动不是卑贱的标志；相反的，它带有在村落公社中所享有的高度尊重的痕迹。"秘传行业"的手工劳动被看作是对公民的一种忠实的义务：是一种公职(Amt)，和其他任何公职是同样光荣的。对社会要"公正"，对生产者和消费者要"正直"，这两种观念虽然现在看来好像十分夸张，但在从前是贯穿在生产和交换中的。他们在那时候这样写道，硝皮匠、桶匠和鞋匠所制作的东西，必须是"公正"的；手艺工人用的木料、皮革和线，必须是"实在"的；烤的面包必须"公道"，等等。这些话拿到我们现今的生活中来使用，就似乎是有些矫揉造作和不自然了，但在当时却是很自然而真实的，因为中世纪的手工业者不是为不相识的买主生产的，也不是把他的货物投入不熟悉的市场上去卖的。他首先是为他的行会生产的，是为彼此都

① 关于商人行会的各种情况，请看格罗士先生的内容详尽的著作《商人行会》(牛津，1890年，共两卷)；并参看格林夫人在《15世纪的城镇生活》第2卷第5、8、10章中的论述，以及陶兰在席莫勒的《研究》(*Forschungen*)第12卷中所发表的关于这个问题的评论。如果在上一章所说的看法(按照这个看法，商业在开始时是由城市经营的)是正确的，那么，我们就可以提出下面一个很有可能的假说：商人行会是为了整个城市利益而受委托经营商业的团体，只是在后来才逐渐变成了为自己经商的商人行会；至于英国的"商业冒险家"、诺夫戈罗德的"自由的殖民者和商人"和"商业法人"，是指那些让他们自行开辟新的市场和新的商业部门的人。总之，必须指出：中世纪城市的起源是不能归之于任何一个单独因素的。它是许多程度不同的因素的结果。

认识而且懂得这门手艺并在给每一种产品定价时能鉴别这种产品要用多少技巧和劳动的人所组成的兄弟会生产的。行会(不是个别的生产者)把货物拿到城市中去销售,城市又转而把外销的货物卖给有联系的城市的行会,并且对货物的质量负责。有了这样的组织,每一种手工业中的工人就都抱有不卖次货的雄心,而且,技术上的缺点和掺假行为变成事关整个城市的问题,因为,正如有一条法规所说的,"它们将破坏公众的信誉。"[①]这样一来,生产就成了一种社会义务,在整个公职"amitas"的管理下,只要自由城市还存在,手工业者是不会陷入他们现在的恶劣境地的。

师傅和学徒之间的差别,或者师傅和帮工(compayne,Geselle)之间的差别,在中世纪城市中从一开始的时候就存在,不过在起初只是年龄和技术之间的差别,而不是财富和权力之间的差别。经过七年学徒时期,并且以一件成活证明了自己的知识和能力之后,学徒就可成为师傅。只是后来,在16世纪当王权摧毁了城市和手工艺的组织以后,才可凭借单纯的继承或财富而变成师傅。但是,这个时期也正是中世纪的工业和艺术普遍衰落的时期。

在中世纪城市最初繁荣昌盛的时期,当佣工的机会是不多的,而当私人雇工的机会就更少了。织布匠、弓匠、五金匠和面包师等等,都是为本行会和城市工作的。当工匠受雇于建筑业时,他们是以临时组合的形式(现在在俄国的阿尔切尔中仍然是这样)而工作的,他们的工资是总付的。为一个师傅工作,只是在以后才多起

① 詹生的《德国民族史》第1卷第315页;格拉米的《13至15世纪符次堡城的制度史和行政史》。事实上,在任何一本法令汇编中都可看到这样的词句。

来,但即使在这种情况下,工人在那个时候的工资也比现在的工资要多(甚至比现在的英国还要多),和19世纪前半个世纪欧洲各地的工资比起来,那就更多得多了。梭罗尔德·罗杰斯已使英国读者熟知这种情况了,但是,正如法尔克和勋伯格的研究结果和许多偶然见到的迹象所表明的一样,在欧洲大陆也同样是如此。甚至在15世纪,亚眠的一个泥水匠或木匠和五金匠的工资也是4个金索尔(sols)一天,这个数目相当于48磅面包或一头小公牛的八分之一的价值。在萨克森,一个建筑业帮工的工资,用法尔克的话来说,是6天的工资可以买3只绵羊和1双鞋。[①] 暂且不说某些行会给教堂的捐赠以及它们在节日和盛会时所花费的金钱数字是多么庞大,就以帮工捐赠给大教堂的款项来说,也可证明他们的生活是比较富裕的。[②] 事实上,我们对中世纪的城市所知愈多,我们就愈相信工人们在任何时候都没有享受过像他们在城市生活极盛时期所享受的那种富裕和尊重。

情况还不止于此,不仅是我们现今的激进派的许多憧憬在中

① 法尔克:《历史统计》(*Geschichtlichle Statistik*)第1卷第373—393页和第2卷第66页,据詹生的《德国民族史》第1卷第339页引文。布拉维拿克在《修建瑞士佛里堡州圣尼古拉教堂的收支账》(*Comptes et dépenses de la construction du clocher de Saint-Nicolas à Fribourg en Suisse*)中也有相似的结论。关于亚眠的情况,参看德·卡洛恩的《15世纪法国北部的城市生活》第99页和附录。关于英国中世纪的工资的确切估计和图示以及它们能折合多少面包和肉类,请看斯德芬在1891年的《19世纪》上发表的出色文章和图表以及《英国工薪史研究》(*Studier öfver lönsystemets historia i England*),斯德哥尔摩,1895年。

② 在勋伯格和法尔克的著作中可以找到许多例子,现在只举一个如下:在莱茵河畔的赞顿镇,有16个鞋匠为了在教堂中修建一个照壁和一个祭坛,便募集了75个金币,并且还从他们的钱柜里捐出了12个金币,这笔钱,精确地算起来其价值相当于它们现在价值的10倍。

世纪已经实现,而且现在所谓乌托邦的幻想在那个时候也有许多已被人们作为事实加以接受。如果我们现在说工作必须愉快,别人就会笑我们,但是,中世纪库登柏格的一项法令就说:"每一个人必须对他的工作感到愉快,无论何人,不做工就不配享受别人辛勤制造的东西,因为法律必须保护人们的辛勤劳动。"①现在大家都在谈论八小时工作日,所以提一下斐迪南一世关于帝国煤矿的一项法令,也许是有用处的。这项法令规定矿工一天的工作"跟古时候一样"为八小时,并且禁止在星期六下午工作。据詹生说,很少见到长于八小时工作时间的,而短于这个时间的倒是常见。罗杰斯说,在英国,15 世纪"工人每星期只工作 48 小时"。② 星期六休假半日,我们认为现今争取到的,其实只是一个古老的中世纪的制度;这一天是城市中大部分人洗澡的时间,而星期三下午则是帮工洗澡的时间。③ 学校虽然不供给膳食(大概是因为没有哪一个孩子是饿着肚子上学校的),但是有几个地方有给父母无力供给洗澡费的孩子发洗澡费的习惯。至于工人大会,也是中世纪的一般特点。在德国,有些地方的同一个行业中的手工业工人虽然是属于

---

① 据上引詹生的著作第 1 卷第 343 页。

② 《历史的经济解释》(*The Economical Interpretation of History*),伦敦,1891 年,第 303 页。

③ 见上引詹生的著作。并参看阿尔文·舒尔兹博士的《14 和 15 世纪德国的生活状况》(*Deutsches Leben im XIV. und XV. Jahrhundert*),特大本,维也纳,1892 年,第 67 页以下。在巴黎,某些行业一天的劳动时间在冬季是 7 小时到 8 小时,在夏季是 14 小时,而在别的城市,在冬季是 8 小时到 9 小时,在夏季是 10 小时到 12 小时。所有的工作在星期六和另外的 25 个左右的日子在 4 点钟就停止了,至于在星期天和 30 个其他假日里,则全部停止工作。总的说来,中世纪工人工作的时间总数比现在的工人少。见马丁·圣赖翁博士的《手艺行会史》(*Histoire des Corporation*)第 121 页。

不同的城市,但是每年要集会一次讨论与他们的行业、学徒年限、游历年数和工资等有关的问题;1572 年,汉撒同盟的各个城市正式承认各行业有定期召集会议和作出决议之权,只要这些决议不违反城市关于货物质量的法令。据说,面包师、铸造师、五金匠、制革匠、刀剑匠和桶匠都举行这样的大会,像汉撒同盟一样,这些大会是带有一部分国际性的。①

当然,行业组织要求行会对它的成员加以严格的监督,并且永远有特别任命的监督员来担任这个工作。最值得注意的是,只要城市还过着自由生活,便从未听说过对这种监督有所怨言;但是,当有了国家干预,没收了行会的财产,破坏了它们的独立,实行官僚政治以后,这种怨言就简直是不计其数了。② 另一方面,在中世纪的行会制度下,各种技艺取得了巨大的进展,这就是这种制度不会妨碍个人主动性的最好证明③。事实上,中世纪的行会像中世纪的教区、"街道"或"区"一样,不是被置于国家官吏管辖之下的公

① 斯提达:《关于 14 和 15 世纪城市工商业的汉撒同盟》(*Hansische Vereinbarungen über städtisches Gewerbe im XIV. und XV. Jahrhundert*),载《汉撒同盟史录》(*Hansische Geschichtsblätter*)1886 年第 121 页。勋伯格的《行会的经济意义》(*Wirthschaftliche Bedeutung der Zünfte*);另外部分见罗瑟尔的著作。

② 陶尔明·斯密士深为感慨地谈到了国王对行会的掠夺,见斯密士女士为《英国的行会》所写的序言。在法国,国王于 1306 年也开始对行会进行掠夺和废除行会的裁判权,并且在 1382 年彻底破坏了行会(见上引发格尼耶的著作第 52—54 页)。

③ 亚当·斯密和他同时代的人深深知道他们著文反对国家干涉商业和国家垄断商业时,他们所要谴责的是什么。不幸的是,他们的追随者由于不可救药的肤浅竟把中世纪的行会和国家的干预混为一谈,对凡尔赛的敕令和行会的法规不加区别。不用说,认真研究了这个问题的经济学家,如勋伯格——著名的《政治经济学》教程(*Course of Political Economy*)的编者,就从未犯过这样的错误。但直到最近,在经济"科学"中还有上述这一类型的迷混的议论。

民团体;它是所有同一定行业有关的人员的联盟,其中包括原料的采购者、成品的销售者和手艺匠——师傅、"帮工"和学徒。至于行业的内部组织,只要和其他行会不发生抵触,则行会的大会就是最高权威,如果发生了抵触,则由行会的行会——城市——来处理。但它的内容远不止此。它有它自己的独立裁判权、武力、大会、斗争、光荣和独立的传统,以及它自己同其他城市中的同行业行会的联系;一句话,它是一个充分的有机的生命,这是只有具备了完整的生活机能才能产生的。当城市要进行战争的时候,行会是作为一个单独的连队(Schaar)参加战斗的,它有它自己的武器(在后期还有枪炮,行会对这些武器十分爱护并加以装饰)和它自己推举的指挥官。总而言之,正如乌利或日内瓦共和国在五十年前是瑞士联邦中的一个独立单位一样,行会也同样是一个联盟中的独立单位。所以,把行会同现今丧失了所有一切国家主权的属性和只具有一两点次要职能的工会相比,正如把佛罗伦萨或布鲁日同在拿破仑法典下生活单调的法国小行政区和卡德琳娜二世城市法下的俄国城市相比一样,都是不恰当的。两者都有选举的市长,而且后者也有它的行业社团,但是相互之间大有区别——在佛罗伦萨和枫苔勒瓦或察尔夫珂舍斯克之间,或在威尼斯总督和向副省长的办事员也要脱帽行礼的现代市长之间,是大有区别的。

中世纪的行会是能够维护它们的独立的;但在后来,特别是在14世纪,有几种原因(我们即将谈到这些原因)使旧的都市生活起了深刻的变化,新兴的那些行业的力量强大到足以夺回它们在城市管理中应有的一份权力。在"新兴的"技艺中有组织的群众起来同正在成长的寡头政治夺取权力,并且取得了极大的成功,再一次打开了一个繁荣的时代。不错，在有些城市中这种起义被血腥地镇压下去了，大批的工人遭到屠杀，例如1306年在巴黎和1371年在科伦的起义就是这样。在这种情况下，城市的特权迅速地衰落，城市逐渐屈服于中央的权力。但是，大多数城市仍保持了足够的活力，仍然能以新的生命和精力冲出这场混乱。① 它们又赢得了一个更新的新时期。新的生命被注入城市，并且它表现为优美的建筑纪念物、新时代的繁荣景象、技术和发明的突飞猛进以及导向文艺复兴和宗教改革的新知识运动。

中世纪城市的生活，是一连串争取自由和维护自由的艰苦斗争。的确，在这些激烈的斗争中，顽强的、不屈不挠的市民壮大起来了；的确，这些斗争孕育了对母城的热爱和崇敬，中世纪城市所取得的伟大成就，就是这种热爱的直接产物。然而在争取自由的

① 在佛罗伦萨，七种新兴技艺中的手工业者于1270—1282年间举行革命，其结果在柏伦士的《佛罗伦萨史》(巴黎，1877年，共三卷)，特别是在吉诺·卡波尼的《佛罗伦萨共和国史》(*Storia della repubblica di Firenze*，第二版，1876年，第1卷第58—80页；已译成德文)中有详尽的叙述。相反，里昂的新兴的手工业于1402年发起的革命运动则失败了，并且失去了它们自行任命法官的权利。双方显然是妥协了。同样的运动于1313年在罗斯托克、1336年在苏黎世、1363年在伯尔尼、1374年在布朗士维格、1375年在汉堡、1376—1384年在律贝克等地也发生过。见席莫勒的《同业公会奋斗时期的斯特拉斯堡》和《斯特拉斯堡的繁荣》；布伦塔诺的《现代劳动者的行会》(*Arbeitergilden der Gegenwart*，两卷，莱比锡，1871—1872年)；班恩的《商人行会和手工业行会》(*Merchant and Craft Guilds*)，亚伯丁，1887年，第26—47和75页等等。至于格罗士先生关于英国的这种斗争的观点，请看格林夫人在她的《15世纪的城镇生活》第2卷第190—217页以及关于劳工问题的那一章的评论，实际上，整个这部极有意义的著作，都可参考。布伦塔诺对于行业的看法，特别是在《论行会的历史和发展》这篇论文的第3、4节中关于手工业行业的斗争的看法，以及陶尔明·斯密士的《英国的行会》，在这个问题上仍然具有经典性的意义，并且一再为以后的研究所证实。

斗争中,城市要承担的牺牲是惨重的,并且还在它们的内部生活中留下了深刻的分裂痕迹。只有很少数的城市是在各种有利条件具备时一举获得自由的,但这些城市也同样容易失去它们的自由。至于大多数的城市,则需要经过 50 年或 100 年,时常还要经过 100 年以上的连续斗争才能获得自由生活的权利,而且还需要 100 年的斗争才能使它们的自由获得巩固的基础,所以,12 世纪的特许状只不过是通向自由的阶梯之一。[①] 实际上,中世纪的城市是屈从于封建统治之下的国家中的有防御的绿洲,它必须用它自己的武力争取自己的地位。由于前章简略提到的那些原因,结果使每一个村落公社逐渐落入世俗领主或宗教首领的控制之下。领主的房屋成了城堡,他的武装弟兄这时都成了亡命之徒,经常准备抢掠农民。农民除每周为领主工作三天之外,还要交纳种种苛捐杂税才能取得播种、收获、悲欢、生存、婚嫁或死亡的权利。最坏的是,他们还不断地遭受邻近领主的武装匪徒的劫掠,这些匪徒把农民和他们的主人看成是一家人,把对他们主人的仇恨报复在他们的身上,抢掠他们的牲畜和谷物。每一块草地、每一片田野、城市周围的每一条河流和道路以及陆地上的每一个人,都是在一个领主的统治之下的。

市民们对封建贵族的憎恨,最典型地表现在他们强使封建贵族签署的各个特许状的措辞中。亨利五世被迫在 1111 年给斯帕

① 只举一个例子,坎布赖在 907 年举行第一次革命,其后又经过了三四次暴动,才于 1076 年获得了特许状。这个特许状曾两次(1107 和 1138 年)被废除,又两次(1127 和 1180 年)恢复。总共用了 223 年的斗争才取得了独立的权利。里昂的斗争是从 1195 一直到 1320 年。

尔的特许状签了字，使市民摆脱那“可怕的和可诅咒的永远管业法，因为这个法律使城市陷入了极度的贫困”（von dem scheusslichen und nichtswürdigen Gesetze, welches gemein Budel genannt wird，喀尔森的著作第1卷第307页）。巴容的习惯法是1273年左右草拟的，其中有这样几句话：“先有人民而后才有领主。是数目多于其他一切人的人民，由于渴望和平才造成领主来抑制和打倒那些有势力的人的，”等等（参看吉力的《卢昂的建立》（Établissements de Rouen），第1卷第117页，据吕谢尔著作第24页引文）。提交国王罗伯特签署的特许状也是同样的典型。他不得不在其中这样说：“我绝不抢夺牛和其他牲畜。我绝不劫掠商民，也不向他们勒索钱财或要求赎金。从报喜节（Lady Day）[①]到万圣节（All Saints' Day）[②]，我绝不从牧场上抢夺雄马、雌马或小马。我绝不焚烧磨坊，也不抢劫面粉……我绝不庇护窃盗”，等等（普斐斯德发表了这个文件，吕谢尔又在他的著作中加以引用）。由伯尚松的大主教休格“批准的”特许状也有这种特点，他在特许状中被迫列举了由于他的永久管业权而产生的弊端。[③] 这样的例子还有许多。

在这样的环境中，自由是不能保持的，所以城市不得不到它们的城垣以外进行战争。市民们派遣密使到乡村去领导暴

① 天使将耶稣降生告知圣母马利亚的节日，即3月25日。——译者

② 即11月1日——译者

③ 见杜迪：《关于法兰康苔省……市政法等的研究》（Étude sur le droit municipal ……en Franche-Comté），载《蒙脱伯里竞赛会纪录》（Mémoires de la Société d'émulation de Montbéliard），第2集，第2卷，第129页以下。

动;他们接纳乡村的人加入他们的团体,直接和贵族作战。在意大利,遍地都是封建的城堡,那儿的战斗是很激烈的,双方拼命恶战。为了把附近的乡村从贵族的压迫下解放出来,佛罗伦萨连续进行了 77 年的血战,但是当战胜贵族以后(1181年),还要重新作战。贵族们又聚集起来,他们组成自己的联盟来对抗城市的联盟,并且又得到了国王或教皇的援助,因而使战争又延续了 130 年。同样的情况也发生在罗马、伦巴底和整个意大利。

在这些战争中,市民们表现了英勇无畏和顽强的奇迹。但是,手工业者的弓箭和铁斧同穿甲胄的骑士交锋,是不一定能经常取得胜利的,并且,那些城堡能持久地抵抗市民们的巧妙的围城工具和坚持精神。有些城市,例如佛罗伦萨、波伦亚以及法国、德国和波希米亚的许多城镇,胜利地解放了它们周围的乡村,因而获得了特别的繁荣和安宁。但是,即使在这些地方(尤其是在不太强盛或者不那么富于冲动性的城市),商人和手工业者由于疲于战争和误解了他们自己的利益,因而伙同起来出卖了农民的利益。他们强迫领主宣誓臣服城市,要领主们拆除他们在乡村的城堡,并且在城里修建房屋,居住在城里,变成同城市共同生活的市民(com-bourgeois, con-cittadino)。但是,领主们也得到了报偿,他们保持了对农民的大部分权利,而农民所得到的,只是减轻了一部分负担罢了。市民们不知道应当把同等的市民权利给予市民们依靠他们供给粮食的农民。在城乡之间出现了一道深深的裂痕。在某些情况下,农民们只是换了一下主人罢了,城市把贵族的权利收买过来,分成若干份卖给了自己的市民。[①] 农奴制被保持了,只是很久以后,到了13世纪末,才由手工业者的革命结束了这种制度,废除了人身的隶属,然而同时也剥夺了农奴的土地。[②] 不消说,这种政策的致命后果不久就被城市感觉到了;乡村变成了城市的敌人。

对城堡的战争还产生了另外一个不好的后果,它使各个城市卷入了一场长期不断的相互争战,有一种论点(它到最近还极为流行)就是以这种战争为依据的,即城市之所以失去它们的独立,是由于它们本身的互相妒忌和争战。偏向帝国的历史学家是特别支持这种论点的,然而这种论点现在大部分已为近来的研究所推翻了。意大利的城市肯定彼此之间仇恨很深,互相激烈争战,但这样的战争,在其他地方就没有达到这样的程度;不过,意大利的城市战争,尤其是初期的城市战争,是有它们的特殊原因的。这些战争(正如西士蒙第和费拉里所指出的)只不过是对城堡的战争的继续——自由城市和联盟的原则,不可避免地要同封建主义、帝皇统治制度和教皇制度展开一场恶战。许多只不过是部分地摆脱了主教、领主或皇帝的枷锁的城镇,为贵族、皇帝和教会所驱使而反对自由城市,贵族、皇帝和教会的政策是分化各个城市,武装它们,使

① 这种情况在意大利好像是常见的。在瑞士,伯尔尼甚至还购买了通恩城和伯格多夫等一些城市。

② 至少在托斯卡那的各城市(佛罗伦萨、卢卡、锡耶纳和波伦亚等)是这样的,关于这里的城市和农民之间的关系,是大家所熟知的。见路奇茨基:《14和15世纪的奴隶制和在佛罗伦萨的俄国奴隶》(*Slavery and Russian Slaves in Florence in the Fourteenth and Fifteenth Centuries*),载1885年《基辅大学学报》,作者曾详细研究了鲁莫尔的《托斯卡那领地中无产状态的起源》(*Ursprung der Besitzlosigkeit der Colonien in Toscana*),1830年。关于城市和农民之间的关系,现在还需要作更多的研究。

它们互相战争。这种特殊情况(有一部分在德国也有反映)说明了为什么有些意大利的城镇是支持皇帝同教皇作战,而另外一些城镇则求助于教会以抗拒皇帝,所以它们不久便分裂成拥护皇帝派和拥护教皇派两个阵营,同时也说明了为什么在每一个单独的城镇内部也出现了这种分裂情况。①

在这些战争最激烈的时候大多数意大利城市却获得了巨大的经济发展②,城市间那种轻易缔结的同盟,给予这些战争以完全不同的解释,并且推翻了上述的那种论点。在 1130—1150 年间,强有力的同盟已经成立起来;几年以后,当红胡子腓特烈侵略意大利,在贵族和一些落后的城市的支持下向米兰进军的时候,许多城市中的平民传教士鼓动起了群众的热情。克里马、庇桑札、布列西亚和托多拿等城市都来援救米兰;韦罗纳、帕杜亚、维桑札和特累维索城的行会的旗帜也飘扬在城市的军营上空,同皇帝和贵族们的旗帜遥遥相对。第二年,伦巴底同盟宣告成立,又过了 60 年,我们看见有许多城市加入这个同盟,从而形成了一个持久的组织,这个组织的军费一半取自热那亚,一半取自威尼斯。③ 在托斯卡那地区,佛罗伦萨领导了另外一个强大的同盟,这个同盟包括了卢卡、波伦亚和皮斯托亚等城市,在摧毁意大利中部贵族的战争中起了重要的作用。至于较小的同盟,则更是常见。所以,虽然小小的

① 费拉里的概论往往过于抽象,所以不见得永远是正确的,但他对贵族在城市战争中所起的作用这一观点,是有大量可靠的事实为根据的。

② 只有像比萨和韦罗纳这样一些顽固地站在贵族一边的城市,才在这种战争中吃了亏。对许多站在贵族一边作战的城市来说,失败也就是解放和进步的开始。

③ 费拉里的著作第 2 卷第 18 和 104 页以下;勒欧和波达的著作第 1 卷第 432 页。

妒忌无疑是存在的，彼此不合也很容易发生，但是它们均未妨碍城市联合起来共同保卫它们的自由，这一点是肯定的。只有在后来，当独立的城市变成了小的国家，在它们之间才爆发了战争，这同国家之间为了夺取霸权或殖民地必然要进行战争一样。

为了达到上述目的，相似的联盟在德国也成立起来。在康拉德王的继承者的统治之下，当土地成为贵族之间争夺不休的牺牲品时，维斯特法伦的各个城市便结成了一个反对骑士的同盟，它的盟约的条款之一，是永不贷款给继续隐藏赃物的骑士。[①] 正如《瓦姆斯人的愤怒》(*Wormser Zorn*)一书所控诉的，当"骑士和贵族们以掳掠为生，杀害他们意欲杀害的人"时，莱茵河一带的城市(曼茵兹、科伦、斯帕尔、斯特拉斯堡和巴塞尔)便着手组织了一个联盟，不久，加入这个联盟的城市就有60个之多，它们镇压盗匪，保持了安宁。以后，分成了三个"安宁区"(奥格斯堡、君士坦斯和乌尔姆)的苏比亚的城市联盟，目的也是相同的。甚至在这种联盟破裂以后[②]，它们仍旧存在了很长一个时期，这足以说明，当那些所谓缔造和平的人——皇帝、国王和教会——在煽起不和而本身又无力抵抗强盗骑士的时候，重建和平和统一的力量是来自城市。真正使国家统一的是城市而不是皇帝。[③]

为了达到这样的目的，在小乡村之间也组织了类似的联盟，现

① 法尔克:《汉撒同盟——德国在海上和商业上的强大势力》(*Die Hansa als Deutsche See und Handelsmacht*)，柏林，1863年，第31和55页。

② 关于亚亨和科伦，我们有直接的证据证明这两个城市的主教——其中有一个为敌人所收买——为敌人打开了城门。

③ 见尼希的著作第3卷第133页以下所举的事实(虽然他的结论并不永远是这样的)；并参看喀尔森的著作第1卷第458等页。

在,吕谢尔已经使大家开始注意这个问题了,我们不久可望知道更多得多的关于这些联盟的事实。佛罗伦萨周围的乡村结成了许多的小联盟,在诺夫戈罗德和普斯科夫所属的地方也是这样。至于法国,有确实的证据证明有一个联盟是由 17 个村落组成的,它在拉纳存在了近一百年(直到 1256 年)之久,并且为了它的独立进行过艰苦的战争。在拉昂附近还有三个农民的共和国,它们宣誓采用的宪章同拉昂和士瓦松的宪章相似,它们的领土彼此接壤,它们在解放战争中互相支援。虽然总的说来,吕谢尔认为在法国于 12 和 13 世纪一定有许许多多这样的联盟,但是,关于它们的文献大都遗失了。当然,它们没有城墙的保护,所以易于被国王和领主摧毁;但在某些有利的条件下,当它们获得一个城市联盟的援助和山脉作为屏障的时候,这种农民的共和国就变成瑞士联邦中的独立单位了。①

至于城市之间为了和平安宁而结成的联盟,更是极为普遍。在解放时期建立的联系,以后就没有中断过。有时候,当一个德国城市的裁判(scabini)在审理一个新奇或复杂的案件时宣布他们不知道如何判决(des Urtheiles nicht weise zu sein),他们就派遣代表到另外一个城市去请教判词。这样的事例在法国也可见到②;

---

① 关于拉纳的公社,请看吕谢尔的著作第 75 页以下;在麦尔维尔的《拉纳的公社史》(*Histoire de la Commune du Laonnais*,巴黎,1853 年)发表以前,人们一直是把拉纳的公社和拉昂的公社混为一谈的。至于早期的农民行会和以后的联盟,参看威尔曼的《维斯特法伦乡村保护协会》(*Die ländlichen Schutzgilden Westphaliens*),载《文化史杂志》(*Zeitschrift für Kulturgeschichte*)第 3 卷,见利恩河畔的赫内所出的《文化史》(*Kulturgeschichte*)第 3 卷第 249 页引文。

② 吕谢尔的著作第 149 页。

我们知道，弗里和腊万纳两城市是许可它们的市民互相归化的，并且承认他们在两个城市中都享有充分的权利。把两个城市之间或一个城市内部所发生的争端，提交另外一个被请来担任仲裁的城市解决，也表现了那个时代的精神。[①] 至于城市之间互相缔结商务条约，那是十分常见的事。[②] 为了规定商业用酒桶的生产和规格的联盟，如“青鱼联盟”等，是佛兰德的通商同盟以及后来的北日耳曼商业同盟这一类商业大联盟的真正先驱，单单是它的历史就可提出许多页的例证来阐明当时深入人心的同盟精神。中世纪的城市通过汉撒同盟对国际交往、航海和海上发现所作的贡献，比所有国家在公元最初 17 个世纪里所作的贡献还要多，这一点几乎不需再说了。

总之，小的地方单位之间的联盟由共同的事业联合在各自行会中的人与人之间的联盟和两个或几个城市之间的联盟，是这个时期的生活和思想的精髓。公元 11 至 15 这五个世纪，可以说是竭力在把联盟和团体的原则在不同程度上贯穿于人类生活的一切方面以进行大规模的互助和互援的时代。这种努力取得了巨大的成就。它团结了从前是四分五裂的人类，使他们获得了许多自由，使他们的力量增大了十倍。当有那么多的因素产生着狭隘的排他精神的时候，当有那么多可能的原因在制造不和与妒忌的时候，看见散布在广大的欧洲大陆上的城市有那么多共同的地方，那么欣

① 两个重要的城市(如曼茵兹和瓦姆斯)能采用仲裁方法来解决政治纷争。在亚布维尔发生内战的时候，亚眠就曾在 1231 年出来担任仲裁(吕谢尔的著作第 149 页)。还有其他的例子。

② 见上引斯提达的《关于 14 和 15 世纪城市工商业的汉撒同盟》，第 114 页。

然地联合起来追求那么多的共同目的,真是令人感到喜悦。它们最终还是为强大的敌人所压倒了;由于没有充分理解到互助的原则,它们自身犯了致命的错误。但是,它们之所以灭亡,其原因不是由于它们的妒忌,它们之所以有错误,其原因也不是由于它们之间缺乏联盟的精神。

人类在中世纪城市中所采取的这种新的行动,其成就是巨大的。在11世纪初,欧洲的城镇还是一小群一小群的可怜茅屋,其间只点缀着一些低矮简陋的教堂,而修建教堂的人也几乎不知道怎样修造拱廊。工艺也很幼稚,大部分是纺织和铸造器皿;学术只能在很少数的寺院才可找到。350年后,欧洲的面目改变了。陆地上星罗棋布地到处是富庶的城市,城的四周围绕着有碉楼和城门的巨大而厚实的墙垣,每一个碉楼和城门的本身就是一件艺术品,它们使得城墙十分壮丽。大教堂的样式雄伟,装饰华丽,它们的钟楼高耸入云,表现了庄严肃穆的气派和我们现在望尘莫及的大胆想象力。手工业和艺术达到了完美的境地,如果承认工人的创造才能和作品的精细比生产的速度更为重要,那么,我们还不能夸口说我们在许多方面超过了中世纪的城市。自由城市的船舶在南、北地中海上到处航行,再努一把力,它们就可渡过大洋了。在广大的地区上,富裕代替了贫困;学术已经成长起来,广泛传布。科学的方法已经建立,物理学的基础已经奠定,也铺平了通往我们现今引为骄傲的机械发明的道路。所有这些,就是在不到400年的时间内在欧洲完成的奇迹般的变化。我们只有把17世纪和14或13世纪加以比较,才能理解欧洲由于丧失了它的自由城市而遭到多大的损失。苏格兰、德国和意大利平原原有的繁荣已经消逝。道路荒凉残毁，城市人口大减，劳动成为奴役，艺术已经消失，商业本身也正在衰退。①

就算中世纪的城市没有给我们留下证明它们的繁荣的文献，而且除了我们现今在欧洲各地——从苏格兰直到意大利，从西班牙的吉罗纳直到斯拉夫领土上的布列斯劳——所见到的建筑物以外，也没有留下别的东西，而我们也仍然可以作出这样的结论：独立的城市生活的时代，是在中世纪直到18世纪末以前人类智慧最为发展的时代。举例说，当我们观看一幅中世纪描绘有几十个碉楼和高耸尖塔的纽伦堡的图画时，看到那些碉楼和尖塔个个都带有自由的创造性艺术的痕迹，我们几乎不能想象300年前这个城市还只不过是一群可怜的茅屋。如果我们细细观看散布在整个欧洲——东至波希米亚和波兰现在的加里西亚的那些死城镇——的数不清的教堂、钟楼、城门和市政大厦的建筑和装饰，我们对这些城市将更为钦佩。不仅在艺术发祥地的意大利，而且在整个欧洲都充满了这样的建筑物。在各种艺术中，建筑（它首先是一种社会的艺术）达到了顶峰，这一事实本身就是很有意义的。能达到当时的那种程度，它必然是从高度的社会生活中产生出来的。

中世纪的建筑所以能那样雄伟，不仅是由于手工艺的自然发

① 科斯摩·艾纽斯的《早期苏格兰史和中世纪的苏格兰》(*Early Scottish History and Scotland in Middle Ages*)，见丹顿牧师的著作第68、69页引文；兰普舍的《中世纪德国经济生活》(*Deutsches wirthshaftliche Leben im Mittelalter*)，席莫勒在他的《年鉴》(*Jahrbuch*)第12卷中的评论；西士蒙第的《托斯卡那地区的农业概述》(*Tableau de l'agriculture toscane*)第226页以下。佛罗伦萨的领地，从它们的繁荣景象，是一下子就可以看出来的。

展；不仅是由于每一座建筑物和建筑上的装饰的设计者都通过亲手工作的经验，知道可以用石、铁、青铜，甚至简单的木料和灰泥取得什么样的艺术效果；不仅是由于每一个建筑物都是一种“秘诀行业”或手艺所积累的集体经验的成果①——它之所以那样雄伟，是因为它产生自一个伟大的理想。像希腊的艺术一样，它是从城市所培养的友爱和团结的观念中产生的。它有无畏的气派，这种气派只能得自大胆的斗争和胜利；它有生气勃勃的表现力，因为这种生命力充满于整个城市生活中。一座教堂或公共大厦，象征着一个宏伟的有机体，每一个泥水匠和石匠就是这个有机体的建造者，中世纪的建筑看来不是千万奴隶按照一个人的想象力的支配、各自听命而完成的孤独的个人杰作；所有城市中的人对它都有贡献。高高的钟楼耸立在一个本身就很雄伟、其中跳动着城市的生命的建筑物上，而不是耸立在像巴黎铁塔那样无意义的架子上，也不是耸立在像伦敦的“塔桥”那种用来掩饰其丑陋结构的石头的虚伪建筑。同雅典的卫城一样，中世纪的教堂是用来赞颂胜利的城市的伟大的，是用来象征它的手工业者的团结的，是用来表达每一个住在他自己创造的城市中的市民的光荣的。一个城市在完成它的行

① 约翰·恩纳特先生在他的《六论》(*Six Essays*，伦敦，1891年)中对中世纪建筑的这一特色有过一些精辟的论述。威利士先生在他为惠威尔的《归纳科学的历史》(History of Inductive Sciences，第1卷，第261—262页)所作的附录中，指出了中世纪建筑物的机械结构美。“一种新的装饰结构已经成熟，”他写道，“它对机械结构不但无所损害和阻碍，反而有助于它的美观，使它更加协调。每一个构件和每一条线脚，都是为支撑建筑物重量的；它们借助许多梁柱的互相支撑，分担了建筑物的重量，所以，尽管每一个单独部分看样子异常纤细，但人们看起来仍然深感结构的牢固。”这最能表达从城市社会生活中产生出来的艺术了。

业革命以后，往往开始修筑一座教堂来表现它所产生的更广泛的、更阔大的新团结。

为建筑这些伟大的工程所用的经费是不成比例地少的。科伦大教堂开始的建筑费每年只有500马克；100马克的捐赠就被作为一笔巨大的敬献而要加以铭刻[1]；甚至在快要完工、捐款也随之增多的时候，它每年的费用也只有5,000马克左右，而且从未超过14,000马克。巴塞尔大教堂的修建费同样也很少。但是，每一个行会都对它们的共同建筑物提供它那一份石料、人工和装饰的人才。每一个行会均在建筑物上表现它的政治观念，用石头或青铜来记述这个城的历史，歌颂“自由、平等和博爱”的原则[2]，表彰这个城的同盟，诅咒城市的敌人永沉地狱。每一个行会都把它的爱灌注在这个城市的纪念建筑物上，用五彩玻璃窗、绘画和米开朗琪罗所说的“配作天堂之门的门”，或建筑物中每一个极小的角落里的石头装饰来把这一建筑物装饰得富丽堂皇。[3] 小镇，甚至小教区[4]，在这种工程上也和大城市竞赛，拉昂和圣都昂的大教堂几乎不次于里姆斯的大教堂或不来梅的市政厅或布列斯劳的民会的钟楼。“任何工程，如果不是为响应城市的伟大心灵的号召来构思的，不是按照联合在一个共同意志之下的所有市民的心愿设计的，

① 艾纳博士：《科伦大教堂的建筑和设计》，科伦，1871年。

② 在巴黎圣母院的外部装饰上，有这三个原则的塑雕。

③ 中世纪的艺术和希腊的艺术一样，是不懂得我们称之为国家陈列馆或博物馆这种古董店的。一幅画、一座雕像、一个青铜装饰，都必须在城市艺术的纪念物中占有它的适当地位。它在那里“生活”，并构成整体的一部分，使对整个建筑物产生协调一致的印象。

④ 参看恩纳特的《第二论》，第36页。

城市都不兴建”——这就是佛罗伦萨市议会的信条;这种精神表现在所有一切城市公用的工程上,例如运河、高台、葡萄园和佛罗伦萨周围的果园、伦巴底平原上纵横交错的灌溉渠道,以及热那亚的海港和水道,事实上,几乎每一座城市所完成的这一类工程,都表现了这种精神。[①]

一切艺术在中世纪城市中都按照同样的道路向前发展,我们今天的艺术,大部分都只是那个时候成长起来的艺术的继续。佛兰德各城市的繁荣基础,是它们所生产的优良呢绒。在 14 世纪初的黑死病流行以前,佛罗伦萨纺织了七万到十万匹呢绒,估价为 120 万金佛罗伦之多。[②] 贵重金属的镌雕、铸造技术、铁的精炼,这些都是中世纪各种技艺行会的创造,它们在没有有力的原动发动机的情况下,在各自的行业中制造了一切可能用手制造的东西。一切都是用手制作的和创造的,用惠威尔的话说,因为:

> “羊皮纸和纸张、印刷和镌版、改良的玻璃和钢铁、火药、时钟、望远镜、罗盘、改良的日历、十进法,以及代数、三角、化学、对位法(相当于音乐中的新创造的一种发明);所有这一切

① 西士蒙第的著作第 4 卷第 172 页、第 16 卷第 356 页。从德西诺引水的大运河是 1179 年,即取得独立之后开始修凿的,完成于 13 世纪。关于以后衰败的情况,请看该书第 16 卷第 355 页。

② 在 1336 年,佛罗伦萨有 8,000 到 10,000 名男女学生在小学念书,在 7 所中等学校中有 1,000 到 1,200 名男生,在 4 所大学中有 550 到 600 名学生。在 90,000 人口中,市立医院有 30 所,有病床 1,000 多张(卡波尼的著作第 2 卷第 249 页以下)。权威学者们不止一次地指出那时候的教育一般是比现今所设想的程度要高得多的。在民主的纽伦堡,肯定是这样的。

都是我们从那被诬蔑地称为‘停滞时期’的时代继承下来的东西”(《归纳科学的历史》第 1 卷第 252 页)。

的确,正如惠威尔所说的,这些发现中哪一个也没有阐明什么新的原理;但是,中世纪的科学成就的意义,超过了新原理的实际发现。它为我们现今在机械学中所知道的一切新原理的发现作了准备:它使研究家养成了观察事实和根据事实推理的习惯。它是归纳的科学,即使它还未能充分抓住归纳的重要性和力量;它奠定了力学和物理学的基础。弗兰西斯·培根、伽利略和哥白尼就是罗吉尔·培根和迈克尔·斯可特这些人物的直接继承者,正如蒸汽机是意大利各大学在大气重量方面所进行的研究和成为纽伦堡特征的数学和技术知识的直接产物一样。

但是,为什么我们要这样不厌其烦地一再坚持讲述中世纪城市中的科学和艺术的发展呢?难道在技术范畴中提出大教堂,在思想范畴中提出意大利语言和但丁的诗,还不足以立刻说明中世纪城市在它们存在的四百年间创造了多少东西吗?

毫无疑问,中世纪城市对欧洲的文明有着巨大的贡献。它们防止了欧洲陷入古代的神权政治和专制国政治;它们赋予欧洲以多样性、独立自主的信心、首创精神和它现在所具有的巨大文化和物质力量,所有这些,充分保证了欧洲能够抵抗住一切来自东方的新侵略。但是,这些力图满足人类天性中的深刻需要,并且又是那么富于生命力的文化中心,为什么没有继续存在下去呢?它们为什么在 16 世纪就衰落了呢?它们为什么在打退了许多外来的进攻,并从自己的内部斗争中获得新的力量以后,又终于为内忧外患所毁灭了呢?

其所以造成这种结果，是有许多原因的，有些原因在久远的过去就已经种下了根，而另外一些原因，则是由于中世纪城市本身所犯的错误。在15世纪末叶，已经出现了按照古罗马的形式建立起来的强大国家。在每一个国家和每一个地区中，有些封建领主比他邻近的领主更为狡猾，更善于积累财富，更经常肆无忌惮，结果占据了更肥沃的私领地，有更多的农民在他的土地上工作，有更多的骑士做他的仆从，有更多的财富储藏在他的金库里。他选择了一些地势优越但是还没有接受自由城市生活影响的村落为他的驻地(例如巴黎、马德里或莫斯科)，他利用他的农奴把这些村落建成有极其强固的防御工事的王城。此后，他就以自由分配村落的办法吸引了许多武士，以保护贸易的办法吸引了许多商人。未来的国家的萌芽就是这样产生的，它以后遂开始逐渐并吞其他的类似中心。精研罗马法的法学家涌到这些中心来；在市民中间产生了一些顽强而雄心勃勃的人，他们既憎恨领主的横蛮，也憎恨他们所谓的农民的不守法。村落公社的形式是不见于他们的法典的，联邦制度的基本原则又被他们看做是“野蛮的”遗物而加以厌恶。于是，以虚构的公众意愿和武力为支柱的独裁主义就成为他们的理想，他们替那些答应他们实现这一理想的人努力奋斗。①

基督教曾一度是反抗罗马法的，而现在则成了它的同盟，也在

① 参照兰克在他的《世界史》(*Weltgeschichte*)第4卷第2编第20—31页上关于罗马法的要旨的精辟见解。并参看西士蒙第关于法学家在王室权力的建设中所起的作用的论述，《法国人的历史》(*Histoire des Français*)，巴黎，1826年，第8卷第85—99页。人民群众对这些“聪明的博士和人民的扒手”(Weise Doktoren und Beutelschneider des Volkes)的憎恨，在16世纪初叶的早期宗教改革运动中的说教里已经猛烈地爆发出来。

为独裁主义效劳。想建立欧洲神权帝国的计划已经证明失败了。更聪明和野心更大的主教们，现在则支持他们认为可以重建以色列诸王或君士坦丁堡诸皇帝的权力的人。教会把它的尊严寄托在新兴的统治者身上，给他们戴上王冠，使他们成为上帝在世上的代表，把传教士的知识和政治才能，把教会的福音和诅咒、财富和它在穷人中间所取得的同情，都用来为他们服务。城市未能解放或拒绝解放的农民，鉴于市民无力终止使他们付出很高代价的骑士间的不断争战，这时便把他们的希望寄托在国王、皇帝或大君身上，然而，当农民们帮助这些人摧毁了强大的封建主的时候，也帮助他们建立了中央集权的国家。最后，蒙古人和土耳其人的侵入，在西班牙发生的反对摩尔人的侵袭，以及不久以后在日益成长的权力中心——伊耳德法兰西和勃艮第，苏格兰和英格兰，英国和法国，立陶宛和波兰，莫斯科和特维尔——之间爆发的残酷战争，都有助于中央集权国家的建立。强大的国家出现了；现在城市不仅要抵御领主的松懈的联盟，而且还要抵御组织强固、有农奴军队供其驱使的国家。

最糟的是，正在成长的专制政治在城市本身的分裂中找到了支持自己的力量。中世纪城市的基本思想是伟大的，但它的范围不够广泛。互助和互援不能只限制在一个小的组合之内，它必须扩展到它的四周，否则周围的环境即将把这个组合吞并。在这一点上，中世纪的市民一开始就犯了一个重大的错误，他们不把在城市保护之下聚集起来的农民和手工业者看作是对城市的兴建有过贡献的人（他们确实是有贡献的），结果在旧市民“家庭”和新来者之间划出了鲜明的分野。前者把所有从城市商业和城市土地所得到的利益全部据为己有，使后者除了有自由使用自己双手的技能的权利以外一无所得。因此，城市便分裂成“市民”(或称“平民”)和“居民”。[①] 商业在从前是整个城市的。而现在变成了商人和手工业者的“家庭”的特权，再下一步，就不可避免地将变成属于个人的或横暴的垄断组织的特权了。

城市本身和周围的乡村之间，也产生了同样的分裂。城市本来大可试图解放农民的，但正如前面所说，它对领主进行的战争，变成了从领主手中解放城市本身而不是解放农民的战争。它以领主不再侵扰城市并且成为市民的一分子为条件，让领主保持了他对农奴的权利。但是，为城市所“收留”并且现在住在城内的贵族，干脆就把从前的战争带到城区来了，他们不愿服从普通的手工业者和商人的法庭，在街上照旧进行他们的仇斗。现在，每一个城市都有科伦那和奥尔西尼，都有奥非尔斯托次和威塞这样互相仇斗的家族。由于从他们现在还保有的土地上取得了大量的收入，他们在自己身边聚集了许许多多的随从，并且使城市本身的风俗习惯也封建化了。当市镇的手工业者阶级感到不满的时候，这些人便提供自己的刀剑和随从而用自由争斗的方式来解决分歧，不让这种不满找到从前可以找到的途径来解决。

大多数城市所犯的最大和最致命的错误，是把工业和商业作为它们的财富基础而忽略了农业。这样一来，它们就重犯了古希

① 布伦塔诺充分理解“老市民”和新来者之间的斗争的致命后果。迈士考夫斯基在他论述瑞士村落公社的著作中指出，在村落公社中也有这种情形。

腊的城市曾一度犯过的错误，从而也堕入了同样的罪行。[1] 这样多的城市的疏远乡村，必然会使它们采取敌视乡村的政策，这种政策在爱德华三世[2]、法国农民暴动、胡斯教派战争和德国农民战争这些时期中，愈来愈明显。另一方面，这些城市的商业政策又使它们卷进了远方的冒险事业。意大利人在欧洲东南建立了殖民地，德国的城市在东方建立了殖民地，斯拉夫人的城市在遥远的东北方也建立了殖民地。城市开始维持雇佣军队来从事殖民战争，不久之后，又用它来保卫城市。债务之多，使市民的道德完全败坏了；每一次选举都关系到为少数几个家族的利益而推行的殖民政策，所以选举中的内争日益激烈。贫富间的界限愈来愈深，而在16世纪，王权在每个城市中都曾从贫民那里得到坚决的赞助和支持。

城市制度之所以败坏，还有另外一个原因，——这一原因比上述一切原因所起的作用都要更广大、更深远。中世纪城市的历史，最显著地说明了思想和主义对人类的命运有着多么大的力量，说明了在主导思想有了深刻的改变时，即将产生完全相反的结果，独立自恃的精神和联盟主义、每一个团体的主权、政治组织的从单纯到复合，所有这些都是11世纪的主导思想。但是，从那个时期起，这些观念就完全改变了。从英诺森三世时代起便紧紧地勾结在一

---

① 在意大利各共和国中，贩卖从东方掳来的奴隶，一直到15世纪从未中断过。这种迹象，在德国和其他地方也略有发现。见西勃拉里奥的《论奴隶制和农奴的境况》(*Della schiavitu e del servaggio*，两卷，米兰，1868年)；路奇茨基教授的《14和15世纪的奴隶制和在佛罗伦萨的俄国奴隶》，载1885年《基辅大学学报》。

② 约翰·格林的《英国人民史》(*History of the English People*)，伦敦，1878年，第1卷第455页。

起的罗马法学家和教会的高级教士，终于麻痹了奠定城市基础时的主导思想——古希腊的思想。他们在两三百年间，从教坛、大学讲座和法官席上教导人们说，要想得救，必须求之于半神性权威统治下的高度中央集权化国家[1]；又说，能够成为社会救主的，只能是一个人，而且必须是一个人，他可以凭借救大众的名义，做一切暴虐的事情：把男男女女缚在火刑架上烧死，用难以形容的酷刑把他们折磨死，使整个整个的省份陷入最悲惨的境地。在一切国王的刀剑或教会的火刑或两者都能达到的地方，他们便真正以前所未闻的残暴手段大规模地对人们施行这种实际教训。由于不断重复和对公众强加这种教育，因而引起了人民的注意，使市民们的思想也被一个新的模子所决定。他们开始觉得，只要是“为了大众的安全”，无论什么样的权力也不算是过分，无论什么样的杀戮，也不算是过于残暴。伴随着这种新的思想方向和对个人权力的新信仰，旧时的联盟主义原则便消失了，群众的那种创造性的才能也死灭了。罗马的思想胜利了，在这种情况下，中央集权国家便随时都可把城市当作自己的牺牲品。

15世纪的佛罗伦萨就是这种变化的典型。从前，一次人民革命便是一个新进展的信号。现在，当陷入失望状态的人民起而反抗的时候，他们再也没有建设性的思想了；从运动中不能产生什么新思想了。市议会的代表，由400名改为1,000名，共和政府的执政，由80人改为100人；但是，数字上的革命是无济于事的。人民的不满日益增长，随着爆发了新的起义。他们求助于一个救

① 见波伦亚的法学家于1185年在隆卡里亚会议上所发表的论点。

主——“霸主”;于是他就屠杀暴动的人,但是城市体制的分崩离析却更甚于从前了。佛罗伦萨的人民在一场新的起义之后,去求教于最孚众望的吉洛尼摩·撒福纳罗拉时,这个僧侣的回答是:“啊,我的市民们,你们知道我是不能参与国事的……纯洁你们的灵魂罢,如果你们能在这样的心情中来改革这个城市的话,那么,佛罗伦萨人啊,你们便可在整个意大利发动革命了!”狂欢节的面具和有毒害的书籍被焚毁了,通过了慈善条例和反对高利贷的法令——佛罗伦萨的民主政治依然是从前那样。旧时的精神已经一去不返。由于过分地信赖政府,人们就不再信赖自己,他们无法打开新的出路。于是,国家只要出来摧毁他们最后的自由好了。

然而,互助和互援的潮流在群众中间并未消逝,即使是经过这些失败以后,它依然在奔流。它以磅礴之势起而响应初期改革宣传家的共产主义的呼吁,即使在群众未能实现他们在革新的宗教灵感下开始新生活的希望并且陷于专制政权统治之下的时候,互助的潮流依然存在。甚至目前,它仍在继续奔流,它竭力想找到一个新的表现形式,这种形式,既不是国家,也不是中世纪的城市或野蛮人的村落公社和蒙昧人的氏族,而是从所有这些形式中产生出来的、在更广泛和深厚的人道观念方面比它们都优越的形式。

第七章　我们现代人之间的互助

国家时期开始时人民的起义　现代的各种互助制度　村落公社及其为了反对国家废除它而进行的斗争　从村落公社生活中产生的习惯依然保存在我们现代的农村中：瑞士、法国、德国、俄国

人类中的互助倾向，其起源是很遥远的，而且是和人类过去的一切进化极为密切地交织在一起的，所以，尽管在历史上有种种的变迁，人类仍然一直把它保存到现今。它主要是在和平和繁荣的时期发展起来的；然而，即使在人类遭遇到极大灾难的时候——当整个整个的国家被战争毁为废墟，整个的人群死于贫困或呻吟在暴政的统治下的时候——这种倾向在乡村和城市的较贫穷阶级中仍旧继续存在。它依然使他们团结起来，甚至最后能反击那些进行统治、战争和蹂躏而把它当作无谓的感情加以排斥的少数人。无论什么时候，当人类要创造一个适应新的发展阶段的新社会组织时，它的建设性天才总是从上述那种永恒的倾向中吸取了新的开端所需要的因素和灵感。新的经济制度和社会制度（只要它们是人民群众创造的），以及新的伦理体系和新的宗教，所有这些都来自这同一源泉，我们种族的伦理的

进步，总括起来看，可以说是互助原则的逐渐推广，从部落扩展到愈来愈大的组合，最后总有一天将不分信仰、语言和种族的区别而包罗整个人类的。

经过蒙昧的部落时期，又经过了村落公社之后，欧洲人终于在中世纪创造了一种新的组织形式，这种形式的好处，在于使个人的主动性有广泛的活动范围，而同时又能大部分满足人类的互助需要。包括许许多多行会和兄弟会的村落公社联盟，在中世纪的城市中产生了。在这种新的联盟形式下，大众的福利、工业、艺术、科学和商业方面所取得的巨大成果，已在前面两章中详细地讨论过了，并且试图指出，为什么在15世纪末，中世纪的共和制城市（它们周围是敌对的封建领主的属地，而它们又不能把农民从奴隶制度中解放出来，并且逐渐为罗马式的独裁主义思想所腐蚀）注定要变成新兴的军事国家的牺牲品。

然而，在以后的三个世纪里，人民群众在未屈服于总揽一切的国家权力之前，曾经做过一次巨大的尝试，想以旧时的互助和互援为基础来重建他们的社会。现在大家都知道，伟大的宗教改革运动不仅仅是一个反抗天主教流弊的起义，它还有它的建设性的理想，那就是在自由和友爱的社会中生活。在宗教改革时期最初的那些著作和说教中，充满了人类在经济和社会上如同一家的看法，所以最能感动群众。在德国和瑞士的农民和手工业者中广为流传的“十二信条”和类似的信条，不仅主张每一个人有按照自己的理解来解释圣经的权利，而且还包含有把城市的土地归还村落公社和废除封建奴隶制的要求，它们还经常提到“真正的”信念——人人如手足的信念。这时候，有成千上万的男男女女参加了摩拉维亚的共产主义性质的兄弟会，把他们的一切财产都交给这些团体，在许许多多以共产主义原则为基础的繁荣的居住地上生活。[①] 只有成千上万的大批屠杀，才能制止这个广泛的群众运动，正是依靠了刀剑、火刑和拷问架，新兴的国家才取得了对广大人民群众的第一次决定性胜利。[②]

在此后的三个世纪里，欧洲大陆和英伦三岛上的国家都系统地肃清了一切以前有互助表现倾向的那些制度。村落公社的村民议会、裁判所和独立行政完全被剥夺；它们的土地也被没收。行会的财产和自由遭到掠夺，它们被置于国家官吏的控制之下，受到官吏们为所欲为和贪污行贿的弊害。城市丧失了它们的主权，它们内部生活的源泉——民会、选任的法官和行政机关、独立自主的教区和行会——完全消灭了；国家的官吏占有了从前是一个有机整体的每一个环节。由于这个致命的政策和它所引起的战争，使一

① 关于这个从前为人们十分忽视的问题，现在在德国出现了大批的著作。其中凯勒尔的《一个再浸礼教的传道者》(Ein Apostel der Wiedertäufer)和《再浸礼教的历史》(Geschichte der Wiedertäufer)以及考尔留士的《闵斯特尔人起义史》和詹生的《德国民族史》，可以说是内容较丰富的。第一个想使英国读者熟悉德国在这方面所进行的大量研究的成果的人是理查特·赫斯，他的一本篇幅不多的优秀著作《再浸礼教从它在茨威考的兴起直到它在闵斯特尔的衰灭，1521－1536年》(Anabaptism from its Rise at Zwickau to its Fall at Münster，1521－1536)，伦敦，1895年，见《浸礼教简述》(Baptist Manuals，Vol. i)，这部著作很好地指出了宗教改革运动的主要特点，并且提供了充分的参考材料。此外，并参看考茨基的《宗教改革时期中的中欧共产主义》(Communism in Central Europe in the Time of the Reformation)，伦敦，1897年。

② 我们当代人很少有人了解这个运动的规模和用来镇压这一运动的手段。但是，根据那些在伟大的农民战争之后立即著书记载其事的人估计，德国的农民在失败后被屠杀的有10万到15万人之多。见威美尔曼的《伟大的农民战争史》(Allgemeine Geschichte des grossen Bauernkrieges)。关于在尼德兰用来镇压运动的手段，请看理查特·赫斯的《再浸礼教……》。

度是人口众多和富裕的地区变成了一片荒凉，富庶的城市变成了贫乏的村镇，连贯各个城市的道路也荒废难行了。工业、艺术和学术都陷入衰退的境地。政治教育、科学和法律都用来为国家中央集权这一思想服务。大学和讲道台都在教育人们说，从前体现人们互助需要的制度，在一个严密组织的国家是不能容许的；唯有国家才能代表它的人民之间的联系；联盟主义和“各州独立主义”是进步的敌人，只有国家才真正是进一步进步的推动者。在上一世纪末，欧洲大陆上的各个国王、英伦三岛的国会和法国的革命的国民大会，虽然彼此之间在互相战争，但他们却一致认为绝不能允许在国家之内存在人民之间的独立联盟；对敢于结成“联盟”的工人，唯一的适当惩罚就是苦役和死刑。“国家之内不允许再有国家！”唯有国家和国教才能处理同大众有关的事务，至于人民，则只能是没有特殊联系的个人的涣散的集合体，而且每当他们感到一种共同需要时，必须请求政府办理。一直到19世纪中叶，在欧洲的理论和实践都还是这样。甚至商业和工业的团体也受到猜疑。至于工人的工会，在我们这一代人时它们在英国几乎还被认为是非法的，前二十年，在欧洲大陆上也被认为是非法的。我们国家的整个教育体系仍然是这样，即使在英国，迄今也仍有很大一部分人还在认为让出这些五百年前每一个人（自由人和农奴）在村民议会、行会、教区和城市中行使的那些权利，是一种革命措施。

国家吞没了一切社会职能，这就必然促使为所欲为的狭隘的个人主义得到发展。对国家所负义务愈多，公民间相互的义务显然将愈来愈少。在中世纪，每一个人都属于一个行会和兄弟会，两个“弟兄”有轮流照顾一个生病的弟兄的义务；而现在呢，只要把附近的贫民医院的地址告诉自己的邻居就够了。在野蛮人的社会里，当两个人由于争吵而斗殴的时候，第三者如果参加而没有劝阻，致使它发展成命案，这样的行为意味着他本人也将被当作一个凶手看待。但是，按照现在的一切由国家保护的理论来说，旁观者是用不着去干涉的：干涉或不干涉，那是警察的事情。在蒙昧人的土地上，在霍顿脱人中，如果在吃东西之前不大叫三声问问有没有人需要来分享，就被认为是可耻的行为；而现在，一个可敬的公民只要缴纳济贫税就够了，他可以坐视饥饿的人挨饿。结果，主张人人可以而且必须在不顾他人的需要中获取自己幸福的这种理论，无论在法律、科学和宗教中，都全面占了上风。这就是今天的教义，而要怀疑它的功效，就要成为危险的空想者。科学家在大声宣称，个人反对整体的竞争，是自然界也是人类社会的主导原则。生物学家把动物世界的逐步进化归功于这种竞争。历史学家也采取这样的论断；政治经济学家由于幼稚无知，把现代的工业和机器的一切进步，也说成是这同一原则的“奇妙”效果。讲道台上宣讲的宗教，本身就是一种个人主义的宗教，只是被在礼拜天对邻居多多少少表示一点慈善的关系略加缓和了些而已。“讲究实际的”人和理论家、科学家、宗教讲道家、法律学家和政客们，全都认为：可以用慈善来减轻一些个人主义的最严酷的结果，然而要保持社会及其未来的进步，只有个人主义才是唯一可靠的基础。

因此，要在现代社会中寻求和实行互助制度，似乎是不可能的。它们能剩下什么呢？然而，只要我们考察一下亿万的人是怎样生活的，只要我们研究一下他们的日常关系，我们便会惊奇地发现，甚至在今天的人类生活中，互助和互援的原则还依然起着巨大的作用。虽然在整整的三四百年间，互助制度在实践和理论上都受到了破坏，但亿万的人依然生活在这种制度之下；他们热诚地保持着这种制度，而且竭力在它已不再存在的地方恢复它。在我们相互的关系中，我们每人都有过反抗现今流行的个人主义信条的时候，以人类的互助倾向为指导的行动，在我们日常的交往中起着那么大的作用，以致如果能使这样的行动停顿一下，则一切的道德进步也将立刻陷于停顿；那时人类社会的本身，要维系一代人之久，也不可能了。这些事实，大都为社会学家所忽略了，然而它们对人类的生活和进一步提高却具有头等重要意义。现在，我们就从现有的互助制度开始，接着联系到由个人和社会的同情所产生的互助行为来进行分析。

当我们放眼看一下欧洲社会的现时结构，使我们立刻感到惊奇的是，虽然采取了那么多的办法来消灭村落公社，但这样的联合形式却继续存在着(其存在的程度，我们即将谈到)，而且人们还作了许多努力，想把它以这种或那种形式恢复起来，或者找到其他某种东西来代替它。关于村落公社的流行理论是：在西欧，它是自然消失的，因为人们发现村落公社占有土地同现代农业要求相矛盾。但事实是，没有一个地方的村落公社是自行消灭的，恰恰相反，它使统治阶级接连用了几个世纪的工夫，还并不绝对能够废除它和没收它所占有的土地。

在法国，早在 16 世纪就开始剥夺村落公社的独立和掠夺它们的土地。然而，只是在 17 世纪，当农民群众由于苛税和战争而陷于屈服和穷困的境地时(所有的历史学家都生动地描述过这种境地)，掠夺村落公社的土地才很顺利，而且达到了可耻的程度。“每一个人按照自己的势力去侵占……为了夺取公社的土地，竟利用捏造的债务；"我们在法王路易十四于 1667 年发布的一项诏书上就见到这样的话。[①] 国家对这种罪恶的补救办法，当然是使村落公社更屈服于国家，由它自己去掠夺它们。事实上，两年以后，所有村落公社的一切现金收入都被国王没收了。至于村落公社的土地被侵占的情况，那是愈来愈恶劣，到 18 世纪，贵族和教士已经占据了大量的土地（据有些人估计，占有了可耕土地的一半），而且把所占的土地大部分听其荒芜。[②] 但是，农民们依然保持了他们的村落公社制度，直到 1787 年还可经常见到由所有户主组成的村民议会聚集在钟楼或一棵树的荫凉下分配和再分配他们所保有的土地，预定税收和选举他们的办事人，这种情况同现在俄国的村落公社完全一样。这一点已经由巴博的研究证明了。[③]

然而，政府发现村民议会"太吵闹了"，太不顺服了，于是便在 1787 年以较富裕的农民中挑选出来的一个村长和三至六个委员组成的特选委员会代替了它。两年后，革命的立宪会议（它在这一点上和旧王朝是一致的）于 1789 年 12 月 14 日完全认可了这项

---

① "Chacun s'en est accommodé selon sa bienséance……on les a partagés……pour dépouiller les communes, ons'est servi de dettes simulées"（根据几位著作家所摘引的路易十四于 1667 年发布的诏书。在这份诏书发布的前八年，村落公社就已经被置于国家的管辖之下了）。

② 亚塞·杨格说："在一个大地主的庄园上，即使他已经有数以百万计的收入，你仍然会发现其中还没有耕种的土地。"泰恩在《现代法国的起源》(*Origines de la France Contemporaine*)第 1 卷第 441 页上引用了特隆·德·孟铎杰所描写的当时的情况说："有四分之一的土地没有耕种；""在过去的 100 年间，土地又回到了一片荒凉的状态"；"从前是很繁荣的索洛涅，现在变成了一片大沼泽"；等等。

③ 巴博：《旧王朝下的农村》，第三版，巴黎，1892 年。

法律，于是又轮到农村中的资产阶级来掠夺村落公社的土地了，这种掠夺行为在整个革命时期中一直在进行着。直到 1792 年 8 月 16 日，立法会议才在农民起义的压力下，决定把圈作私有的土地归还给村落公社[①]；但同时它又规定这些土地只平分给较富裕的农民，这一措施又激起了新的农民起义，并且在第二年(1793 年)便被废除，1793 年的法令允许所有的居民不论是富是贫，还是"勤勉"或"懒惰"，都可分得村落公社的土地。

然而，这两项法令和农民的观念是如此相反，所以没有人服从，无论在什么地方，只要农民们又取回一部分土地，他们便把它维持着不给分散。这时候，漫长的战争年月来到了，村落公社的土地于 1794 年被当作国家借款的抵押而干脆加以没收、拍卖和掠夺。后来又退还给村落公社，但在 1813 年又加以没收；直到 1816 年才把剩下来的大约 1500 万英亩生产力最差的土地交还给了村落公社。[②] 然而村落公社的苦难并没有到此结束。每一个新政权都把村落公社的土地作为

① 在法国东部，只追认农民已经自行收回的土地。见拙著《法国大革命》(The Great French Revolution)第 47、48 章，伦敦(赫纽曼)，1909 年。

② 在中产阶级的反动势力取得胜利以后，于 1794 年 8 月 24 日便宣布村落公社的土地为国家所有，并且和从贵族那里没收的土地一起出卖，为小资产阶级的黑帮所窃取。不错，这样的窃取在第二年曾一度被禁止(共和历 5 年牧月[③] 2 日的法令)，并且废除了以前的法令；但这时候，村落公社也直接被取消，而代之以区乡会议。直到七年以后(共和历 12 年牧月 9 日)，即 1801 年，方才重新成立了村落公社，但它们的一切权利已全被剥夺，而且法国 36,000 个村落公社的村长和委员已改由政府任命！这一制度一直保持到 1830 年的革命以后，方才又按照 1787 年的法令采用选举的村落会议。至于村落公社的土地，在 1813 年又遭到政府的掠夺，只有一部分土地在 1816 年归还了村落公社。参看达罗茨所著的那本经典性的法兰西法律汇编《司法汇编》(*Répertoire de Jurisprudence*)；同时参看铎尼俄、达兰斯特、邦纳梅尔和巴博等人的著作。

③ 牧月(prairial)是法国共和历的第九月，从 5 月 20 日到 6 月 18 日。——译者

取悦于它的支持者的一种手段，先后通过了三项诱使村落公社分散它们土地的法令（第一项是在1837年，其他两项是在拿破仑三世统治时代）。由于在农村中遭到反对，这些法令也三次被取消。但每一次都被国家掠去一些东西，后来，拿破仑三世竟借口鼓励改善农业，把村落公社的一大批土地拿来赏赐他的一些宠臣。

至于村落公社的自治权，经过这么多打击以后，还能保存什么呢？村长和委员只被看做是国家机器的不付薪水的官吏而已。甚至在目前，如果第三共和国不开动上至省区和中央各部这样庞大的国家机器，在乡村公社中连很小的一件事情也办不成。例如，一个农民想用现款交纳一份修建公共道路的费用来代替他本人要做的砸石头工作，那么在他获得向乡村会议交款的许可以前，必须先经过不下十二个国家官吏的批准，而且还需要经过他们办理和转办为数达**五十二**项之多的各种手续，这是十分令人难以相信的，然而这的确是事实。其他一切事情，也是如此。①

在法国发生的事情，也同样在欧洲西部和中部的各个地方存在。甚至对农民的土地进行大掠夺的主要日期也是相同的。在英国，唯一不同的是对土地的掠夺不是采取一扫而光的办法，而是分为几次完成的——不是那么急迫，但是比法国掠夺得更为彻底。根据鲁沙士的《历史》（*Historia*）和亨利七世的一条法令来看，贵族们对公有土地的掠夺，也是在1380年农民起义失败以后，于15世纪开始的。在这些文献中，谈到这种掠夺行为的标题是"有害公

① 特里戈希先生这位极有权威的作家在《经济学家杂志》（*Journal des Economistes*）1893年4月号第94页上把这五十二道不同的手续全部列举了出来，而且还举出了几个类似的例子，不然的话，谁也不会相信这样荒谬的过程是实有其事的。

有土地的……滔天罪行和流弊”。[1] 后来，在亨利八世统治时期进行了大调查，以期制止圈占公有土地，但其结果却是认可了已经圈占的公有土地。[2] 公有土地继续被掠夺，农民被逐出他们的田园。特别是从18世纪中叶以后，在英国和其他各个地方干脆把肃清公有土地一切痕迹的做法变成了一套有系统的政策的一个组成部分。要是公有土地因此就消灭了，那倒不足为怪，然而甚至在英国它也能够继续保持，它“一直到我们这一代人的祖父的时候还依然普遍盛行”，这就大为值得惊奇了。[3] 正如西波姆先生所指出的，圈地法案的本来目的就是在取消这种制度[4]，在1760年和1844年之间通过了将近4,000条法令，是那么有力地把这种制度取消了，以致现在只留下了一些依稀的痕迹。村落公社的土地被领主们夺去了，而且每一次的掠夺行为都得到了议会的批准。

在德国、奥地利和比利时，村落公社也遭到国家的摧残。公有

① 奥钦科夫斯基博士：《中世纪末叶英国经济的发展》（耶拿，1879年）第35页以下，在这本书里，对整个问题完全是依据原来文件的充分知识来讨论的。

② 纳斯：《中世纪的土地公有和英国16世纪的圈地》（*Ueber die mittelalterliche Feldgemeinschaft und die Einhegungen des XVI. Jahrhunderts in England*，波恩，1869年）第4、5页；维诺格拉多夫：《英国的农奴制》（*Villainage in England*，牛津，1892年）。

③ 西波姆：《英国的村落公社》第三版，1884年，第13—15页。

④ “研究了一项圈地法令的细则，便可明白上述制度（公社所有制）正是圈地法案所要取消的制度”（引自西波姆的著作第13页）。他又说：“圈地法令一般都是按照相同的格式草拟的，开头说公有的未圈土地分散成一小块一小块的，犬牙交错，地势不便。又说，不同的人占有这些土地的一部分，对它们享有公有权……所以希望把它们加以划分，并且圈置起来，以特定的一份土地分给每一个所有人”（第14页）。波特尔所列的表，包括有3867条这样的法令，像法国的情况一样，其中大部分是在1770—1780年和1800—1820年之间颁布的。

土地的人民自行把他们的土地加以划分的例子还很少见[①]，一般都是国家强制他们进行划分的，或者干脆赞助私人去夺取他们的土地。在中欧，对公有制的最后一次打击开始于18世纪中叶。奥地利政府于1768年采用暴力强迫村落公社分散它们的土地，两年以后，还为此任命了一个特别委员会。在普鲁士，腓特烈二世于1752、1763、1765和1769年所颁发的几次敕令，授意裁判官强迫实行土地分散。在西里西亚为了这个目的于1771年作了一个特殊决议案。同样的情况也见之于比利时，而且，由于村落公社的不服从，还在1847年颁布了一项法令，授权政府收购村落公社的草地，以便把它们分散出售，同时，在有所谓买主要购买时，还可以强迫村落公社出售它们的土地。[②]

总之，说村落公社是由于经济法则的缘故而自然消灭的，就如同恶意地讽刺说在战场上被屠杀的士兵是自然死亡的一样。事实就是这样：村落公社存在了一千多年；无论在什么地方和在什么时候，只要农民没有为战争和苛税弄到破产地步，他们便一直在改进他们的耕作方法。但是，由于工业发达的结果，地价在逐渐上升，同时，贵族借国家的组织而获得了他们在封建制度下从来没有获得过的权力，所以，他们便把公有土地最好的部分据为己有，并且尽一切力量摧毁村落公社制度。

① 在瑞士，我们发现有许多为战争破坏了的村落公社，以前曾把它们的土地卖出一部分，现在又竭力设法把它们买回来。

② 标亨伯格：《农业组织和农业政策》(Agrarwesen und Agrarpolitik)，见阿道尔夫·华格纳的《政治经济学手册》(Handbuch der politischen Oekonomie)引文，1892年，第1册第280页以下。

然而，村落公社制度是如此的符合耕者的需要和观念，所以尽管有这一切遭遇，而在欧洲依然有活的村落公社一直留存到今天，在欧洲的乡村生活中，也还到处是从村落公社时期留传下来的风俗和习惯。甚至在英国，即使采取了一切激烈手段来破坏这一旧有秩序，但它一直到19世纪初还是普遍地存在。葛姆先生——是英国注意到这个问题的很少几个学者之一——在他的著作中指出，在苏格兰发现了许多公有土地的遗迹，“交叉片地”佃租制在佛尔伐郡一直保持到1813年，而在茵菲尼斯郡的一些村庄里，到1801年还有不分任何边界而为整个村落的耕地的习惯，耕好以后再分配给大家。在基尔摩里郡，“直到前25年”还有分配和再分配土地的制度，小农场佃农委员会(Crofters' Commission)发现它在有些岛屿上依然很流行。① 在爱尔兰，这一制度一直实行到大饥荒时期。至于英格兰，马歇尔在他的著作中指出，村落公社制度在19世纪初几乎广泛地遍布于英国所有各郡。② 他在这方面的论证

① 葛姆：《村落公社，论它在大不列颠的起源和残存形式》(*The Village Community, with special reference to its Origin and Forms of Survival in Great Britain*)，见《现代科学丛书》(*Contemporary Science Series*)，伦敦，1890年，第141—143页；同时参看葛姆的《原始的村民议会》(*Primitive Folkmoots*)，伦敦，1880年，第98页以下。

② “几乎在这个国家所有的各个地方，特别是在中部和东部各郡，同时在西部(如威尔特郡)、南部(如苏利郡)和北部(如约克郡)，到处都有广阔的公有土地。在北安普敦郡的316个教区中，有89个教区有公有土地；在牛津郡有公有土地的教区，计有100多个；在瓦利克郡的公有土地，大约有5万英亩；在倍尔克郡，有半个郡的土地是公有的；威尔特郡的公有土地，占全郡土地的半数以上；在亨汀顿郡的24万英亩土地中，有13万英亩是公有的牧场、公地和耕地”(马歇尔的著作，据亨利·曼因爵士的《东方和西方的村落公社》，纽约，1876年，第88、89页的引文)。并参看斯拉特博士的《英国农民和公有土地的圈占》(*The English Peasantry and the Enclosure of Common Field*)，伦敦，1907年。

是无可怀疑的，但是他的著作在被纳斯和亨利·曼因爵士推荐以前，一直不为人所注意。不到20年以前，亨利·曼因爵士发现"关于不正常的产权事例，其为数之多是颇为惊人的，这必然是说明了在从前存在过集体所有和联合耕种的制度"，这一点，只经过较简短的调查研究就被他发现了。① 村落公社制度继续存在了这么久，所以，只要英国的作者注意一下乡村生活，准可以在英国的乡村中发现许多互助的风俗和习惯。②

至于欧洲大陆，我们发现村落公社制度在法国、瑞士、德国、意大利、斯堪的纳维亚各国和西班牙的许多地方，还完全存在，更不用说欧洲东部了，在这些国家的乡村生活中充满了村落公社的风俗习惯，差不多每一年都有论述关于这个问题和有关方面的重要著作来丰富欧洲大陆的文献。因此，我只能限于谈几个最典型的例子为证。瑞士无疑是其中之一。不仅乌里、斯维茨、亚本泽尔、格拉鲁斯和恩特瓦登这五个共和国有大批未分的土地，它们的土地仍旧由村民议会管理，而且在其他各州里，村落公社也还享有广泛的自治权和掌握着很大一部分联邦的土地。③ 迄至今日，有三分之二的阿尔卑斯山的牧场和整个瑞士的三分之二的林地，依然

① 同220页注②第88页；并参看第5讲。

② 在我所参考的论述英国乡村生活的许多著作中，我发现有许多描写乡村景象这一类事物的优美文章，但差不多都没有谈到劳动农民的日常生活和风俗习惯。

③ 在瑞士，耕种公地的农民也落到领主的统治之下，他们的大部分土地均被领主夺去了（参照迈士考夫斯基的著作，见席莫勒的《研究》第2卷，1879年，第12页以下）。但是，在瑞士的农民战争中，瑞士的农民并没有像其他国家的农民那样一败涂地，他们仍旧保留了许多村落公社的权利和土地。事实上，村落公社的自治是瑞士的自由的真正基础。并参看彪特利的《由于村民公有土地的联合而结成的同盟》（*Der Ursprung der Eidgenossenschaft aus der Markgenossenschaft*），苏黎世，1891年。

属于公有。有相当多的农田、果园、葡萄园、泥炭田和采石场等，现在还是属于公有。在孚德州，公社的精神特别活跃，所有的户主都有权参与他们所选的公社委员会的讨论。快到冬末的时候，有些村落的青年人就到森林中去生活，砍伐木材，把它们从陡峻的坡道上、滑道上滑下来，他们把这些木材和木柴分给各家，或者售卖后把钱分给他们。这样的远足旅行，是豪迈的劳动者的真正节日。在莱蒙湖畔，培修葡萄园的台地所需的一部分工作现在依然是大家共同来做的；在春天，如果在日出以前寒暑表快要降到零度以下时，看守人就唤醒所有的户主，于是他们便用干草和干粪烧起一堆堆的火，用人造的烟雾保护葡萄树，使之不受霜冻。差不多在所有各州的村落公社中都有所谓"居民的公益"(Bürgernutzen)——也就是说，他们公有许多母牛，以便供给各家牛油，或者保留着公有的耕地或葡萄园，把生产的东西分给公民，或者为了共同的利益把土地租给别人(迈士考夫斯甚的著作第 15 页)。[①]

无论在什么地方，只要村落公社还执掌着广泛的职能，成为国家机体的有生部分，只要它们没有陷入绝对贫困的境地，它们从来没有不好好照管它们的土地的，这可以说是已经成为一般惯例了。因此，瑞士的公社土地和英国的"公有地"的悲惨状况相比，形成了鲜明的对照。孚德和瓦勒两州公社所有的林地，管理得非常好，很符合现代林学的原则。在其他地方，公有土地中的一块块狭长的土地，按照再分配制度是要更换所有人的，然而它们的施肥情况很

---

① 莱杰伯格博士：《瑞士手册——国民经济》(*Handwörterbuch des Schweiz Volkswirthschaft*)，伯尔尼，1903 年。

好，特别是因为那里不缺少牧草和牲畜。高原上的牧场，一般都管理得很妥善，乡村的道路也十分良好。[①] 当我们赞赏瑞士的农舍和瑞士的山区道路、农民的牲畜、葡萄园台地和校舍的时候，我们必须记住，农舍所用的木材和石料经常是取自公有的森林和采石场的，并且在公有的牧场上牧放他们的母牛，道路和学校也都是共同修建的。要不是这样的话，它们就没有什么可赞赏的了。

在瑞士的乡村中，现在还依然存在着许多互助的风俗习惯，这也不需多说了。人们在傍晚时，依次到各家去参加剥胡桃仁的晚间聚会；黄昏时，妇女们一起参加给即将出嫁的姑娘缝制嫁妆的聚会；一个村民在修建房屋、收刈庄稼和其他一切工作中，都可以请人"帮助"；一个州和另一个州按例交换教育儿童，使他们能学习两种语言（法语和德语）等等，所有这些都是习以为常的事情。[②] 另一方面，遇到各种各样的新需要时，也本着同样的精神去做。例如，格拉鲁斯虽然在遇到一次大灾难时把阿尔卑斯山上的大多数牧场都卖掉了，但后来公社又继续购买了耕地，这些新买的土地由各个村民占用10年、20年或30年（时间长短随情况而定），以后又归还为公社的产业，并且按照大家的需要把它重新加以分配。

① 关于这一问题，在拉佛勒的《原始所有权》（*Primitive Ownership*）的德文本里，毕舍尔为其中很有启发性的一章（尚未译成英文）增补了一系列有关的材料。同时参看麦增的《日耳曼瑞士的农林制度、公有土地和乡区》（*Das Agrar-und Forst-Wesen, die Allmenden und die Landgemeinden der Deutschen Schweiz*），载《政治学年鉴》（*Jahrbuch für Staatswissenschaft*）1880年第4卷（关于迈士考夫斯基的著作的分析）；奥布利恩的《一个瑞士村庄的见闻录》（*Notes in a Swiss village*），载《麦克米伦杂志》（*Macmillan's Magazine*）1885年10月号。

② 结婚时赠送礼物，显然是村落公社的习惯的一种残余，它在瑞士大大帮助了新成立的家庭得到舒适。

他们组织了许许多多的制造生活必需品（面包、奶酪和葡萄酒）的小组合，这些组合的规模虽然有限，然而是共同劳动的；农业上的合作，在瑞士极容易推行。10个到30个农民就形成一个组合，这是常见的事情，他们共同购买牧场和土地，作为共同的所有人，大家共同耕种；至于售卖牛奶、牛油和奶酪的乳产业的组合，更是到处都有。事实上，瑞士就是这一种合作形式的发源地，并且它有各种各样为了满足各种现代需要而组织的或大或小的组合，可供我们进行广泛的研究。在瑞士的某些地区，差不多每一个公社为了防火、航运、维修湖岸码头和供水等，都组织了许多的组合。在这个国家里，由于现代的尚武精神，到处都成立了弓术家、射击家、地形学家和徒步探险家等组合。

然而，瑞士在欧洲绝不是一个例外，因为同样的制度和习惯也可以在法国、意大利、德国、丹麦和其他国家的农村中发现。我们方才谈到法国的统治者采取了怎样的办法来摧毁村落公社和夺取它们的土地，但尽管这样，在全部可耕地中仍然有十分之一，即1350万英亩（包括法国天然牧场的一半和将近全国五分之一的林地）仍然是属于村落公社所有。他们从森林中取得所需的燃料，大部分木材都是安排很好地由大家共同砍伐的；村民们的牲畜可以在牧场上随意牧放。在法国的某些地方（即阿尔得纳），残余的公社土地仍然是按照通常的方法分配给村民耕种的。①

这些额外的收入来源，对农业劳动者和将近300万有少量土

① 在法国整整24,813,000英宙的林地中，村落公社就占有4,554,100英亩，在法国11,394,000英亩的天然牧场中，属于村落公社的有6,936,300英亩。剩下来的2,000,000英亩是农田和果园等等。

地的自耕农来说，是很重要的，它们可以帮助贫苦的农民度过歉收的年月而不致卖掉他们那些小小的土地和欠下无法偿还的债务。如果没有这些额外的收入，小小的自耕农是否能够维持，就成疑问了。公有财产在道德上的意义虽然很小，但它们仍然比它们的经济重要性远为重大。它们在乡村生活中保持了互助的风俗习惯的核心，这无疑地对小土地所有者不顾一切的个人主义和贪欲的发展是一个有力的遏止。在乡村生活可能遇到的一切情况中进行互助，这在法国各个地方已经成为日常生活的一部分了。我们到处都见到各种名称的 charroi，即在收刈庄稼、摘取葡萄或修建房屋时请求邻居们给予无偿的帮助。我们到处都发现我们方才所说的在瑞士的那种傍晚集会。我们到处都可看到村民们联合起来协力进行各种工作。差不多所有描写法国乡村生活的人，都曾谈到过这种习惯。我曾要求我的一个朋友把他在这方面的见闻告诉我，因此在这里我最好是把不久前收到的他的来信给大家摘录几段。这些信是一位老年人写的，他住在法国南部的阿列日，他在自己的村子里当了好几年的村长。他所谈的这些事实，是他多年来的亲身体验，它们的好处是来自一个人自己所生活的地方而不是从广大地区收集来的。在这些事实中，也许有些似乎是琐碎的小事，但总的说来，它们刻画了一个乡村生活的小天地。

“在我们邻近的几个村子里，”我的朋友写道，“‘借助’(emprount)这个古时的习惯现在还很盛行。如果需要许多人手在一小块耕地上迅速完成什么工作的话——例如掘马铃薯或割草，他们便请来附近所有的年轻人，于是小伙子和姑娘们一群群地到来，欢欢喜喜地工作，而且不要任何报酬；傍晚，他们高高兴兴地吃过晚饭以后便开始跳舞。

“在这些村子里，当一个姑娘快要结婚的时候，附近的姑娘们便来帮助她缝制嫁妆。有几个村子，妇女们现在还是大批地纺纱。当她们需要在某一个人的家里卷线球时，她们在一个傍晚就可把它卷好——因为她们把所有的朋友都请来帮忙做这件事。在阿列日和西南部的许多村子里，剥玉蜀黍这项工作也是所有附近的人一块儿来做的。主人用栗子和酒来款待他们，干完活以后，年轻人便开始跳舞。在榨坚果油和捣大麻的时候，也是按照这种习惯做的。在L村，收获谷物的时候也是这样做的。由于主人以请大家吃一顿丰盛的酒筵为荣耀，所以辛勤工作的日子就变成了节日。他们不要任何报酬，大家都是互相帮助。①

“在S村，公有的牧场每年都有增加，所以，现在差不多整个村子的土地都成为公有的了。牧羊人由牲畜的所有的主人（包括妇女）选举。公牛属于全村所有。

“在M村，村民们把四五十小群的绵羊集合起来，然后再分成三个或四个大群赶到地势较高的牧场去。每一个主人都要当一个礼拜的牧羊人。

“在C这个小村子里，有几家人合买了一架打麦机，负责照管这架机器的15到20个人由各家摊派。另外又买了三架打麦机，出租给别人使用，然而是按照平常的办法请旁人来帮忙操作的。

① 在高加索，格鲁吉亚人的办法还要好。由于一顿丰盛的饭食花钱很多，贫苦人是办不起的，所以，那些来帮助干活的邻居还自带一只羊来。

“在我们 R 村里，我们要砌公墓的围墙，购买石灰和支付工匠工资所需的费用，由村会供给一半，其余一半由大家自愿捐助。至于运沙土、担水、拌灰泥和给泥水匠当帮手这些工作，都是由大家自愿去做的（正如卡巴尔人的村民议会一样）。乡村的道路也是以同样办法修筑的，即村民为修路义务工作若干日。其他的村子也用这个办法修建它们的水泉。榨葡萄的机器和其他较小的器具也经常是由全村保管的。”

我的朋友还询问了两个住在他那一带的人，他们说：

“几年前，在 O 村是没有磨坊的，现在，已向村民征收税款来修了一座。至于磨工，他们决定，为了避免欺诈和不公平的事情，每一个吃面包的人交给他两个法郎以后，磨麦子就不再付钱了。

“在 St. G. 村，没有一个农民保火险。如果发生了火灾——最近就发生过——所有的人都给受灾的家庭一些东西（比如说一大箩煤、一条床单、一把椅子，等等），这样，一个简陋的家庭就再建起来了。所有的邻居都来帮助他们修建房子，在修盖房子期间，这一家人就住在邻居家中，而且不用花钱。”

互相援助这种习惯——还可以举出许多这种习惯的实例——无疑地说明法国农民那样轻易地进行下列合作的原因：他们把犁头和拉犁的马匹以及葡萄榨汁器和打麦机交给自己村子中的一家人单独保管，由大家联合起来轮流使用这些东西，并且共同做各种农活。从古时起，村落公社就维修河道、砍伐森林、种植树木和排泄沼泽；这些工作现在还在继续进行。不久以前，在罗塞尔省的拉波恩，人们还共同劳动，把贫瘠的小山变成了富饶的园子。“大家背运泥土，修筑台地和种植栗树、桃树和其他果树，用两三英里长的渠道运水来灌溉。”最近，他们还开了一条长达 11 英里的新河道。①

近来，农民联合会（syndicats agricoles）或农民协会所以取得显著的成就，也应归功于这种精神。在法国，到 1884 年才允许成立 19 个人以上的团体，当人们鼓着勇气进行这种“危险的尝试”（在议会两院中是这样说的）时，不用说，官吏们所能想到的一切必要“预防措施”都采用了。但尽管如此，在法国仍然是到处都在成立这种联合会。起初，联合会成立的目的只是为了购买肥料和种子，因为这两种商业中的舞弊情况已经达到了惊人的程度。② 但是，联合会逐渐把它们的作用向各方面扩展，其中包括农产品的销售和土地的不断改良。在法国南部，由于葡萄虫的猖獗形成了灾害，于是就成立了许多葡萄种植者的组合。10 个到 30 个种植者便成立一个联合会，买一部抽水用的蒸汽机，并且作出必要的安排，便利轮流浇灌他们的葡萄园。③ 以预防土地遭受水淹、引水灌溉和维修渠道为目的的新组合不断在组成，按法律规定，所有这些

① 阿尔弗来德·波德里拉的著作，H. 波德里拉的《法国的农村人口》（*Les populations rurales de la France*）第 3 集第 479 页所引，巴黎，1893 年。

② 《经济学家杂志》（*Journal des Economistes*）1892 年 8 月号和 1893 年 5、8 月号上发表了在根特和巴黎两地的农业实验室所作的一些分析。舞弊的范围之广和“诚实的商人”的诡计之多，真是令人难以置信。在有些草类的种子中，混有百分之三十二的沙子，沙子是染过色的，甚至能骗过经验丰富的人的眼睛；在其他的货样中只有百分之五十二到二十二的纯净种子，其余的都是杂草。野豌豆的种子中有百分之十一的毒草（nielle）种子；使牛吃了长膘的面粉中含有百分之三十六的硫酸盐；其他的例子真是举不胜举。

③ 见上引阿尔弗来德·波德里拉著作第 309 页。起初是由一个葡萄园主担任供水，其他几个园主可以使用。波德里拉写道：“这种联合会的突出特点是，没有订立任何种类的文契，一切都是口头决定的。然而他们之间从没有发生过一次争执。”

都需要经过一个地方的农民一致同意，但这个规定也不能限制这些组织的形成。在别处，还有果农协会或乳业协会，其中有些协会不论每一头奶牛产奶多少，所有的奶油和奶酪都平分给每一个会员。在阿列日省，我们发现有八个独立的村子为了共同耕种它们合并在一起的土地便组织一个联合会。在同一个省的337个村子里，有172个村子成立了免费的医疗互助联合会，和这些联合会相联系的消费者的协会也成立起来，还有其他各种组合。[①] 阿尔弗来德·波德里拉写道："在我们的农村里，通过这些联合会（它们在每一个地区都有它们各自的特点）正在进行一次真正的革命。"

在德国的情况也十分相同。无论在什么地方，只要农民能够维护住他们的土地不被掠夺，他们就把他们的土地作为公有，这种制度在符腾堡、巴登、霍亨索伦和斯塔根堡的黑森省是颇为盛行的。[②] 公有的森林一般都保持得很好，成千的村落公社每年都把木材和燃料分给所有的居民；甚至现今在许多地方还保有"采樵

① 见上引阿尔弗来德·波德里拉著作第300、341等页。阿列日省圣吉罗奈联合会会长德尔撒先生写信给我的朋友，其大意如下："为了参加图卢兹展览会，凡是有我们认为值得展览的牛，我们联合会就把它们的主人组织起来。旅费和展览费由本会担负二分之一，每一个牛主担负四分之一，剩下的四分之一由得奖的展出人负担。结果，许多本来不可能参加的人都参加了展览。得最高奖金（350法郎）的人，把他们的奖金捐出了百分之十，至于那些没有得奖的，每人只花费了六到七个法郎。"

② 在符腾堡的1,910个村子中，有1,629个村子有公有财产。在1863年，它们所有的土地超过了100万英亩。在巴登的1,582个村子中，有1,256个村子有公有土地；在1884—1888年之间，它们有121,500英亩共同耕种的土地和675,000英亩林地（占森林总面积的百分之四十六）。在萨克森，有百分之三十九的土地属于公有（见席莫勒的《年鉴》，1886年，第359页）。在霍亨索伦，将近有三分之二的土地是属于村落公社的，在霍亨索伦-赫琴根，有百分之四十一的地产是村落公社的（见标亨伯格：《农业组织和农业政策》第1卷第300页）。

日”(Lesholztag)这个古老的习惯:当村子里敲起钟来的时候,大家便都到森林中去取木柴,能拿多少就拿多少。[①] 在维斯特法伦,我们发现有些村落是把它们所有的土地作为共同财产来耕种的,它们的方法很符合现代农业科学的各种要求。至于古老的村落公社的风俗和习惯,在德国的大部分地方迄今依然存在。请求别人帮助(帮助别人,是真正的劳动节日),在维斯特法伦、黑森和纳索是习以为常的事情。在木材丰富的地区,修盖新房子所需的木材,一般都是从公有的森林中砍伐的,而且所有的邻居都来参加修盖房子的工作。在法兰克福的郊区甚至还有这样一种习惯:在园丁中如果有一个人病了,所有种园子的人都在星期天来帮助料理他的园圃。[②]

在德国,也像法国一样,一到人民的统治者废除了他们取缔农民联合会的法令(只是在 1884—1888 年才废除),这些组合便开始以惊人的速度向前发展,尽管在它们的道路上仍然有种种法律障碍。[③] 标亨伯格说:“在成千个从来不知道什么叫做化学肥料和配合饲料的村落公社中,由于有了这些组合,每天都有人使用这两种东西,而且使用的数量之多,是预想不到的,这一点的确是事实。”(第 2 卷第 507 页)通过这些组合,他们购买了种种节省劳力的工具和农业机器以及良种牲畜,并且还开始采用了改进品种的各种

---

① 毕舍尔在拉佛勒的《原始所有权》一书中特别补充了一章,他在这一章里收集了一切有关德国村落公社的材料。

② 见毕舍尔同上书第 89、90 页。

③ 关于这方面的法律和以繁琐的文牍与监督这些形式出现在它们发展道路上的许多障碍,参看标亨伯格的《农业组织和农业政策》第 2 卷第 342—363 页和第 506 页的注释。

办法。销售农产品和不断改良土地的组合也成立起来了。[1]

从社会经济学的观点来看，农民所作的这一切努力肯定是重要性很小的。它们实际上不能减轻，更不能永久减轻整个欧洲的农民注定要遭遇的灾难。但是，从我们现在所考虑的道德观点来看，对它们的重要性是不论怎样看也是不会过分的。这些努力证明：甚至在现今不顾一切后果的个人主义制度到处流行的情况下，农民群众仍然忠实地保持了他们所继承的互助习惯。虽然国家用冷酷无情的法律破坏了人与人之间的关系，但是，一到国家放松了这些法律的束缚，这种关系便不顾无数政治的、经济的和社会的困难立刻又重新建立起来，而且所采取的形式最适合于现代生产的要求。它们指出了将来必须向着什么方向和采用什么形式向前发展。

我可以毫不费力地从意大利、西班牙和丹麦等国中举出大量的例子，指出每一个国家所特有的一些有趣的特点。[2] 应该提到的是，在奥地利和巴尔干半岛上的斯拉夫人中间，现在仍然存在着“复合家庭”或“未分家庭”。[3] 但是，我急于想谈一谈俄国的情况，在那里，上面所说的互助倾向采取了前所未见的一种新形式。此外，在论述俄国村落公社的时候，我们有大量的材料可以利用，这些材料是由几个地方自治会（zemstvos）最近在俄国不同地区的将

① 见标亨伯格同上书第 2 卷第 510 页。农业联合总会包括了 1,679 个会社。在西里西亚，最近有 73 个联合会把 32,000 英亩土地上的水排干了；在普鲁士，有 516 个联合会把 454,800 英亩土地上的水排干了；在巴伐利亚，排水和灌溉的组合达 1,715 个之多。

② 参看附录 12。

③ 关于巴尔干半岛，见拉佛勒的《原始所有权》。

近两千万农民中挨家挨户进行调查收集的。[①]

从俄国的调查所收集的大量材料中,可以得出两个重要的结论。在俄罗斯的中部,足足有三分之一的农民,由于沉重的捐税、只分到很少的贫瘠土地、高额地租、完全歉收时还要苛征赋税等原因,完全破产了。在那里,在解放了农奴之后的第一个25年间,的确产生了在村落公社的土地上形成了个人财产的严重倾向。有许多穷得“没有马的”农民抛弃了他们所分得的土地,而这些土地往往就变成了有额外的商业收入的富农或外地商人的财产;这些人之所以购买土地,主要是为了向农民榨取高额的地租。需要补充说明的是,在1861年颁布的土地赎买法中有这样一个缺陷:它给了这些人以种种的便利,使他们可以用很少的钱购买农民的土地[②],而且,国家的官吏又大都利用他们的巨大势力助成个人的占有,以破坏村落的公有。但是,最近20年来在俄罗斯中部的农村中,又刮起了一阵反对私人占有的风暴,居于富农和贫农之间的大量农民坚持不懈地竭力维持村落公社。至于南方富饶的平原(现在是俄国欧洲部分最富足和人口最稠密的地区),大部是在国家承认私人

---

① 在四百五十卷的调查材料中,有将近一百卷谈到了有关村落公社的事实,这些事实业经维·维在《农民社会》(圣彼得堡,1892年)这本优秀的俄文著作中加以分类和归纳,这本著作,除了具有理论价值以外,还提供了有关这个问题的丰富材料。由于上述的调查,产生了大批著作,在这些著作中,现代的村落公社问题第一次跳出了概论的范围,获得了十分详细的可靠事实的坚固基础。

② 这种赎款可以在49年内以年金偿还。时间一年一年地过去,大部分的赎款付清以后,剩下来的小部分赎款就更容易偿清了;此外,由于每一份土地都可以由个人赎买,所以商人们就利用这个便利条件以一半的价钱购买破产农民的土地。后来,通过了一项法令来制止这种买卖。

所有或占用的制度下，在本世纪里开始向这里移民的。但是，自从借助于机械的改进农业方法传入这个地区以后，自耕农便逐渐开始自动把他们私有的土地改为公有，现在，在俄国的这个谷仓里，我们发现已经有非常多的自发地组成的新村落公社①。

我们已经掌握了详细材料的克里米亚和位于它北部的那一部分陆地（陶里达省），提供了这一运动的最好例证。这个地区自1783年合并之后，大俄罗斯人、小俄罗斯人和白俄罗斯人——哥萨克、自由民和逃亡的农奴——便开始一个人一个人地或一批一批地从俄国的各个地方移民到这儿来。他们首先是从事牧畜，以后，当他们开始耕种土地的时候，他们每一个人能耕种多少就耕种多少。但是，由于移民的继续涌至，同时又传入了完善的耕犁，所以就需要大量的土地，这时候，在移民中间便开始发生了激烈的争执。这些争执经年累月地延续下去，直到那些从前一无联系的人们逐渐认识到必须采用村落公有制来结束这种争执为止。他们就做出这样的决定：私人所有的土地，今后应该成为属于公有的财产，同时，他们开始按照一般村落公社的规则把他们的土地加以分配和再分配。这个运动逐渐大为扩张，陶里达省的统计学家发现，在一个很小的地区里，主要在1855—1885年间由当时的业主自动以土地公有制来代替土地私有制的就有161个村落。移民们自

① 维·维先生在他的《农民社会》中收集了一切同这个运动有关的事实。关于俄罗斯南部农业的迅速发展和机器的推广，英国的读者在《领事报告书》（敖德萨，塔干洛格）中可以找到这方面的材料。

由地创造了各种类型的村落公社[①]，这个变化的特点是，它不仅发生在习惯于村落公社生活的大俄罗斯人中间，而且也发生在小俄罗斯人（他们在波兰的统治下早已忘记村落公社了）、希腊人和保加利亚人中间，甚至在日耳曼人中间也发生了，他们在自己繁华的和半工业化的伏尔加移民地很早以前就创出了他们自己特殊类型的村落公社。[②] 当然，在陶里达省的信奉伊斯兰教的鞑靼人是按照限制个人占有的伊斯兰教的习惯法来处理他们的土地的，但是，即使在他们中间也偶尔有采用欧洲村落公社制度的时候。至于陶里达省的其他民族，废除私有制的，有六个爱沙尼亚人的村落、两个希腊人的村落、两个保加利亚人的村落、一个捷克人的村落和一个日耳曼人的村落。

这一运动，是所有南方肥沃的草原地区的特点。但是，在小俄罗斯也发现有个别的例子。例如在契尔尼戈夫省的许多村落里，农民们从前有私有土地的，他们各有合法的田契，他们常常把他们的土地出租和随意变卖。但是在 19 世纪 50 年代，在他们中间便开始了一个土地公有运动，主要的原因是贫困的人家愈来愈多。关于这种改革——由一个村落发起，其他的村落跟着进行——据记载最后一次是在 1882 年。当然，在通常主张公有制的穷人和通常偏爱个人所有制

① 有时候，他们的做法是极为谨慎的。有一个村落，他们开始是合并所有的牧场，只有一小部分耕地（每人约五英亩）交给公有，其余的耕地仍属个人。后来，在 1862—1864 年这个制度便扩大了，但只是到了 1884 年才全部实行公有。——维·维的《农民社会》第 1—14 页。

② 关于门诺教派的村落公社，参看克劳斯的《我们的殖民地》（*Our Colonies*），圣彼得堡，1869 年。

的富人之间是有斗争的，而且这种斗争往往持续好几年。有些地方，因为得不到法律所要求的一致同意，所以一个村落便分化为两部分：一部分采用个人所有制，另一部分采用公社所有制；后来，两部分又合而为一，但有些就一直分化下去了。至于俄国中部，许许多多本来在向着个人所有制这一方向走的村落，在 1880 年开始了一个赞成重新建立村落公社的群众运动，这的确是事实。甚至在个人所有制下面生活了许多年的自耕农也大批大批地回到了公社生活中。例如，有相当多的从前的农奴虽然所得到的土地只有法定分配面积的四分之一，然而他们不需交付赎金就可把这些土地作为他们个人所有；1890 年，在他们当中（在库尔斯克、梁赞、唐波夫和奥廖尔等省）发生了一次把所分得的土地合并起来、采行村落公社的广泛运动。按照 1803 年的法令从农奴制度中解放出来的“自由农户”，虽然各家都分别购买了他们所分得的土地，但现在差不多都在他们自发采用的村落公社制度中生活了。所有这些运动都是最近发生的，而且非俄罗斯血统的人也参加了这些运动。例如蒂拉斯波耳地区的保加利亚人在私有财产制度下生活了 60 年之后，在1876—1882 年又实行了村落公社制度。在别尔佳扬斯克，德国门诺教派教徒在 1890 年曾经为实行村落公社而斗争，而浸礼派的德国小土地所有者也为了同一目的在他们的村落中进行鼓动宣传。再举一个例子，在萨马拉省，俄国政府在 40 年代曾试办了 103 个实行个人所有制的村落。每一家人都得到了 105 英亩的肥沃土地。然而在 1890 年，在 103 个村落中已经有 72

个村落的农民表示了实行村落公社的愿望。我谈的这些事实，都是取材于维·维的那本优秀著作，而他也只是把上述逐户调查所得的材料分门别类地列举出来罢了。

这种赞成公有制的运动，和现今流行的经济学说简直大为相反，根据这些学说，集约耕作(intensive culture)和村落公社是不相容的。对这些学说的最厚道的评语是它们从来没有经过实际考验：它们是属于政治上形而上学领域的事物。相反，我们在前面所说的那些事实表明，无论在什么地方，如果俄国的农民具有各种顺利的环境而不像他们通常的那样穷困，如果在他们当中出现了有知识和有主动性的人，那么，他们即将把村落公社作为改进农业和农村生活的唯一手段。从下列事实就可看出，在俄国也像在其他地方一样，导向进步的是互助而不是个人反对整体的竞争。

在尼古拉一世的统治下，许多皇家官员和农奴主把谷物借给最穷苦的村民之后，为了充实村中的仓廪，便常常强迫农民共同耕种一小块一小块的村有土地。这样的耕作方法，使农民们痛苦地联想到农奴制度的悲惨境况，因此，在废除农奴制度时人们就把它抛弃了；但是现在，为了自己的利益，农民重又采用了这种方法。在一个地区里(例如在库尔斯克的奥斯特罗戈日斯克)，只要一人首倡，就足以使五分之四的村落又恢复这种制度。在其他的几个地区也是如此。在预定的日子，村民们都来到田里，较富裕的带一把犁头或一辆车，较贫穷的空着两手，但从来没有人企图对哪一个人的一份工作有所歧视的。以后的收获，或者用来借给穷苦的村民，而且大部分是无偿地补助的，或者用来供养孤儿寡妇，或者用来供作乡村教堂和学校的需用，或者用来偿还村落的债务之用。[①]

日常乡村生活中的各种工作（例如维修道路和桥梁、修筑堤坝、引水灌溉、排水、伐木和植树等等），可以说都是由整个村落里的人来做的，土地由全村人出租，牧草也由全村人来刈割（像托尔斯泰所描写的，男女老幼一齐下手），所有这些，只有生活在村落公社制度下的人才能办到。[②] 这些工作在整个俄国乡村中每天都在进行。而村落公社也从来不反对现代的农业耕作方法，如果它负担得起所需要的费用的话，同时，如果迄今只有富人才有的知识能够为农民所掌握，那么它一定会被用来改进农业的。

方才说过，改良的耕犁在俄国南部很快地到处推广开来，而在许多情况下是村落公社在帮助推广使用这种耕犁的。村中买上一具犁在一块公有土地上试用过以后，便告诉制犁的人加以必要的改进，由于村落公社把这看作是一种乡村工业而时常帮助制造廉价的耕犁。当这个运动开始的时候，莫斯科地区的农民在五年内就购买了 1,560 具耕犁，而这股力量，是来自为改良耕作方法这一特殊目的而集体租种土地的那些公社。

在东北部（维亚特卡），农民的小组合带着簸谷机（制造这种机器是某一产铁地区的一项农村工业）到各邻省去推广这种机器的

① 据我们所知，实行这种耕作方法的，在奥斯特罗戈日斯克地区的 195 个村落中，有 159 个村落；在斯拉费扬诺塞尔布斯克的 187 个村落中，有 150 个村落；在亚历山大罗夫斯克有 107 个村落；在尼古拉耶夫斯克有 93 个村落；在伊丽莎白格勒有 35 个村落。在一个日耳曼人的移民地中，共同耕作的收获用来偿还村中的债务。虽然在 155 家人中只有 94 家有借债，但大家都一起来参加这一工作。

② 在维·维的《农民社会》第 459—600 页上可找到地方自治会的统计学家所列举的这些工作。

使用。打谷机所以能在萨马拉、萨拉托夫和赫尔松推广，应该归功于这些农民的组合，因为它们可以买得起个体农民买不起的昂贵机器。我们所读过的经济论文差不多都说，当谷物的轮种方法代替了三耕制的时候，村落公社就注定要消灭，但我们知道，在俄罗斯却有许多村落公社是主动提倡谷物轮种的。在采用这种方法以前，农民们常常拨一部分公地来做人工牧场的试验，所用的种子由公社购买。[①] 如果试验成功的话，他们就毫无困难地重分他们的土地，以便适合四耕制或五耕制。

现在，莫斯科、特维尔、斯摩棱斯克、维亚特卡和普斯科夫的千百个村落都采用这种耕作制了。[②] 在匀得出土地的地方，这些村落公社也把它们的土地分出一部分来种植果树。小型模范农场、果园、菜园和育蚕场（在乡村教师或乡村志愿工作者的领导下，由乡村学校所发动）近来在俄国所以突然发展起来，也是由于村落公社对它们的支持。

此外，也经常进行像排水和灌溉这些长期性的改进工作。例如，在莫斯科省的三个地区（它们在很大程度上是工业区），最近

---

① 在莫斯科省，这种试验往往是在前面所说的留作共同耕种之用的土地上进行的。

② 在1894年第256－258期的《官报》上载有几件这种和类似的改进耕作方法的事例。“没有马的”农民组合在俄罗斯南部也开始出现了。另外一件极其有趣的事情是，在西伯利亚的西南部突然发展了许多制造奶油的乳制品组合。在托博尔斯克和托姆斯克出现了成千个这样的组合，但是，谁也不知道这个运动是从什么地方兴起的。它是由丹麦的乳制品合作者介绍来的，他们经常把他们质量较好的奶油运销到西伯利亚，而自己则食用质量较差的奶油。经过几年的贸易之后，他们便把这种乳制品组合介绍到西伯利亚来了。经过它们自己的努力，现在已有巨大的奶油输出业由一个乳制品组合经营了，而且还在乡村中开设了1,000多个合作商店。

10年来完成了大规模排水工程的村落，不下180到200个之多，都是村民们自己动手用铲子完成的。在俄罗斯另一端的干燥的诺沃乌晋草原上，村落公社修建了1,000多道塘堰，打了几百口深井；而在东南部的一个富庶的日耳曼人移民区，男女村民接连工作了五个星期，为灌溉修起了一条长达两英里的堤坝。在对干燥气候的斗争中，单独的个人能有什么作为呢？当俄罗斯南部遭到土拨鼠的危害，所有居住在那块土地上的人，不论贫富，也不论是公有财产者还是个人主义者，消除这种祸患都得依靠双手奋斗的时候，凭个人的努力又能取得什么结果呢？把警察叫来，是没有什么用的；只有联合起来才是唯一可行的补救办法。[①]

现在，我们谈了这么多关于“文明的”国家中的农民实行互助和互援的情况以后，我看出我还可以从亿万也是处在或多或少中央集仅国家的监护之下但未接触现代文明和现代思想的人们的生活中举出许多这类例子来写满一部八开本的书。我可以描述一个土耳其人村落的内部生活和它一系列值得称赞的互助的风俗习惯。在翻阅我写满高加索农民生活状况的笔记时，我碰到许多关于互助的动人事例。在阿拉伯的“村民议会”和阿富汗的“普拉”中，在波斯、印度和爪哇的乡村中，在中国人的大家庭中，在中亚细亚的半游牧人和遥远北方的游牧人的营地中，我也发现了同样的

① 不幸的是，1906年的法令对村落公社的这种进步创造性的新发展是一次严重的打击，俄国政府企图用这项法令来废除村落公社。政府给个体农民以极大的便利，使他们能够把在村落公社土地中的自己一份地收回为个人的财产，而地方政府的一切权力也被用来破坏村落公社。俄国西南和西北某些省份中的村落公社本来已经在瓦解，因而达到了他们的预期目的，但大多数省份中的农民对这个新法令进行了消极的抵抗；所以，未来的结果如何现在还很难以预料。

互助习惯。在参考我从非洲的文献中随手摘录下来的笔记时，我发现其中也记满了类似的事实，例如请人帮助收刈庄稼，请村里的居民都来帮助修建房屋（有时候是修理被文明的海盗们所破坏的房屋），有事时互相帮助、保护旅客以及其他等等情况。当我深入研究像波士特的非洲习惯法撮要这样的著作时，我了解到，尽管有暴政、压迫、抢劫和骚扰、部落战争、贪婪的国王、骗人的巫师和僧侣、劫卖奴隶的商人等等祸害，非洲人民为什么仍然没有在森林中迷失方向，他们为什么还能保持一定的文明，并且依旧是人类而未堕落到残余的、退化的猩猩那种水平。事实是，劫卖奴隶的商人、掠夺象牙的强盗、好战的国王、马泰伯勒和马达加斯加的“英雄们”都消灭了，留下来的只是他们的标志着血和火的痕迹，但是，在部落和村落公社中成长起来的互助制度和风俗习惯的核心却依然存在下去，它使人类结合成社会，使它向文明前进，而且准备在人类接受文明而反对战争的日子到来时，立刻就可接受文明进步。

以上所说的，也适用于我们的文明世界。自然灾祸和社会灾祸是会消失的。整个地区的人定期地遭受到苦难或饥饿；亿万人的生活源泉被破坏，从而陷入城市贫民的困境中；亿万人的理性和情感被为少数人利益而创造的教育所败坏，所有这一切的确是我们生活的一部分；但是，互助的制度和风俗习惯的核心依然存在于亿万人中，它使他们团结在一起。他们宁可固守他们的习惯、信念和传统而不愿接受个人反对整体的竞争这种论点。这种论点在对他们提出时虽被冠以科学之名，但它根本不是科学。

第八章　我们现代人之间的互助(续)

在国家摧毁行会之后成长起来的工会　工会的斗争　罢工中的互助　合作　为各种目的而成立的自由组合　自我牺牲　以各种可能的形式进行联合行动的无数社团　贫民窟中的互助　个人的帮助

当我们研究欧洲农民的日常生活时,我们发现,尽管现代的国家采取了各种摧毁村落公社的办法,但在农民的生活中依然充满了许许多多互助和互援的风俗习惯。土地公有的重要痕迹现今依然存在;并且当后来排除了乡村组合所遇到的法律障碍时,在农民中便迅速成立了为各种各样经济目的而组成的自由组合——这一新兴运动的倾向,就是在重建某些类似古代村落公社的组合。这就是上一章所得的结论。现在我们就要研究,在工业人口中目前能够找到什么样的互助制度。

近三百年来,互助制度在城市中的发展情况也如同在乡村中一样,都是不利的。大家都知道,当中世纪的城市屈服于 16 世纪的新兴的军事国家之下的时候,所有一切使工匠、师傅和商人结合在行会和城市中的那些制度,的确都被猛烈地摧毁了。行会和城市的自治和独立裁判权都被取消;行会会员之间宣誓彼此忠实信守的事情，被视为对国家犯了重罪；行会的财产也像村落公社的土地那样被没收；每一个行业的内部组织和技术组织都被国家所控制。禁止手工业者以任何方式进行联合的法令，愈来愈严厉。有一个时期，有名无实的旧行会是容许存在的：商人行会在对国王大量献纳补助金的条件下是准许存在的，而手工业者的行会则被保存下来作为管理机构。有些行会现今还在苟延它们那毫无意义的生命。但是，从前作为中世纪生活和工业的生命力的那些东西，在中央集权国家的严重打击下早已消失了。

在最能说明现代国家工业政策的英国，我们看到早在15世纪时议会就开始摧毁行会了；但是一直到16世纪时才对它们采取了具有决定性的措施。亨利八世不仅摧毁了行会的组织，而且还没收了它们的财产，正如陶尔明·斯密士所写的那样，亨利八世所采用的借口和手段，比他在没收寺院财产时所采用的借口和手段还要不合情理。[①] 爱德华六世完成了他的事业，[②]在16世纪后半叶，我们看到议会已经是在处理手工业者和商人之间的一切争端了，而这些争端在从前是分别归各个城市解决的。议会和国王不仅制定了解决各种争端的法律，而且，考虑到国王在对外贸易上的利益，不久以后又规定了每一种行业中的学徒人数，同时还详细订定了每一种制成品的制造技术，如材料的重量、每码布的纱数等等。必须说明的是，

① 陶尔明·斯密士：《英国的行会》，伦敦，1870年，序言，第63页。

② 《爱德华六世法令》（他登上王位后的第一条法令）规定，“所有一切在英格兰、威尔士和英王的其他领地内的兄弟会、友谊会和行会，以及属于它们或它们中任何一个会的一切庄园、土地、房产和其他不动产”均应交与国王（《英国的行会》，序言，第63页）。并参看奥钦科夫斯基的《中世纪末叶英国经济的发展》，耶拿，1879年，第2－5章。

所有这一切都并未获得什么成功;因为要想解决这些争端和技术上的困难完全是中央集权国家的能力所不及的,在接连的几个世纪以来,这些都是由彼此密切依赖的行会和联盟的城市用协议的办法来解决的。国家官吏的不断干预,使各个行业为之瘫痪,使它们大部分都陷于完全衰败的局面。当18世纪的经济学家起来反对国家对工业的控制时,他们只不过是吐露了大众的不满心情而已。法国大革命取消了这种干涉,于是人们纷纷表示拥护,把它看做是一项解放的事业,而其他各地不久也随着仿效法国的榜样。

在规定工资方面,国家也没有取得更大的成就。在中世纪的城市里,当师傅和学徒或帮工之间的区别在15世纪愈来愈明显时,学徒同盟(这一团体有时候带有国际性)便对师傅和商人的同盟采取了对立的态度。而在这时,是由国家来消除他们的痛苦了,根据伊丽莎白时代1563年颁布的法令,必须由治安法官确定工资,以保证帮工和学徒的"适当"生活。然而事实证明治安法官无法调和这种互相冲突的利益,更无法强使那些师傅服从自己的决定。于是这项法令渐渐变成了一纸空文,而在18世纪末也就被取消了。但是,国家虽然一方面这样放弃了规定工资的权力,另一方面却继续严禁帮工和工人为提高工资或为保持一定工资水平而结成的各种团体。在整个18世纪,国家不断地制定了许多禁止工人结社的法令,而且在1799年竟以严惩为威胁,最后禁止了一切社团。事实上,英国议会在这个问题上只是仿效了法国革命议会的例子,法国革命议会颁布了一项严禁工人集会结社的法律——一定数目的公民结成团体,被认为是企图反对国家的主权,而国家本身是平等地保护它的一切人民的。破坏中世纪的各种团体的工作，就此完成。国家在城市和乡村中所统治着的，全是个人的散漫的结合体，并且准备采取最严厉的手段禁止它们重新建立任何一种独立的团体。互助的倾向要在19世纪向前发展，就得在这种条件下进行。

任何这类手段也不能摧毁这种倾向，这难道还用得着说吗！在整个18世纪里，工人的工会不断地重新建立了起来。[①] 根据1797年和1799年的法律所进行的残酷迫害，也不能阻止它们。只要监督上稍有漏洞，只要师傅们疏于告发，工人们的团体便趁机成立起来。在友谊会、丧事协会或秘密兄弟会的掩护下，在纺织工业中，在设菲尔德的刀匠和矿工中，到处都成立了工人的工会。而且还成立了有力的联合组织，以便在罢工和遭受控告时支援各个部门的工会。[②]

禁止工人结社条例于1825年废除了，这刺激了运动的发展。在各个行业中都成立了工会和全国联盟[③]；当罗伯特·欧文着手建立“全国职工大同盟”时，只在几个月内就集合了五十万成员。事实上，这个比较自由的时期并不长久。到19世纪30年代又开始了新的迫害，跟着便是著名的1832—1844年的狂暴迫害。“全国大同盟”被解散，在全国各地，雇主和政府在工厂中强迫工人和

① 参看韦伯夫妇的《工会运动史》(*History of Trade-Unionism*)，伦敦，1894年，第21—38页。

② 参看悉尼·韦伯著作中所列举的当时存在的那些团体。伦敦的手工业者据说从来没有像他们在1810—1820年组织得那样好。

③ “全国劳工保护协会”大约包括150个独立工会，它们缴纳很高的会费，会员约10万人左右。建筑工人工会和矿工工会也都是很大的组织(上引韦伯的著作第107页)。

工会断绝一切联系，并签署说明这样做的“文书”。大批的工会会员受到“雇主和佣工条例”的严重迫害——只要雇主控告工人有不当行为，工人立刻就要被逮捕起来惩办[①]。镇压罢工的方式非常横暴，只要宣布罢工，或者在罢工中充当代表，就要被处以骇人听闻的刑罚，至于对罢工骚动实行军事镇压，在时常爆发的激烈行动以后的判刑，那就更不用说了。要在这种情况下实行互助是很难的。然而，尽管有我们这一代人几乎难以想象的种种障碍，工会却在 1841 年重又开始活跃起来，工人们此后一直保持了他们的团结。经过了一百多年的长期斗争之后，他们终于获得了结合在一起的权利，到 1902 年，在长期雇用的工人中差不多有四分之一，即 150 万人参加了工会。[②]

至于说到欧洲的其他国家，只消谈一谈下列的情况就够了：在这些国家，直到最近以前，还在把各种工会当作不法团体来迫害；尽管工会往往不得不采取秘密组织的形式，但它们仍然在各地都存在；而工人的组织，特别是美国和比利时的劳工协会(Knights of Labour)，其范围之广和力量之大，已为 1890—1900 年的罢工

① 我在这方面，根据韦伯先生的著作，在他的著作中充满了证实他的论点的文件。

② 从 40 年代起，富人阶级对工会的态度有了巨大改变。但是甚至在 60 年代雇主们还合力进行了一次巨大的反击的尝试，企图以对全部工人闭厂的办法来摧毁工会。到 1869 年，只要同意罢工或张贴罢工的布告，往往就要被当作煽动行为来处罚，更不用说在罢工时担任防止破坏罢工的纠察工作了。直到 1875 年取消了“雇主和佣工条例”以后，和平的纠察工作才被许可，而在罢工时有“暴行和恐吓”行为才按照普通法律来处理。但是，在 1887 年码头工人罢工时，工人们还是不得不动用他们的救济金来在法庭上争取他们的纠察权，而在本世纪最初几年所施行的迫害，又有使他们所争得的权利再度化为乌有的危险。

所充分说明了。然而，我们必须记住，除了遭受迫害以外，单单是属于工会这一事实本身，就意味着在金钱、时间和无偿的工作方面作了很大的牺牲，而且，仅仅由于是一个工会会员，便经常有失去工作的危险。[①] 并且，一个工会会员又必须经常面对罢工；而罢工的严酷现实是：使工人家庭在面包店和当铺里的有限的一点信用很快便完全丧失，而罢工期间所得的救济金甚至还不够购买食物之用，孩子们的脸上不久便显露出饥饿的痕迹。对一个和工人有密切接触的人来说，长期罢工是最令人痛心的情景；不难想象，在四十年前的英国和即使在现今欧洲最富裕的地区，罢工将意味着什么。甚至在目前，罢工的结局也将不断迫使整个地方的人口完全破产和被迫迁移国外告终，而罢工者为了一点儿小事或竟无缘无故地即被枪杀[②]，这在欧洲大陆迄今仍然是司空见惯的事情。

然而，在欧洲和美洲每年仍然有几千起罢工和闭厂停工的事情——一般的说，最激烈和最持久的斗争，是为了援助被闭厂解雇的同志或维护工会权利而进行的所谓“同情罢工”。有一部分报纸往往以“威胁”来解释罢工，但是在罢工者中间生活过的人则怀着钦佩的心情谈论罢工者经常实行的互助和互援。每一个人都听说过下述的事实：在伦敦码头工人罢工的时候，许多工人为了筹办救

① 从 18 个先令的工资中每周捐 6 个便士，或者从 25 个先令中捐 1 个先令，其意义比从 300 镑的进款中捐九镑还要大得多，因为这样的捐款大都是从饭碗中节省下来的；而且在一个兄弟工会宣布罢工时还要加倍捐献。韦伯夫妇在他们的著作(第 431 页以下)中载有一个技术工人对工会生活的生动描写，它使我们可以很好地了解一个工会会员要做多少工作。

② 见 1894 年 5 月 10 日奥地利议会关于奥地利法尔克纳罢工事件的辩论，在这次辩论中，大臣和煤矿主都充分承认了这点事实。并参看当时的英国报纸。

济事宜自动地做了许多工作；有些矿工自己也是好几个星期没有工作了，但一旦有了工作便捐出四个先令作为罢工的基金；一个矿工的寡妻在 1894 年约克郡大罢工斗争中把她丈夫一生的积蓄全都拿出来作为罢工的基金；最后一片面包也永远要和邻居分享；拉德斯托克的矿工由于有较大的菜园，便和四百个布里斯特耳的矿工来分享他们的卷心菜和马铃薯等蔬菜；以及其他等等。在 1894 年约克郡矿工大罢工期间，所有的新闻记者都知道许多这样的事实，虽然他们并不是全都能够把这些"无关的"事情报道给自己的报纸。[①]

然而工会并不是工人表现他们的互助需要的唯一形式。此外，还有政治组织，许多工人都认识到，由于现在工会对于工人的目标的贡献大受限制，所以不如政治组织的活动更能增进大众的福利。当然，单单是属于一个政治组织，还不能看做是互助倾向的一种表现。我们都知道，在政治这个领域中，社会中的纯粹自利因素和利他愿望是交织难分的。但是每一个有经验的政治家都知道，一切伟大的政治运动都是为了伟大的、时常是遥远的目标而奋斗的，而其中鼓起人们最无私的热情的，就是最有力量的运动。所有伟大的历史性运动都具有这一特点，对我们这一代人来说，社会主义就是这样的运动。那些丝毫不懂得社会主义的人们无疑最喜欢用的口头禅是什么"雇用的煽动者"。然而，仅就我个人所知道的来说，事实是这样：如果我在这二十四年来写有一本日记，其中

① 这样的事实，在 1894 年 10、11 月的《每日纪事报》(Daily Chronicle)上可以找到很多，在《每日新闻》(Daily News)上也可以找到一部分。

记录了我在社会主义运动中所见到的献身和自我牺牲的行为，那么，读这本日记的人将称道这些行为是“英雄的行为”。但是，我所谈的这些人，并不是什么英雄，他们都是被伟大理想所鼓舞的普通人。每一种社会主义的报纸(只在欧洲就有几百种这样的报纸)，都有长年累月地甘心牺牲而不望任何报酬的历史，而且绝大多数都没有任何个人的野心。我曾见过许多家无隔宿之粮的家庭，丈夫因为替报纸工作在他的小城中到处受排挤，全赖妻子替人做针线活来维持家庭，这种情况继续了好多年，直到这一家人后来不得不告退，但他们毫无怨言，只是说：“继续干下去；我们已经不能坚持了!”我曾看见过许多即将死于肺病的人，他们自己也知道这种情况，却仍旧在下雪下雾的日子里忙着筹备会议，在会上发表演说，直到临死前几个星期才进医院，这时他们只说：“现在，朋友们，我已经不行了；医生说我只有几个星期可活了。告诉同志们，如果他们能来看一看我，我会感到很高兴。”我看到的一些事实，如果在这里讲起来的话，也许会有人说是被“理想化”了的；这些人的名字，除了很少几个亲密朋友之外，是没有人知道的，当他们的朋友也死去的时候，他们的名字很快也就被人遗忘了。事实上，我自己也不知道哪一个最受人钦佩：是这些少数人的无限的献身呢，还是大多数人的微小的献身行为的总和。每售出一便士一份的报纸，每一次集会，在选举时社会主义者所赢得的每一百张选票，都包含着局外人再也想象不到的巨大精力和牺牲。社会主义者现在所做的工作，就是过去为群众所拥护的每一个进步党派(政治的和宗教的)所做的工作。所有一切过去的进步，都是这样的人和这样的献身行为所促成的。

合作,往往被看做是"合股的个人主义",在英国更是如此。就它现在的情况来说,它无疑倾向于培养对整个社会,甚至对合作者彼此间的合作的利己主义精神。然而合作运动起初在本质上确实具有互助的特点。甚至现在,最热心于倡导合作运动的人还是认为它可以使人类在经济关系上达到更和谐的境地,只要到英国北部合作事业的根据地去待上一些时候,就一定会发现大多数合作社的一般成员也抱有同样的看法。如果丧失了这个信念,他们大多数人便将失去他们对合作运动的兴趣;必须承认:最近几年来,对大众福利和生产者的团结一致这一宏伟的理想已开始在合作运动者中间流行起来。现在,在合作事业所有者和工人之间的确有了建立更好的关系的倾向。

合作的重要性,在英国、荷兰和丹麦是人人都知道的;而在德国,特别是在莱茵河一带,合作组织也已经成为工业生活中的一个重要因素。[①] 然而,在各方面都提供了研究有关合作问题的最好园地的,也许是俄国。合作运动在俄国是自然成长起来的,是从中世纪继承下来的遗产;要成立一个正式的合作组织,必须克服许多法律上的困难和官厅的猜疑,因而非正式的合作组织——阿尔切尔——就构成了俄国农民生活的实质。"俄国形成"的历史和西伯利亚的殖民史,就是打猎和经商的阿尔切尔(或叫行会)的历史,而在它之后,就是村落公社,现在,我们发现到处都有阿尔切尔了。从同一个村子到一个工厂去工作的十个到五十个农民、建筑行业

① 莱茵中部的31,473个生产和消费团体,一年(大约是1890年)的费用达18,437,500英镑;那一年借出的款项有3,675,000英镑之多。

中的各种工人、渔民和猎户、流放到西伯利亚或已经在西伯利亚的罪犯、铁路搬运工人、电信局的信差、海关工人、在各地乡村工业中工作的700万工人——总之，从高级到低级的劳动人民，从临时工到长期工人都以各种可能的形式进行生产和消费的合作。直到现在，在注入里海的各个河流上的许多渔场，依然是由庞大的阿尔切尔掌管的，乌拉尔河属于整个乌拉尔的哥萨克人，他们把那儿的渔场（也许是世界上最富饶的渔场）在各个村子之间加以分配和再分配，毫不受官方的任何干涉。在乌拉尔河、伏尔加河以及所有俄国北部湖泊上的捕鱼业，一直是由阿尔切尔经营的。除了这些永久的组织以外，还有无数为了各种特殊目的而组成的临时的阿尔切尔。当十个或二十个农民从某一个地方来到大城市中做织工、木工、泥水匠或造船匠的时候，他们总是组成一个阿尔切尔。他们租几间屋子，请一个厨子（往往是由他们当中的一个人的妻子来担任这个工作），选一个年岁大的做负责人，大家共同开办伙食，每一个人把他那份食宿费交给阿尔切尔。流放到西伯利亚的一队罪犯也常常是这样做的，他们选一个年长的人作为罪犯和该队的军事管理人之间的官方承认的中间人。在苦役监狱里，他们也有这样的组织。铁路搬运工人、电信局的信差、海关工人和各省城的信差，他们对自己的每一个成员都是集体负责的，他们享有那样好的信誉，以致商人们不管多大的款项或票款都可交托给阿尔切尔中的人。在建筑业中，有十至二百个成员的阿尔切尔；慎重的建筑商和铁路承包商总是愿意和阿尔切尔而不愿和单独受雇的工人打交道。陆军部最近直接和专营国内贸易的生产阿尔切尔进行交易，向它们订购皮靴、各种铜器和铁器，结果被认为极其令人满意。

1890 年左右,把一座皇家铁厂(Votkinsk)租给了一个工人的阿尔切尔,这件事也做得极其成功。

由此可见,在俄国,古老的中世纪制度在以非正式形式出现时,没有受到国家的干涉,所以一直完全地保留到现在,而且为满足现代工业和商业的需求采取了多种多样的方式。至于在巴尔干半岛、土耳其帝国和高加索,旧时的行会迄今还完全存在。塞尔维亚的艾斯纳福还充分保持了它们中世纪的特点;行会的成员,既有师傅也有帮工,它们对各行各业作出规定,而且是劳动和疾病时的互助机构[①];而高加索的阿姆卡里,特别是梯弗里斯的阿姆卡里,除了这些职能以外,还对城市生活起着相当大的影响[②]。

谈到合作时,还应该提一提各种友谊团体、秘密互济社团、乡村和城镇的医疗互助会、制衣和殡葬互助会、在工厂女工中十分普遍的小型俱乐部——她们每周交几个便士给俱乐部,然后大家抽签,抽中的人可以得一个英镑(这笔钱至少可以买一些有真正用途的东西),还有其他各种团体。虽然每一个成员的"借款和贷款"都有严格的监督,但是在所有这样的团体和俱乐部中,都活跃着充分的友谊精神或愉快情绪以准备牺牲时间、健康甚至在必要时牺牲生命的精神为基础的团体是那么多,因而我们可以举出许许多多最好的互助形式的实例。

① 《英国领事报告》,1889 年 4 月。

② 伊吉察洛夫对这个问题发表了一篇重要的研究论文(原文为俄文),载梯弗里斯《高加索地理学会会报》(Zapiski)1891 年第 6 卷第 2 期。

首先要谈到的是英国的“救生船会”和欧洲大陆上的类似组织。英国的救生船会现在有三百多条船分布于英伦三岛的沿岸，要不是由于渔夫们贫穷买不起救生船的话，这个会的船只会比现在多一倍。船员们都是志愿的，他们为了抢救素不相识的人而准备牺牲自己生命的这种精神，每年都要受到严格的考验；在记录上；每年冬天都要损失几个最勇敢的船员。如果我们问这些人究竟由于什么动力促使甚至在没有一些成功之望的时候仍然要去冒生命危险，他们会做如下的回答。一阵可怕的暴风雪吹过英伦海峡，在肯德郡一个小村庄的浅平而多沙的海岸上狂啸，载着橘子的一条小帆船在近旁的沙滩上搁浅了。只有轻便的平底救生船才能在这些浅水中航行，而在这样的风暴中驶出去就是面对一场几乎肯定要发生的灾难。然而船员们还是出发了，他们和暴风搏斗了几个小时，他们的船被打翻了两次。有一个人被淹死了，其他的人被海水打上岸来。被打上岸来的人当中，有一个人——一个具有高尚行为的海岸警备队队员——在第二天早晨被人发现时，已经是浑身被碰伤，在冰雪中冻得半死了。我问他，为什么要去做这种徒劳的事呢？他回答说：“我自己也不知道。”“有船只遇难了；从村子里来的人站在海边，人人都说这时候出海是一件蠢事，我们绝不可能冲过汹涌澎湃的海浪。我们看见五六个人紧紧地抓住桅樯。在拼命地向人打信号。我们都觉得必须做些什么事，但是，我们能干什么呢？一个钟头过去了，两个钟头过去了，而我们大家都站在那里。我们心里都感到极为不安。这时候，我们突然在暴风中好像听到了他们的呼救声——他们当中还有一个孩子呢。我们再也忍不住了，我们一齐说：‘我们一定要去救人！’妇女们也是这样说，如果我们不去的话，她们将把我们看做是懦夫，虽然她们在第二天说我们出海的人是傻瓜。我们像一个人一样齐心协力，跑到救生船旁，上船出海了。船被打翻了，但是我们紧紧地抓住它。最使人难过的是，眼看着可怜的老人淹死在船边而我们没有办法救他。这时候来了一个可怕的巨浪，又把船打翻了，把我们打上岸来。那些人还是被驱逐舰上的小艇救起来了，而我们的船被大浪抛到好些英里以外。第二天早晨人们在雪地中找到了我。”

这样的情感也促使隆达谷的矿工去挽救他们被水淹没在矿坑中的伙伴。为了走到被埋陷着的伙伴那里去，他们已经凿穿了 32 码的煤坑，但是，当他们只剩下 3 码就要穿过的时候，矿坑中的沼气包围了他们。灯熄了，去救的人退了出来。在这种情况下工作，真是时时刻刻都有被炸死的危险。但是，依然可以听到被淹陷在里面的矿工的声音，他们还活着，还在乞援，于是有几个矿工自愿冒一切危险去干。当他们走进矿坑的时候，他们的妻子只是默默地含着眼泪看着他们走进去——没说一句阻拦他们的话。

这包含着人类心灵的精髓。除非是在战场上发了疯的人，否则任何人都“不忍”听着这样的呼声而不去救援。英雄们是一定要去救的，而英雄的行为使**所有的人**也会感到他们应该像他们那样去做。心中的辩解抵抗不住互助的情感，因为这种情感是几千年的人类社会生活和几十万年来人类出生以前的社会生活所培养起来的。

“可是，有些人却在海德公园的蛇形水池里当着许多人的面就淹死了，那些人谁也不去救他们，这是怎么一回事呢？”也许有人会这样问的。“掉在摄政公园小河中的孩子——也是当着一大群假日游客的面掉下去的——只是依靠了一个镇定的女仆放一条纽芬兰狗下去才把他救上来，这又是怎么一回事呢？”答案是很明白的。人类是他先天的本能和教育这两者的产物。在矿工和海员中，由于他们的共同职业和每天的互相接触，有着一种休戚相关的情感，而危险的环境又使他们养成了勇敢大胆的精神。相反的，在城市中由于缺乏共同的利益，因而人们养成了一种漠不关心的态度，他们的勇敢精神也很少有机会发挥，所以便消失或转到其他方面去了。此外，矿山和海上的英雄传说被编成了歌谣，在矿工和渔夫的村落中到处流传。可是，乌七八糟的一群伦敦人又有什么传说呢？他们可能有的唯一传说，是应该由文学来创造的，但是，相当于乡村史诗般的文学可以说是没有的。牧师们只是热心于论证从人类天性中所产生的东西都是罪恶，论证人类的一切善良的东西都有一个超自然的来源，而他们大都无视那些能够当作上苍的更高灵感或恩赐的事实。至于世俗的作家们，他们的注意力则主要集中于一种英雄行为上，那就是促进国家观念的英雄行为。因此，他们赞扬罗马的英雄或战场的战士，而无视渔夫们的英雄行为，也很少注意它。当然，诗人和画家也可能为人类良知本身的美善所感动，但他们都很少知道贫民阶级的生活，所以，他们虽能歌唱和描绘传统环境中的罗马或军事上的英雄人物，但他们不能动人地歌唱和描绘处在他们所无视的极其平凡的环境中的英雄。如果他们鼓起勇气去描述的话，也只不过是作出一篇辞藻华丽的文章罢了[①]。

以娱乐、研究和教育等等为目的的协会、俱乐部和团体，近年来是如此之多，单单要把它们全部调查列表也要花上许多年的工夫，它们是上述的永远活动不息的联合和互助的倾向的另一种表现。在这些组合当中，有些是和秋天聚集在一块儿的各种小鸟一样，完全是为了共同享受生活的乐趣的。在英国、瑞士和德国等等国家的每一个村子里，都有板球、足球、网球、九柱戏、养鸽、音乐或歌咏俱乐部。其他的组合在数目上还要多得多，而且有些组合(例如自行车协会)突然有了很大发展。虽然这个协会的成员除了爱好骑自行车以外，没有任何共同的利益，但在他们当中已经产生了一种互助的愿望，特别是在骑自行车的人不多的边远地区更是如此。他们把一个村子里的"自行车协会俱乐部"看作是一个家庭，在每年的自行车野营会上可以建立许多永恒的友谊。德国的九柱戏联谊会(Kegelbrüder)也是类似自行车协会的一种组织；类似这

① 要从法国监狱中越狱是极为困难的，然而在1884年或1885年就有一个囚犯从一个法国监狱中逃了出来。虽然发了警报，同时附近的农民也在搜寻他，但他还是躲过了整整一天。第二天早晨他躲在一个小村庄近傍的壕沟中，也许他是想偷一点儿食物，或者想偷一些衣服来换掉他的囚衣。当他躺在壕沟中的时候，村子里发生了火灾。他看见一个女人从燃烧的房子中跑出来，拼命地喊人去救楼上的孩子。谁也不去救。于是那个越狱的囚犯从他隐蔽的地方冲了出来，穿过炽烈的火焰，他的脸灼伤了，衣服也烧着了，但终于把那个孩子救出来交给了他的母亲。当然，他当场就被这时候方才出面的村中宪警抓住了；他又被带回了监狱。这件事在所有的法国报纸上都登载过，但却没有一家报纸肯不厌多事来争取使这个囚犯获释。如果他在一个囚徒殴打典狱官的时候保护了那位官员，他就将被人看做是英雄。但是，他的行为只是出于人道的感情，并没有促进国家的理想；他本人没有把他的行为归之于神赐的突然灵感；这一点就足以使这个人为人们所无视。也许，由于他偷窃了囚衣——"国家的财产"——还将加处半年或一年的徒刑。

种组织的还有体育协会(在德国有 30 万会员)、法国非正式的小艇兄弟会、游艇俱乐部等等。这样的团体当然不会改变社会的经济阶层情况,但它们有助于缓和社会的阶级差异,在小城镇中更是这样。由于它们都趋向于结成大规模的全国联盟和国际联盟,所以它们肯定有助于使散居世界不同地区的各种各样的人建立个人之间的友好往来。

登山俱乐部、德国的猎物保护协会(Jagdschutzverein)和国际鸟类学会也具有同样的性质,德国猎物保护协会的会员在十万人以上,其中包括猎人、有学问的森林家、动物学家和一般单纯的自然爱好者,国际鸟类学会的会员中,有动物学家、饲禽者和纯朴的德国农民。他们在几年间不仅做了许多只有大团体才能举办的非常有益的事业(如绘制地图、修筑避风雨的茅屋和山路、研究动物和害虫的生活与鸟类的迁移等等),而且还在人和人之间建立了新的联系。两个不同国籍的登山俱乐部会员在高加索山上一座避风雨的茅屋中相遇时,彼此都不当作是陌生人,同住在一个屋子里的大学教授和农民鸟类学家也是这样。纽卡斯尔的托比叔叔会(Uncle Toby's Society)已经劝导了 26 万以上的男女小孩子永不去破坏鸟雀的窠,并且对一切动物要仁慈,这个组织在发展人类感情和对自然科学的爱好方面,肯定要比许多道德学家和我们大多数学校所做的工作还多。

我们虽然只是这样匆匆地概述,但也不能把数以千计的科学、文学、艺术和教育团体略而不谈。直到现在,为国家所严格控制的,而且常常接受国家津贴的科学机构,活动范围一般都很狭小,人们往往只把它们看作是获得国家任命的门径,而且,由于它们的范围十分狭小,所以无疑引起过无谓的妒忌。然而事实是:这些组织毕竟在一定程度上缓和了出身、政治党派和信仰的差异。而在边远的小城镇中,科学、地理和音乐的研究组织,特别是其中希望有广大爱好者参加的组织,已经成为小小的文化生活的中心,变成了一个小地方和广大世界之间的一种联系,变成了身份和职业大不相同的人彼此以平等地位见面的地方。人们一定要知道这些中心在例如西伯利亚这一类地方的作用,才能充分地认识到它们的巨大价值。至于那些不计其数的教育团体,虽然它们只是现在才开始打破国家和教会在教育方面的垄断,但它们一定会在不久以后就成为这方面的主导力量。我们所以能够有幼儿园制,应归功于"佛洛贝尔教育会"(Froebel Unions);俄国的妇女所以能够有很高的教育程度,应归功于许多正式的和非正式的教育组织,虽然这些团体和组织是在随时都受到强有力的政府的巨大阻碍下工作的①。至于谈到德国的各种教育组织,大家都知道,它们在制定民众学校教授科学的新方法中做过最出色的工作。教师们也从这样的团体中获得了极大的帮助。如果没有它们的帮助,工作过重而薪水过低的乡村教师将是多么可怜啊!②

---

① 女子医学院(在俄国的 700 个有学位的女医生中,大部分是这个学院的学生)、四所女子大学(在 1887 年大约有 1,000 名学生;这四所大学在 1887 年停办,于 1895 年又重新开办)和女子高等商业学校,都完全是这种私人团体主办的。我们的女子大学预科学校自从 60 年代开办以来就能达到很高的水平,也应归功于这些团体。现代散布在俄国的 100 所女子大学预科学校(有 7 万以上学生),其程度相当于英国的女子中学;然而所有的教员都是大学毕业生。

② "公众福利技艺普及协会"(Verein für Verbreitung gemeinnützlicher Kenntnisse)虽然只有 5,500 个会员,但它已经开办了一千多个公共的和学校的图书馆,组织了次数以几千计的讲演,印行了许多最有价值的书籍。

所有这些团体、协会、友谊会、联盟和组织等等,单单在欧洲现在就数以万计,其中每一个都说明了自愿的、没有任何企图的、没有报酬或报酬很低的极大量工作——它们以种种形式表现的,难道不是人类永恒的互助和互援的倾向吗?将近三个世纪以来,即使是为了文学、艺术和教育事业而携手团结,也是被禁止的。只有在国家或教会的保护之下,才能集会结社,否则便只能像互济会(freemasonry)那样组成秘密的社团。但是现在,阻挡的力量被冲破了,结会在各方面都有了很大的发展,它们扩充到了人类活动的各个部门,它们具备了国际性,而且在一定程度(这种程度现在还不能充分估计)上无疑将打破各个国家不同民族之间的隔阂。尽管商业竞争养成了人们的妒忌,尽管行将消逝的过去的幽灵挑起了人类的怨恨,但是,国际团结的意识在世界的领袖人物和广大的工人群众(因为他们也争得了国际来往的权利)中正在逐渐成长,而且在过去的二十五年间,这种精神在阻止欧洲战争方面无疑是有它的贡献的。

当然,我们在这里必须谈一下宗教的慈善团体,因为它们也代表着整整一个世界。它们的大部分成员也是为一切人类所共有的互助观念所感动,这一点是毫无疑问的。不幸的是,传教士们竟把这种观念的来源说成是超自然的。他们当中有许多人硬说人类如果不是受了他们所讲的特定的宗教教义的开导,是不会自觉地按照互助的灵感而行动的,他们大多数人都和圣奥古斯丁一样,不承认"邪教的野蛮人"有互助的观念。此外,虽然早期的基督教也像其他宗教一样,是追求广泛的人类的互助和同情观念的,但基督教教会后来却帮助国家毁灭一切先于它的或独立发展的互助和互援的长久制度。教会所宣讲的,是带有上天灵感这种性质的慈悲,而不是每一个野蛮人也认为对他的同胞理当进行的互助，因而这就含有赐予者高于收受者的意思。虽然有这种局限性，但我们无意触怒那些自认为是上帝特选的与众不同的团体，只要它们有着慈悲人道的行为，那么，我们可以把许多宗教慈善团体看做是上述互助倾向的一种产物。

所有这些事实表明，不顾他人需要而一味追求个人利益的行为不是现代生活的唯一特征。我们看到，同这个如此傲慢地自以为是领导人类事业的潮流相并行的，还有农民和工人为了重新建立互助和互援的长久制度而进行的艰苦斗争。我们发现，在社会的各个阶层中正进行着一场广泛的运动，以期建立各种各样的永久的互助组织。而且，当我们撇开公共生活，进而观察当代人的个人生活时，我们还发现另外一个极其广阔的互助和互援的世界，但是由于这个世界只限于家庭和个人友谊的狭小范围，所以为大多数社会学家忽视了。①

① 在社会学家中，只有极少的人注意到它。其中之一就是艾赫林博士，而他的事例对我们是很有教育意义的。当这位伟大的德国的法律著述家开始写他的哲学著作《法律的目的》(*Der Zweck im Rechte*)时，他本想分析"促使社会前进和维系社会的积极力量"，从而建立"乐群的人类的学说"。他首先分析了起作用的自利因素，其中包括现在的工资制度以及政治的和社会的法律中的各种强制行为。他打算按照他的详细写作计划把最后一部分用来讨论有助于促使社会前进和维系社会的伦理力量——责任感和互爱。然而，当他着手讨论这两种因素的社会作用时，他发现这得需要再写一本书，其篇幅要两倍于第一本书。而他所阐述的，只是个人的因素，这种因素在本书以后的篇页中将只占有几行字。达尔冈在《国民经济中的自利主义和利他主义》(Egoismus und Altruismus in der Nationalökonomie，莱比锡，1885 年)中也阐述了这一思想，而且还补充了一些新的事实。彼希纳的《动物世界的爱和爱情生活》，以及在英国和德国发表的这本书的若干章节，也讨论了这一问题。

在现今的社会制度下，同一条街上的居民或邻居之间的一切联系都已断绝。住在大城市中富人区的人连他们隔壁的邻居是谁也不知道。但是，住在拥塞的小街小巷中的人们彼此却是十分了解的，而且互相间有不断的联系。当然，像任何地方一样，在小街小巷中也时常发生小小的争执。但是，他们按照个人的爱好而结成许多组织，在他们中间实行互助，其范围之广是富人阶级所难以想象的。如果我们以在街上或教堂庭院和草地上玩耍的贫穷地区的孩子们为例，我们立刻便会注意到，虽然他们有时候也互相争吵打架，但他们彼此之间亲密团结，以保护他们不受一切侵害。当一个孩子好奇地弯下腰去看一看阴沟洞的时候，另一个孩子便立刻喊道："别待在那儿，阴沟洞传染热病！""别爬过那道墙去，如果摔下去，火车会压死你的！不要到阴沟旁边去！不要吃那些草莓——有毒！吃了要死的！"孩子们到户外和同伴玩耍时，首先就会得到这些教训。如果没有这样的互助，那么，在"模范工人住宅区"周围的马路上或者在码头和小河的桥上玩耍的孩子们，不知要有多少被车辆压死，或者掉在污浊的水中淹死！当可爱的杰克跌到乳牛场后面没有遮拦的阴沟里，或者脸儿红红的莉茜掉进小河里的时候，孩子们的喊声是那么响亮，使附近所有的人都能听见而跑来救护。

现在来谈一谈母亲们的联合。"你想象不到她们是多么互相帮助。"住在贫民区的一位女医生最近对我说，"如果一个妇女没有或无力为她快要生产的婴儿准备应用的东西（这种情况是常有的！），所有的邻居便都给新生的孩子带一点东西来。只要产妇还躺在床上，便常有一个邻居来照护她的孩子，另外几个邻居则时常来料理她的家务。”这种习俗是很普遍的，所有在贫民中间生活过的人都谈到这种习俗。母亲们尽一切可能地彼此互助，照顾别人的孩子。一个有钱的太太在大街上从一个又饥又冷的孩子身边走过而能无动于衷，是需要一些锻炼的，至于这种锻炼是好是坏，让她们自己去判断罢。然而贫民阶级的母亲们是没有这种锻炼的，她们不会忍心看着一个孩子挨饿，她们一定要给他东西吃，她们就是这样做的。“小学生向她们要面包的时候，很少(或者说从来没有过)遭到拒绝的，”——在怀特卡泊尔一个工人俱乐部工作过几年的一位女友写信告诉我说。现在我不妨把她的来信再摘录几段：

“不要丝毫报酬地照护生病的邻居，这在工人中间是十分普遍的事情。而有孩子的母亲出去工作的时候，总有另外一个母亲来照顾她的孩子们。

“在工人阶级中，如果他们不互相帮助，他们是不能生存的。我知道有几家人一直是互相帮助的——在抚养小孩，在有人生病或死亡时，便在金钱、食物和燃料上互相帮助。

“在贫民当中，不像富人那样斤斤计较这个东西是‘我的’或是‘你的’。鞋子、衣服、帽子和当时需要的一切东西，都是经常互相借用的，各种家用器具也是如此。

“去年冬天，联合激进俱乐部的会员筹集了很小的一笔钱，过了圣诞节以后便开始向上学的儿童免费供给菜汤和面包。他们要照护的儿童逐渐增加到了一千八百人。钱是向会外人士筹募来的，但是所有的工作完全是由会员来做的。他们当中有些失业的人，清晨四点钟便跑来洗剥蔬菜；五个妇女把她们自己的家务忙完以后，在九点或十点钟便来做饭，并且一直待到下午六七点钟，把盘碗洗干净。在吃饭的时候(从十二点到一点半)有二三十个工人来帮着上菜汤，每个人能匀出多少吃饭的时间，便在那里帮忙多少时间。这种情况继续了两个月。没有一个人是拿了报酬的。”

我的朋友还谈了几件个人的事情，现在把其中典型的例子摘录如下：

“安妮·W 的妈妈把她寄托在威尔莫街的一个老人家里。当她妈妈死了以后，那个老太太虽然本人也很贫苦，但还是带着这个孩子而没有要一文钱的报酬。后来那个老太太也病了，安妮(那时已有五岁)自然就没人照护了，她的衣服也破烂了。但是，当那个老太太一死，S 太太(一个皮匠的妻子，她自己有六个孩子)立刻便把安妮接到了自己家里。近来她的丈夫在生病，她们大家都吃不到多少东西。

“M 太太是一位六个孩子的母亲，前天她还去照护生病的 M-g 太太，并且把 M-g 太太的大孩子带到自己家里来照管。……你还需要这样的事例吗？这些事情是很普遍的。……D 太太(住在哈克尼路椭圆广场)有一架缝纫机，虽然她自己要照护五个孩子和丈夫，但是我知道她经常还要替别人做衣服，从来没有接受过任何报酬。……还有其他种种情况。”

每一个稍微了解劳动阶级生活的人都知道,如果他们之间不普遍地实行互助,显然他们就绝不能渡过他们的一切难关。一个工人家庭,在生活中不遭遇到像丝带工人约瑟夫·古脱利治在他的自传①中所描述的那些苦难,那只是偶然的事情。他们在穷困中所以没有彻底破产,是多亏他们的互助。在古脱利治的家庭快要最后破产的时候,赊了一些面包、煤和被褥来帮助他的,是一个年老的女仆,而她本人也是穷得不得了的。在其他的事例中,也有其他的人或邻居采取措施来救助那个破产的家庭。如果没有别的穷人进行帮助,那么,每年遭到彻底毁灭的家庭不知道还要增加多少呢!②

普林索尔先生在贫民中以每周七先令六便士的费用生活了一段时期以后,不得不承认他开始这种生活时所怀抱的仁慈心情"变

① 《一个工匠一生中的悲欢》(Light and Shadows in the Life of an Artisan),考文特里,1893 年。

② 许多有钱的人是无法理解贫穷人如何实行互助的,因为他们不知道在最贫穷的阶级中人们用来维系生命的食物或金钱常常是多么微少。沙夫兹伯里伯爵了解这种可怕的事实,因而他筹办了"卖花姑娘基金会",贫苦的女孩子到了冬天可以向这个基金会借一个英镑(个别时候是两英镑)去趸买花篮和鲜花。这笔钱是借给那些"连六便士也没有的",而且找不到另一个穷人为她们作保的女孩子的。沙夫兹伯里伯爵写道:"在我参与的各项活动中,我认为这个'卖花姑娘基金会'是最成功的。……这个活动开始于 1872 年,我们借出去了 800 到 1000 笔款,前后的损失不到 50 英镑。……其所以损失了 50 英镑——这在当时是很少的一笔钱——是因为有些姑娘死了或生病了,而不是由于她们的欺骗"——见艾德文·贺德尔的《沙夫兹伯里伯爵第七的生平和事业》(*The Life and Work of the Seventh Earl of Shaftesbury*)第 3 卷第 322 页,伦敦,1885—1886 年。在查尔斯·布斯的《伦敦的生活和劳工》(*Life and Labour in London*)第 1 卷和比亚特里斯·波特女士的《一个女工的几篇日记》(Pages from a Work Girl's Diary,载《19 世纪》1888 年 9 月号第 310 页)等著作中,还列举了类似的一些事实。

成了衷心的尊敬和赞扬”,因为他看到了穷人间的关系是多么充满了互助互援精神,并懂得了这种纯朴的帮助。经过许多年的体验,他所得出的结论是:“你把他们的生活拿来想一想,你就会知道所有劳动阶级的绝大多数人都和这些人一样。”[①]至于抚养孤儿,甚至是由极穷苦的人家抚养,也是如此普遍的一种习惯,所以可以说它是一个普遍规律。例如,在华伦谷和朗德山发生了两次爆炸事件以后,在矿工中间“各该委员会可以证实,在炸死的矿工中有近三分之一的人除了自己的妻子和孩子以外,还供养了其他亲友的妻子和儿女”。普林索尔先生写道:“你考虑过这是怎样一回事吗?我不怀疑有钱的人,甚至家道小康的人也会这样做,但是要考虑一下其间的区别。”请你想一想:每个工人捐一个先令来帮助一个同伴的寡妻,或者捐六个便士帮助一个同伴支付丧事的额外费用,这笔钱对一个每周挣 16 个先令,并且要养活妻子(有的还养活五六个孩子)的人来说,具有多么大的意义。[②] 但是这样的捐助在全世界的工人中是常见的,甚至在比家里死了人更寻常的情况下也是

① 塞缪耳·普林索尔:《我们的海员》(*Our Seamen*),廉价本,伦敦,1870 年,第 110 页。

② 在《我们的海员》同版第 110 页,普林索尔先生说:“我并不是轻视有钱人,但是我认为,我们有理由怀疑这些品质在他们身上是不是得到了那样充分发展;因为,虽然他们当中有不少人知道自己的穷苦亲友的要求(合理的或不合理的),但是,这些品质并不是那样经常得到发挥的。在那样多的情况下,有钱人的豪爽气概好像为他们的财富所蒙蔽了,他们的同情心即使不说是十分狭隘,也可以说是有着阶级之分的:只对他们本阶级的人的痛苦和高于他们阶级的人的悲哀表示同情。他们很少把他们的同情心用之于下层阶级的人,他们多半是宁可叹赏一件勇敢的行为……而不愿称赞长期培养的坚忍精神和深厚情谊,而这两点正是英国工人生活的日常特征。”——也是全世界工人的特征。

这样做的;至于在工作中进行帮助,这在他们的生活中已经成为最平常的事了。

在富人阶级中也不是不实行互助和互援的。当然,当我们想到有钱的老板们对他们雇用的工人常常表现的那种粗暴的时候,我们对人类天性是容易抱着悲观的看法的。许多人一定还记得,在1894年约克郡大罢工期间,当矿主们控告那些到废弃的矿坑中拾煤块的年老矿工时,人们是多么愤慨。即使我们暂且不提斗争和社会斗争期间的恐怖(例如巴黎公社失败后,成千被捕的工人遭到屠杀),但是当我们读到例如40年代英国劳工调查所揭露的情况,或沙夫兹伯里伯爵所说的“在那些工厂中人类生命的惊人消耗,其中包括从贫民院中领来的或干脆是从全国各地买来做工厂奴隶的儿童”[①]——当我们读到这些情况的时候,对人类在贪欲横流时可能产生的卑劣行为,谁又能不感慨万分呢?必须同时说明的是,绝不能把这种待人的罪过完全归咎于人类犯罪的天性。科学家,甚至有很大一部分牧师,直到最近岂不是还在教人对贫民阶级要不信任、要轻蔑,甚至要憎恨吗?科学不是在教导人们说,自从农奴制被废除以后,除非自己有恶习,是谁也不会贫穷的吗?在教堂中,有勇气谴责这些残害儿童者的人是多么少,相反的却有许许多多的人在教导人们说,穷人之遭受痛苦,甚至黑人之做奴隶,也是出自神的安排呢!非国教教派,其本身在很大程度上难道不就是人民大众对英国国教虐待贫民的一种抗议吗?

正如普林索尔先生所指出的,有了这样的精神领导,与其说是

① 艾德文·贺德尔:《沙夫兹伯里伯爵第七的生平》,第1卷,第137—138页。

富人阶级的感情变得停滞了，还不如说是“阶级化了”。富有阶级很少把他们的感情用之于下层贫民，由于生活方式的不同，所以在他们和贫民阶级之间有着一道鸿沟，同时他们也不从最好的方面，不从日常生活中去了解贫民。但是，在他们自己当中——把财富本身使他们养成的贪财之心和无谓挥霍都考虑在内——在家庭和朋友的范围内，富人也像穷人一样实行互助和互援。艾赫林博士和达尔冈说得完全正确，他们说，如果把朋友之间的直接借贷和帮助的金钱做一个统计，那么，其总数即使和全世界的商业交易款项相比，也可以说得上是一笔巨大的数字。如果我们把用之于招待、互相间的小帮助、对他人事务的照料、馈赠以及慈善事业上的金钱和上述的数字加起来（我们应该把它们加在一起），那么，我们将惊奇地发现这样的授受在国民经济中是十分重要的。即使在商业利己主义所统治的世界中，目前流行的“我们受了那个公司的亏待”这句话，也是表明同亏待（即照章依法的对待）相对立的还有一种友好的对待。每一个商业家都知道，一年之中不知道要有多少公司只是靠了其他公司的友好援助才免于破产的。

至于说到工人以外的许多经济宽裕的人，特别是自由职业界人士，为大众福利而自愿从事的慈善事业和巨大工作，我们都知道它们在现代生活中起了如何的作用。如果说由于有些人想沽名钓誉或者想获得政治权力或社会地位，因而时常损害了这种慈善行为的真正性质，那么，就大多数情况来说，推动的力量是来自上述的互助感这一点仍然是无可置疑的。已经发财致富的人往往并不能从财富中得到他所预期的满足。另外有些人则感觉到，不管经济学家怎样论证财富是才能的报酬，但他们自己所得的报酬是多余的。人类休戚与共的意识于是开始发生作用了;虽然社会生活的安排是在使千百种人为的巧妙手段扼杀这种情感,但它仍然是经常占优势的。这时有些人便把他们的财产或他们的力量投到他们认为能促进大众福利的事业中,试图以这种方法来为人类的那种深刻需要找到一条出路。

总之,不论是中央集权国家的压倒力量,还是“愿以良心相助”的哲学家和社会学家在科学的幌子下所教导的互相憎恨和无情斗争,都不能消灭深深树立在人类的理智和良心中的人类团结的情感,因为它是由我们过去的整个进化过程所培养起来的。从进化的最初阶段起就产生了的这种成果,是不可能被这种进化的许多方面中的一个方面所压服的。近年来隐藏在家庭、贫民窟邻里间、乡村或工人秘密社团这些狭小范围内的互助和互援的需要,甚至在我们现代社会中也显示出来了,并且要求像它在过去一样,取得指导人类继续走向进步的领导者的权利。这就是我们把最后两章扼要列举的事实加以仔细研究之后所必然得出的结论。

结　论

现在，如果我们把从现代社会分析中所能取得的教训同有关互助在动物世界和人类进化中的重要性的许多例证联系起来，我们就可以把我们的研究总结如下。

我们已经知道，在动物界中绝大多数的种是过群居生活的，它们的联合就是它们在生存竞争中的最好武器，当然，我们所说的生存竞争，是按照达尔文的广义观念来理解的——不是为了取得单纯的生存手段，而是为了抵抗一切不利于物种的自然条件的竞争。凡是把个体间的竞争缩减到最小限度，使互助的实践得到最大发展的动物的种，必定是最昌盛、最能不断进步的。在这种情况下所取得的互相保护以及达到长寿和积累经验的可能性、高度的智力发达和合群习惯的进一步培养，保证了物种的保持，保证了它的扩展和逐步进化。反之，不合群的种是注定要衰退的。

其次谈到人类，我们知道，人类在石器时代的初期是结成氏族和部落生活的。我们发现，在较低级的蒙昧人阶段，在氏族和部落中就已经产生了一系列的社会组织；我们知道，最早的部落的风俗习惯是人类各种制度的胚胎，而这些制度在以后便成了不断进步的主导力量。从蒙昧人的部落中，成长了野蛮人的村落公社；而一系列新的、范围更广泛的社会风俗习惯和制度，按照在村民议会的管理下共同占有和保卫一定地区的原则，在属于或假定属于一个血统的村落联盟中发展起来，而且迄至今日，这些风俗习惯和制度有许多仍在我们当中存在着。当新的要求引导人类再向前发展时，他们便从城市——地域单位（村落公社）——和行会相结合的双重组织开始，而行会的产生，是由于共同从事一定的职业或技术，或者是为了达到互助和互卫的目的。

最后，七、八两章列举的事实表明：按照罗马帝国的形式建立起来的国家虽然猛烈地破坏了中世纪的各种互助制度，但是，这种新的文明局面是不能持久的。以分散的个人结合为基础的、企图作为人们唯一联合的连锁的国家，没有达到它的目的。互助的倾向终于冲破了国家的无情统治，重又抬起头来，在无数的组合中显示了它的作用。现在，这些组合势将包括生活的各个方面，占有为人类生活和生活耗费物资的再生产所必需的一切。

也许会有人说，互助虽然是进化的因素之一，然而它所包括的只是人类关系的一个方面；和这个潮流（虽说它有很大的力量）同时存在的，在现在和过去都还有另外一个潮流——个人的自我维护。这种个人的自我维护，不仅表现为个人努力于取得他自己或他的阶级在经济、政治和精神方面的优越地位，而且还起了一个十分重要（虽然不太显著）的作用，那就是它粉碎了部落、村落公社、城市和国家强加于个人的束缚，而这种束缚往往是易于固定不变的。换句话说，个人的自我维护应被看做是一个进步的因素。

很明显，除非对这两个主要的潮流都加以分析，否则对进化的看法就不可能十分全面。个人的或者个人的集团的自我维护，他们为了夺取优越地位而进行的竞争，以及因此而产生的冲突，已经有人分析、评述过了，而且从远古的时代起就受到人们的颂扬。事实上，一直到现在，只有这一潮流受到叙事诗人、编年史家、历史学家和社会学家的注意。迄至今日所写的历史，几乎完全是记述神权政治、军事权力、专制政治以及以后的富人阶级政权的促进、建立和维持其统治所采用的方法和手段的。这些势力之间的斗争实际上成了历史的主要内容。因此，我们在人类的历史上自然只是看到个人的作用，虽然按照方才所说的论点对这个问题也有重新研究的余地。而在另一方面，互助这一因素迄今完全为人们所忽视了，当代的和过去的著作家竟干脆对它加以否定，甚至还加以嘲笑。因此，首先指出这个因素在动物界和人类社会进化中所起的巨大作用，是十分必要的。只有充分认识到这一点以后，才有可能在这两个因素之间进行比较。

即使是用多少有些统计性方法来约略地估计一下它们的相对重要性，也显然是不可能的。我们都知道，单单是一次战争在当时和以后所造成的罪恶，就可能超过互助这个原则几百年无休止的活动所造成的善举。但是，当我们发现在动物界中进步的发展和互助是齐头并进的，而物种内部的竞争则是和倒退的发展相伴随的，当我们注意到，就人类来说，甚至在竞争和战争中所取得的胜利也是和每一个进行冲突的国家、城市、党派和部落中的互助的发展成比例的，而且，在进化的过程中战争本身（只要它这样进行）也是为国家、城市或氏族内部的互助达到进步的目的服务的，这时我们便可看出，作为进步的一个因素的互助具有压倒一切的影响力量。我们也知道，互助的实践和它的连续发展，创造了人类能在其中发扬其艺术、知识和智慧的社会生活条件。以互助倾向为基础的制度获得最大发展的时期，也就是艺术、工业和科学获得最大进步的时期。实际上，对中世纪城市和古希腊城市的内部生活加以研究，就可揭示出这样的事实：当行会和希腊氏族内部实行互助和联盟原则赋予个人和集体的巨大主动性结合起来的时候，便给人类带来了历史上的两个最伟大的时期——古希腊的城市和中世纪时期。而在此后历史上的国家时期中上述那些制度的衰退，也正是这两个时期的迅速衰退。

至于在我们这个世纪工业的突飞猛进，常常有人把它说成是个人主义和竞争的胜利，但是它肯定有一个比这更为深远的根源。一经有了 15 世纪的伟大发现，特别是一有了依靠物理学的一系列成就而获得的大气压力的发现，——它们是在中世纪的城市组织之下获得的——蒸汽机的发明以及意味着取得新的动力的革命，必然会随之而来。如果中世纪的城市能够一直存在到把它们的发现用在这一点上，那么，由蒸汽完成的这场革命，其伦理的结果也许是不同的；而同样的革命在技术和科学中也是不可避免地会发生的。的确，现在还有一个没有定论的问题，那就是随着自由城市的崩溃而产生的、在 18 世纪前半叶最为显著的工业的普遍衰退，是否曾大大地推迟了蒸汽机和由此而产生的工艺革命的出现。当我们考虑到 12 至 15 世纪工业在纺织、冶金、建筑和航海方面的惊人发展速度，当我们考虑到这种工业的发展在 15 世纪末叶所带来的科学发现，这时我们就必须自问：在中世纪文明衰退以后，在欧洲所发生的艺术和工业的普遍低落，是否推迟了人类对这些成就的充分利用。当然，手艺工人的消灭、大城市的破坏和它们彼此之间关系的断绝，都是不利于工业革命的。我们知道，詹姆斯·瓦特为了使他的发明能够实际应用，花费了他一生中二十多年的工夫，因为他不能在 18 世纪时找到在中世纪的佛罗伦萨或布鲁日轻易就能找到的手工业者——他们能够用金属来制造他的机器，并且能够做到蒸汽机所要求的精巧工艺和精确程度。

因此，如果我们把这个世纪的工业的进步归功于现时所宣称的个人对整体的竞争，就如同不知道下雨原因的人把下雨归功于他所供献给泥偶像的牺牲一样。在工业发展方面，也和其他方面征服自然的行动一样，互助和紧密的联系肯定是，也一向是比互争更有利得多。

但是互助这一原则的最大重要性，还是在道德方面表现得最充分。互助是我们的道德观念的真正基础，这一点似乎是很清楚的。就互助感情或互助本能的最初根源来说，不论大家的见解如何（不论是把它归之于生物的原因或是超自然的原因），我们必须追溯到动物世界的最低级阶段，我们可以发现它从这一阶段起排除了许多反对的力量，经过人类发展的各个阶段，直到目前都是在不断进步的。甚至不时产生的新宗教——它们总是当互助这一原则在东方的神权国家或专制国家中陷于衰退的时代或者是在罗马帝国崩溃的时期产生的——也只是重申这个原则罢了。这些宗教在卑微的、最低贱的、最受压迫的社会阶层中找到了它们最主要的支持者，在这一阶层中，互助这一原则是日常生活的必要基础。在最初的佛教、基督教和摩拉维亚教派等宗教团体中所采取的新的联合形式，在性质上是回复了早期部落生活中最好的互助形式。

但是每进行一次恢复这一古老原则的努力，这一原则的基本思想便扩展一次。它从氏族扩展到种族、种族的联盟、民族，最后最低限度在思想上扩展到了整个人类。在扩展的同时,它也更加精深了。在原始的佛教和基督教中。在某些伊斯兰教的先知的著作中,在初期的宗教改革运动中,特别是在18世纪和我们当代的道德和哲学运动中,人类愈来愈有力地完全抛弃了报复的观念,即"应得的报应"——以善报善、以恶报恶的观念。"勿冤冤相报"和对邻人要厚施薄取这种更崇高的观念,被看做是真正的道德原则,是比单纯的公正、平等或正义这些观念更为优越的原则,更能导致幸福。呼吁于人类的不仅是需要以爱(它永远是个人的,顶多也只是部落的),而且需要以他和每一个人都是一致的这种理解作为行为的指南。因此,我们追溯出我们的伦理观念确实起源于互助的实践(我们在进化的最初阶段就可找到这种实践的痕迹);并且,我们可以断言,在人类道德的进步中,起主导作用的是互助而不是互争。甚至在现今,我们仍可以说,扩展互助的范围,就是我们人类更高尚的进化的最好保证。

附　　录

1. 蝴蝶、蜻蜓等的群

（正文第 23 页）

比培尔对荷属东印度群岛上似乎是在西方季候风所造成的空气大流动的影响下发生的蝴蝶的成群飞行进行了研究，他把他的有趣的研究结果发表在《荷属东印度博物纪要》(Natuurkunding Tijdschrift voor Neederlandsch Indië，1891，Deel L. p. 198）上——1891 年的《自然科学评论》(*Naturwissenschaftliche Rundschau*)第 6 卷第 573 页上刊载着有关他的研究结果的分析。这样的成群飞行，通常是在季候风开始后的头几个月，而且一般都是雄的和雌的蝴蝶(Catopsilia-Callidryas-crocale，Cr.)单个单个地加入飞行的，但有时候，在这样的飞行群中也包括有三种不同的蝶类(Euphœa)。交配似乎也是这种飞行的目的。当然，很有可能，这样的飞行不是由于行动一致而是由于模仿或者是跟随其他同类的愿望造成的。

贝茨在亚马孙河上看见黄色的和橙色的蝴蝶(Callidryas)“密密麻麻地聚成一团一团的，有时候它们所聚成的团有两三码那么大，它们的翅膀都是笔直地竖起来的，所以使河滩看起来好像到处都是一堆堆的番红花”。它们一队一队地从河北边迁移到河南边，这种迁移的行列“从清晨一早起，一直到日落都没有中断过”（《亚马孙河上的博物学家》，第131页）。

蜻蜓在它们越过亚马孙河以南的大草原的漫长的迁移途中，聚集的数目之多真是无法计算，而且，在这些庞大的群中是包括有各种各类的蜻蜓的（哈得孙：《拉普拉塔河上的博物学家》，第130页以下）。

蚱蜢（Zoniopoda tarsata）也是特别合群的（哈得孙，同上，第125页）。

2. 蚂蚁

（正文第26页）

彼埃尔·友伯的《内地的蚂蚁》（日内瓦，1810年）于1861年由舍布利埃作为《日内瓦文库》印行了一版普及本，这本书应该译成各种文字以廉价本的形式广泛传播，它不仅是研究蚂蚁的最好的著作，而且是真正的科学研究的模范。达尔文说彼埃尔·友伯是比他的父亲还要伟大的一位博物学家，这话的确是说得不错的。每一个年青的博物学家都应当看这本书，其原因不单是它载有许多事实，而且是应当把它当做一本讲研究方法的课本来读。蚂蚁在人造的玻璃巢中的饲养，以及后来的研究家（包括刘波克）所做的种种实验，在友伯的这本篇幅不大的优秀著作中都可找到。看过佛赫尔和刘波克的书的读者当然知道，这位瑞士教授和这位英国著作家都是以严密的论点着手写他们的著作，企图驳倒友伯关于蚂蚁有显著的互助本能的论断；但经过细心的研究之后，他们不能不承认那些论断是正确的。然而偏偏人类的天性有这样的特点：喜欢相信一切关于人能随意改变自然力的作用的种种说法，但是却拒绝承认经过充分证明的有助于减少人和他的动物兄弟之间的距离的科学事实。

苏瑟兰先生(《道德本能的起源和成长》)显然是在他开始著书的时候就打算证明一切道德感都是从父母的管教和家族的爱产生的，而这两种东西都只是热血动物才有；因此，他就试图缩小蚂蚁之间的同情和合作的重要性。他引述了彼希勒的著作《动物的智慧》，并且谈到刘波克所做的实验，至于友伯和佛赫尔的著作，他用以下的话就一笔抹杀了，他说："然而它们(彼希勒所举的蚂蚁之间的彼此同情的例子)全都被，或者说大部分被一定的感伤的气氛弄糟了……这种感伤的气氛使这些例子更适用于教科书而不适用于严密的科学著作，可以说，友伯和佛赫尔所讲的一些著名的奇闻也是这样的(着重点是我加的——克鲁泡特金)"(第1卷第298页)。

苏瑟兰先生没有说明他指的是哪些"奇闻"，然而在我看来，他绝没有细心地阅读过友伯和佛赫尔的著作。看过友伯和佛赫尔的书的博物学家，在其中是不会发现什么"奇闻"的。

亚德勒兹教授最近发表的关于瑞典蚂蚁的著作(《蚂蚁学研究：瑞典的蚂蚁及其生活状况》——Myrmecologiska Studier: Svenska Myror och des Lefnadsförhållanden，载《瑞典科学院文集》附录——Bihan till Svenska Akadmiens Handlingar, 1886年第11卷第18期)在这儿也可以提一下。友伯和佛赫尔观察蚂蚁的互助生活以后所作的论述(其中包括分享食物的论述)，在那些以前没有注意过这个问题的人看来都是感到十分惊人的，不用说，他们的论述现在都被这位瑞典教授充分地证明了(第136－137

页)。

亚德勒兹教授也做了一些很有趣的实验,来证明友伯所观察过的情况,即:两个不同的巢穴的蚂蚁并不是一定要彼此打架的。他有一次是用 Tapinoma erraticum 蚁做实验的。还有一次是用普通的 Rufa 蚁做的。他把整个巢穴的蚂蚁装在一个口袋里,然后把它们倒在离另外一个巢穴六英尺远的地方。两个巢穴的蚂蚁没有进行战斗,不过第二个巢穴的蚂蚁把头一个巢穴的蛹子搬走了。当亚德勒兹教授把取自不同巢穴的职蚁和它们的蛹子放在一起的时候,通常也是不发生战斗的;但是,如果职蚁没有它们的蛹子在一起的话,那就要进行战斗了(第 185—186 页)。

他也完成了佛赫尔和麦克库克关于由很多巢穴组成蚂蚁"族"的实验,他从每一个巢穴中平均取 30 万个蚁(Formica exsecta),从而作出他自己的估计,他的结论是:这样的"族"可以包括几千万,甚至几亿个蚂蚁之多。

梅特林克关于蜜蜂的那本优秀著作,其中虽然没有什么新的研究发现,但如果它少受到一些形而上学的"名词"的损坏的话,也是很有用的。

3. 繁殖的联合

(正文第 44 页)

奥杜邦的《日记》(Audubon and his Journals,纽约,1898 年),特别是叙述他 30 年代在拉布拉多和圣劳伦斯河沿岸一带的生活的那些日记,包含许多有关水鸟的繁殖的联合的精彩描写。谈到"洛克"(马革达雷或安麦斯特群鸟中的一个鸟)时,他说:"在十一点钟的时候，我清清楚楚地从甲板上看出了它的顶端，以为它盖有几英尺厚的雪；这种景象，在平滩的每一个部分和突出的礁石上都可看到。”然而那不是雪；那是塘鹅，它们安静地孵抱着它们的蛋或新孵出来的雏鹅——它们的头都朝着风吹的方向，差不多是一个挨着一个的，排成很整齐的行列。在空中100码高和离岩石稍远的地方“到处都有塘鹅在飞翔，好像我们的头上在下一场大雪似的”。三趾鸥和愚笨的海鸠也在这儿的岩石上孵抱小雏（《日记》第1卷第360—363页）。

在看得见安迪科斯迪岛的地方，海面上“简直是遍布着愚笨的海鸠和喙如剃刀的海鸦（Alca torva）”。再远一点，空中飞满了绒毛鸭。在海湾的岩石上，银鸥、燕鸥（巨大的、北极的，也许是福氏鸥）、鹬（Tringa pusilla）、海鸥、海鸦、斯科特鸭、雁（Anser canadensis）、红胸脯秋沙鸭和鸬鹚等，都在那里繁殖它们的幼儿。那儿的海鸥真是多极了，“它们不断地袭击其他的各种鸟类，吞食它们的蛋和小雏；”“它们在这里干的是鹰和鹫的行为。”

奥杜邦于1843年在圣路易以上的密苏里河中看见有成群巢居的兀鹰和鹰。他这样说：“在长长的隆起的河岸上有着巨大的石灰岩，在岩石中有许多奇奇怪怪的洞，我们看见兀鹰和鹰在傍晚的时候进入这些洞中”——库斯在一条注释（第1卷第458页）里说，那是鹏（Cathartes aura）和白头鹰（Haliaëtus leucocephalus）。

英国沿海一带的最好的繁殖地之一，是法恩群岛，我们在查尔斯·迪克生的《北部各郡的鸟类》这本书中可以找到一段关于这些繁殖地的生动的描述，成千上万的海鸥、燕鸥、棉凫、鸬鹚、蛎鹬、海鸠和海鸭，每年都聚集到这儿来。“在走近这些群岛当中的有些岛屿时，所获得的第一个印象是海鸥（背部淡黑的海鸥）霸占了整个的繁殖地，因为它们的数目是那么的众多。天空中好像都是海鸥，地上和光秃秃的岩石上也是挤得满满的；当我们的船最后擦着高低不平的海滩航行，我们急忙忙地跳上海岸时，一下子全都闹闹嚷嚷地骚动起来了——唧唧喳喳的一片反抗的叫声，一直不停地叫到我们离开那个地方为止”（第 219 页）。

4. 动物的合群

（正文第 50 页）

动物在较少受到人类的猎取时，它们的合群性就要大一些，这一点已经由许许多多这样的事实证明了，即：现在在人类居住的地方过着孤独生活的那些动物，在无人居住的地区依然是成群生活的。所以，普尔耶瓦斯基在西藏北部干燥的高原沙漠中发现熊是成群生活的。他告诉我们，那儿有许许多多的“成群结队的犛牛、野驴、羚羊，甚至还有熊”。他说，熊就是以那些成群成批的小啮齿动物为生的，它们是那么的多，“当地的人告诉我说，他们在同一个洞中就发现有 100 或 150 只熊在那儿睡觉”（《俄国地理学会年报》1885 年第 11 页；俄文）。野兔（Lepus Lehmani）在外里海地区是一大群一大群地生活在一起的——见札鲁得尼：《关于外里海地区的动物的研究 》（Recherches zoologiques dans la Contrée Transcaspienne），载《莫斯科自然学会学报》（Bull. Soc. Natur. Moscou）1889 年第 4 期。据荷尔登说，栖息在里克观象台周围一带的小加利福尼亚狐“既吃曼萨尼达浆果，也吃天文学家的小鸡”

(《自然》杂志，1891 年 11 月 5 日)，这种小狐狸看来也是很合群的。

最近，科尔尼希先生所著《在工作和游戏中的动物》(*Animals at Wotk and Play*，伦敦，1896 年)一书也举了一些动物之间喜欢群居的有趣的例子。他很直率地说，所有的动物都是憎恶孤独生活的。他也举了一个关于草原狗的放哨习惯的好笑的例子。这种习惯是那样的根深蒂固，甚至在伦敦动物园和巴黎驯化园中它们也经常派一个哨兵站岗(第 46 页)。

凯士勒教授指出，鸟类的幼雏在秋天常常聚集成群，是有助于合群感的发展的，他的看法是一点也不错的。科尔尼希先生(《在工作和游戏中的动物》)举了几个小哺乳动物游戏的例子，例如，小羊常玩“猴子学样”或“山大王”，而且还喜欢跳栏；他还举出小鹿也能玩一种“斗鼻子”的游戏。此外，我们还可阅读卡尔·格罗士的《动物的游戏》这本优秀著作。

5. 对过分繁殖的遏制

(正文第 75 页)

哈得孙在他的《拉普拉塔河上的博物学家》(第 3 章)中对一种野鼠的突然增加和那种突然的“生命的波浪”的结果作了一段很有趣的描述。

“在 1872—1873 年的夏天，”他写道，“阳光充足，时下阵雨，所以，像大多数年份那样，在这些炎热的月份里是不缺少野花的。”这种季节对野鼠是很有利的，因此，“这些多产的小动物不久就增加到那样的多，以致狗和猫就专以它们为食物。狐、鼬鼠和袋鼠，大吃野鼠。甚至食虫的犰狳也爱捕食野鼠了”。野禽也变得十分的贪吃，“黄京燕（Pitangus）和杜鹃（Guira Cuckoos）除了猎食野鼠以外，别的什么东西都不吃了”。秋天里，无数的鹳和短耳鸮也出现了，它们也来参加这种盛宴。跟着，到来了一个连续干旱的冬天；干草被吃掉了，或者化成了灰尘；野鼠没有掩护的东西和食物，遂开始死亡。猫悄悄地回到屋子里；短耳鸮——到处流浪的一种鸮——也飞走了；穴居的小鸮则变得那么瘦弱，以至于几乎不能够飞了，它们“成天在房屋的四周来来去去地寻找一点点散落的食物”。在这个冬天，在跟着干旱而来的一个寒冷的月份里，死去的牛羊之多真是令人难以相信。至于野鼠，哈得孙说：“在大逆袭之后只有稀稀少少的饱经折磨的残存的野鼠留下来延续种族了。”

这段描述还有另外一个有趣之点：它说明，在平地和高原上，一个种的突然增加马上就会引来其他地方的敌人，而且，没有合群的组织保护的种在这些敌人面前是一定要败亡的。

这位著作家还从阿根廷共和国引了一个恰当的例子。河鼠（Myiopotamus coypù）在那里是一种很普通的啮齿动物——样子像老鼠，但身子有水獭那么大。它们习惯于水栖，不过是很合群的。“在傍晚，”哈得孙写道，“它们全部都到水中游泳和玩耍，用好像受了伤的人的呻吟和哭叫那样的奇怪声调一起谈着。河鼠在长长的粗毛下面长着很细致的毛皮，所以它们被大量地运到欧洲；但是，大约在六十年以前，独裁者洛撒士颁布了一项法令，禁止猎取这种动物。结果,它们是极迅速地增加和繁殖,并且还放弃了水栖的习惯,变成在陆上生活和到处移栖了,它们成群结队地到各处去寻找食物。突然,一种奇怪的疾病降临到它们身上,使它们迅速地死亡,而且差不多是绝了种”(第 12 页)。

一方面被人消灭,另一方面患传染病,使种因而减少的,是这种强力的遏制——不是生存竞争,这种竞争完全是不存在的。

可以举出许多的事实证明,在那些享受着比西伯利亚舒适得多的气候的地区中也是动物不足的。这一点,在贝茨的著名的著作中也谈到了,而且他谈的还是亚马孙河沿岸的情况呢。

“事实上,”贝茨写道,“有各种各样的哺乳动物、鸟类和爬行动物,但是它们颇为稀散,并且是非常害怕人的。这个地区是那么的辽阔,在地面上是那么均匀地生长着森林,所以只偶尔在几个比他处更美好的特殊地方才能看到很多的动物”(《亚马孙河上的博物学家》,第 6 版,第 31 页)。

这个事实是非常令人惊异的,像缺少哺乳动物的巴西动物区,就毫不缺少鸟类,从前面有一页上所举的关于鸟类群栖的例子就可看出,巴西的森林给鸟类是提供了大量的食物的。然而,像亚洲和非洲的森林一样,巴西森林中的动物不是过多而是不足。南美的大草原也是这样,哈得孙说,真是令人惊奇,这个辽阔多草的地区是非常之适合于吃草的四足兽的,然而在那里所能找到的只不过是一种小反刍动物。大家都知道,人们移去的成千上万的羊、牛和马现在就是以一部分草原上的草为食的。大草原上陆栖的鸟类也是种类寥寥,数目不多。

6. 为了避免竞争的适应环境

（正文第 77 页）

在所有的博物学家的著作中都可以找到许许多多这种适应环境的例子。拿毛犰狳来说，就是其中很有趣的一个，关于这种动物，哈得孙说："它为自己打开一条道路，因此长得肥肥的，而它的同类则很快地消灭了。它的食物是多种多样的。它捕食各种昆虫，在地下几英寸深的地方寻找蠕虫和幼虫。它喜欢鸟卵和雏鸟；它也像兀鹰那样毫不犹豫地吃腐烂的动物尸体；而且，在找不到动物性食物的时候，就吃植物性食物——车轴草，甚至吃老玉米。所以，当其他动物都挨饿的时候，毛犰狳却总是长得又胖又壮的"（《拉普拉塔河上的博物学家》，第 71 页）。

田凫的适应环境的能力使它成为一种有极为广阔的散布地区的鸟类。在英国，它"在农耕地区也能像在荒野一样的欣然定居"。迪克生在他的《北部各郡的鸟类》（第 67 页）中说："猛禽类吃多种多样的食物，是习以为常的。"举例来说，我们在迪克生的著作（第 60、65 页）中就看到"英国荒原上的鸡鵟不仅是吃小鸟，并且还吃鼹鼠、田鼠、蛙、蜥蜴和昆虫，而大多数较小的隼，多半是以昆虫维持生命的"。

哈得孙论述南美旋木鸟科鸟类的那一章是很有启发性的，它再一次生动地描写了大部分动物所采用的避免竞争的方法，它们没有具备一般人认为是生存斗争必不可少的武器，然而在一定的地区中却能够大量地繁衍。上面所说的这个科的鸟类，散布的范围是很大的，从墨西哥南部一直到巴达哥尼亚都有，这个科包括的种，现在已经知道的就不下 290 个之多，大约可归为四十六属，旋木鸟科的显著特征是，它们的成员的习惯是大不相同的。不仅是各个属和各个种各有自己的特殊的习惯，甚至同一个种的旋木鸟在不同的地方，它们的生活方式也是不同的。“有几种旋木鸟（Xenops 和 Magarornis），如啄木鸟，是笔直地攀在树干上寻找昆虫的，但也有好像山雀那样，到树枝尖端的小枝和叶丛中去寻觅食物的；因此，整个一株树，从树根到树尖的叶丛都被它们搜索到了。有一种旋木鸟（Sclerurus）虽然是住居在密林之中，并且还具有尖锐而弯曲的爪子，但它们除了在地上腐烂的落叶中寻找食物以外，是从来不到树上去寻找的；然而奇怪得很，当它们受到惊动的时候，它们就飞到近旁的树干上，笔直地抓着树干，静悄悄地一动也不动地待在那里，利用它们的黑的保护色逃避被发现。”还有其他等等。它们的筑巢的习惯也是大不相同的。所以，单单在一个类中，就有三种旋木鸟筑的是灶形的泥巢，第四种是在树上用树枝筑巢，而第五种则像鱼狗一样，在河边上打一个洞做巢。

这一大科的鸟——用哈得孙的话来说——“是最无防御能力的鸟类，然而在南美洲的每一个地方都有它们居住着；因为，不论哪一种气候，不论哪一种土壤或植物，都有与之相适宜的旋木鸟”。它们和希斐尔卓夫所说的鸭子一样（参见正文），是没有强硬的喙和爪的；“它们是胆怯和没有抵抗能力的动物，它们没有什么气力或武器，它们的行动也不如其他鸟类的行动矫健，它们的飞行能力也是极其低弱的”。但是——哈得孙和阿萨拉都说——它们具有“高度的合群性”，虽然“由于需要保持孤独的生活条件使这种合群的习惯在它们身上有所减少”。它们不能进行我们在海鸟中所见到的那种大规模的繁殖的联合，因为它们是以树上的昆虫为生，它们必须分开到每一棵树上去寻找——极有规则地寻找；它们在森林中不断地彼此呼唤“遥相应答”；它们结合成我们在贝茨的生动的描写中所见到那种“漫游的队伍”，所以哈得孙认为“在南美洲的每一个地方，旋木鸟科(Dendrocolaptidœ)的鸟都是头一个联合起来一致行动的，其他各科的鸟类都跟着它们前进，和它们联合起来，因为它们从经验中知道，这样做，就可以得到丰富的收获”。不用说，哈得孙对它们的智慧也是十分称道。合群和智慧总是联在一块儿的。

7. 家庭的起源

（正文第 88 页）

当我写列为正文的那一章的时候，在人类学家中似乎是取得了一种一致的看法，认为父权制家庭，像我们在希伯来人或罗马帝国中所见到的，在人类的制度中是比较晚期才出现的。在此以后，又有人发表一些著作，不赞同巴苛芬和麦克林南所阐发的思想，不赞同摩尔根归纳成一个体系并由波士特、马克西姆·柯瓦列夫斯基和刘波克加以进一步发展和证实的思想，在这些著作中，最重要的是丹麦教授斯塔克的《原始的家庭》(Primitive Family，1889 年)和赫尔辛基教授爱德华·威斯特马克的《人类婚姻史》(The History of Human Marriage，1891 年；第 2 版，1894 年)。谈到原始的婚姻制度这个问题，也和原始的土地所有制问题一样，是有所争论的。摩烈尔和纳斯关于共产村落的看法，得到了一批有才学的研究家的发挥，当他们的看法和所有现代人类学家关于原始的氏族共产制度的看法即将获得一般人接受时，遇到了像法国的古朗吉、英国的牛津大学教授西波姆和其他的一些人著书反对，这些人的著作——写是写得很漂亮的，但缺乏真正的深刻的研究工夫——试图驳倒这种看法，并且对现今研究得来的结论表示怀疑（参看维诺格拉多夫教授给他的重要著作《英国的农奴制》一书所写的序言）。同样，当大多数人类学家和古代法学者开始采纳在人类早期的部落阶段是不存在有家庭这种看法时，又引起了像斯塔克和威斯特马克这样一些人的著作对这种看法进行争论，他们根据希伯来人的传说，认为人类开始就是有家庭的，而且还显然是父权制的家庭，认为人类没有经历过像麦克林南、巴苛芬或摩尔根所说的那种阶段。这些著作（其中以写得很漂亮的《人类婚姻史》读的人特别多）无疑是产生了一定的影响；没有机会阅读卷帙浩繁的论战文章的人，变得犹豫起来了；而有些熟悉这个问题的人类学家，例如法国的杜尔干教授，则采取一种调和的，但是有点儿不肯定的态度。

对一本论述"互助"的著作来说，这种争论是没有什么关系的。人类从最早的阶段起是过着部落生活的，这个事实，连那些对人类可能是经历过没有我们所理解的那种家庭的阶段这种看法感到惊奇的人也不加争辩了。然而，这个问题有它本身的重要性，值得在这儿谈一下，但须说明，要充分阐述这个问题，是需要专门写一本书的。

当我们花很大的力气去揭开那掩蔽着古代的制度（特别是人

类最初出现时所行使的那种制度）的帘幕时，我们在必不可免的缺乏直接证据的情况下，不能不完成一件极为辛苦的工作：追溯每一种制度，甚至连它在风俗习惯、传说、歌谣和民间故事等等方面所遗留的极模糊的痕迹也要加以仔细的研究；然后，把每一次单独的研究所得到的单独的结果综合起来，在心中把它们组成能够解答所有这些制度为什么能同时存在的社会。这样，我们就可以理解到，那是需要依据多么多的事实，需要对特殊的地方作多么细致的研究，才能得到一个确实可靠的结论。这种情况，在巴苛芬和他的门徒的不朽的著作中就可以看出来，然而在其他各家的著作中就没有发现。威斯特马克教授所搜集的事实无疑是够多的了，他的著作作为一种批评来说当然也是很有价值的，但是它很难使那些读过巴苛芬、摩尔根、麦克林南、波士特和柯瓦列夫斯基等人的原作，并且熟悉共产村落学说的人改变他们的意见和接受父权制家庭的理论。

因此，我敢说，威斯特马克根据灵长类的家族习惯而提出的论据，是没有他所说的那种价值的。生活在我们这个时代的合群的猿类，它们的家庭关系如何，我们还极不明了，而黑猩猩和大猩猩这两个不合群的种，是必须列在讨论的范围之外的，因为，正如我在正文中所指出的，它们都显然是正在衰退的种。在第三纪末期灵长类的雌雄之间存在着怎样的关系，我们知道得就更少了。生活在那时候的种也许全都绝灭了，在它们当中，哪一个是发源人类的祖种，我们一点也不知道。我们只能够大概地说，在当时极其多的各种猿类中是一定存在有各种各样的家族和部落关系的；而且，此后在灵长类的习惯中一定发生过巨大的变化，和许许多多哺乳动物的习惯甚至在最近两个世纪还发生变化是一样的。

因此，我们必须完全限制于讨论人类的制度；说父权制家庭是比较晚期产生的制度的那一派人，他们的论据之具有强大的力量，在于他们是把每一个早期的制度的每一个单独的痕迹，和我们在同一个民族或同一个部落的其他各种制度方面所有的一切知识联系起来详细讨论的。

事实上，在原始人当中的确是有一整套制度的，如果我们接受巴苛芬和摩尔根的看法，我们就能够充分理解这些制度，否则它们就简直成为不可思议的了。这些制度是：只要氏族没有分裂成单个的世袭的家庭，它就过着共产的生活；如米克鲁可-马克莱和苏尔茨所描述的居住在“长屋”中的生活，以及青年人按照年龄与进入的阶段分别在占有若干长屋的“级”中生活；对个人财产积累的限制（见前面正文中所举的几个例子）；从别个部落掳来的妇女，在变成个人的财产以前是属于整个部落所有的；还有刘波克所分析的许许多多相似的制度。这一大套制度——它们在人类发展的共产村落阶段就开始衰退，以至于最后消灭——是完全符合“部落婚姻”的理论的；然而它们大都被持父权制家庭说的学者所略去了。这当然不是探讨问题的适当的方法。原始人不像我们现在这样有几个重叠的或并列的制度。他们只有一个制度，氏族，它把所有一切氏族成员相互的关系都合并在一起了。婚姻关系和财产关系就是氏族关系。那些替父权制家庭说辩护的人，至少应该给我们阐明，刚才所说的这一套制度（它们后来才消灭的），在与这些制度相矛盾的由“家长”（Pater familias）统治的单个的家庭制度之下生活的人群中间为什么能够存在。

倡父权制家庭说的人，把一些极为困难的问题撇在一边，不去讨论，我们看不出这个方法有什么科学的价值。所以，摩尔根便用大量的证据证明许许多多的原始部落都有严格的“分级制”，同一个级的人互相称为兄弟和姊妹，而年轻一级的人则须把他们母亲的姊妹也称做母亲，等等。如果把这种情况说成是一个简单的“谈话方式”——对年长的人表示尊敬的方式，那当然是轻而易举地就把难以解释的问题摆开了，就不去解释：为什么不是其他的方式而是这样一种表示尊敬的特殊方式能够在那么多血统不同的民族当中广泛采用，以致今天还在许多民族当中存在呢？人们当然可以说，“妈”和“爸”对婴儿来说是最容易发音的音节，但问题是，为什么“儿语”中的这个用语为成年人所使用，而且是用来称呼经过严格划分的一定级别的人呢？为什么在那么多部落中把母亲和她的姊妹称做“妈”，把父亲称做“爹爹”（相似于“叔叔”）、“爸”或“爸爸”呢？原来把姑母也叫做母亲，为什么到后来又用别的名称来代替这种称呼呢？还有其他等等。然而，当我们知道，在许多蒙昧人当中，母亲的姊妹也像母亲那样负有一部分抚养孩子的责任，而且，如果一个心疼的孩子死了的话，另外一个“母亲”（母亲的姊妹）将牺牲自己的生命，去陪着那个孩子到另外一个世界——当我们知道这些的时候，我们就明白在这些名称中包含有比单纯的“谈话方式”或表示尊敬的方式深刻得多的东西。特别是当我们知道（刘波克、柯瓦列夫斯基和波士特已经充分论述过）目前还有许许多多的遗物和遗风表明这一点，我们就更可看出它们含有深刻的内容了。当然，我们可以说他们把母亲方面的人都认作是有血缘关系的人了,“因为孩子和他的母亲待在一起的时候较多”,或者,我们可以解释说,一个男人的孩子,是由几个不同部落的妻子所生的,由于蒙昧人“不懂得生理学”,所以就说他的孩子是属于他们母亲的氏族的;但是,这些论据是不足以用来证明我们所说的问题的关键的,特别是当我们了解以下的事实时,就更可看出这些论据不能证明我们所说的问题,这个事实是:具有母亲的姓氏,就意味着在各方面都属于母亲的氏族——即:对母亲的氏族的一切财产有一份权利,有权受母亲的氏族的保护,绝不许氏族中的任何一个人对他施加攻击,此外,还有为氏族报仇雪恨的责任。

即使我们暂时承认了这样的解释是满意的,但我们很快就会发现,对每 一类这样的事实都需要给它一个单独的解释——然而这样的事实是多得很的。现在只列举几个如下:在财产或社会条件没有分开的时候,氏族就分成了阶级;刘波克所列举的异族结婚和随之而来的各种习惯;为了证明血统一致而订立的血盟和一系列类似的习惯;有了氏族的神之后又出现了家族的神;互相交换妻子——不仅爱斯基摩人在有灾难的时候互相交换妻子,而且在许许多多血统不同的部落中也普遍有交换妻子的事情;文明的程度愈低,婚姻关系就愈松懈;混合结婚——几个男子娶一个妻子,她轮流地属于他们所有;在节日,或在每五日中的第五日,或在每六日中的第六日,或其他日子,便取消婚姻的限制;家族成员共同在“长屋”中居住;抚养孤儿的义务,即使在后期也是落在舅父的身上;母系世袭经过了许多暂时的形式便逐渐过渡到父系世袭;由氏族——而不是由家族——对子女的数目加以限制,而在富裕的时候,便取消了这一条严酷的规定;在氏族的限制之后又出现了家族的限制；年老的亲属为部落而牺牲；部落的复仇法和其他的许许多多习惯，在符合“家庭”这个用语的现代意义的家庭最后成立的时候才变成了“家庭的事情”；结婚的仪式和婚前的仪式——在刘波克爵士和几个近代的俄国探险家的著作中可以找到关于这些仪式的生动的描写；在母系继承的部落中没有隆重的结婚仪式，而在父系继承的部落中便有这种仪式——所有这些和其他许多事实[①]，正如杜尔干所说的，表明婚姻本身“只有对抗的力量才能容许和防止”；人死之后，就把属于他个人的东西加以毁灭；最后，还有许许多多有关这方面的遗物和遗风[②]，以及神话（见巴苛芬和他的许多门徒的著作）、民间故事，等等。

当然，所有这些都不能证明妇女的地位有一个时期是高于男子，或者是氏族的“首领”；这样的事情是极其个别的，我个人认为没有存在过这样的时期；同时，所有这些也不能证明曾经有一个时期部落对两性的结合无所限制——这和所有一切已知的证据是极端矛盾的。但是，当我们把最近发现的事实按照它们相互之间的从属关系来研究时，我们就不能不承认，即或在原始的氏族中可能存在过着孤独生活的一对夫妇和他们的子女，这种初期的家庭也只是容或有之的例外，而不是当时的制度。

① 参看赫青生：《各地的婚姻习惯》（*Marriage Customs in many Lands*，伦敦，1897 年）。

② 威廉·路德克在《德国公众道德史》（*Geschichte der öffentlichen Sittlichkeit in Deutschland*）中收集了许多新的和有趣的遗物和遗风，在《社会学年鉴》（*Annuaire Sociologique*）第 2 卷第 312 页载有杜尔干对路德克著作的分析。

8. 在坟地上毁灭私人的财产

（正文第 100 页）

在格罗特于 1892—1897 年在莱登出版的《中国的宗教制度》(The Religious Systems of China)这部出色的著作中，我们找到了证实这种看法的材料。在中国（和其他各地方一样），曾经有一个时期把死者个人所有的财产——他的动产、各种家具什物、奴隶，甚至他的朋友和下属，此外，当然还有他的寡妻——都送到他的坟地上去毁灭掉。要废除这种习惯，道德家是无能为力的，而必须对这种习惯加以强大的反作用。在英国的吉卜赛人当中，在墓地上毁灭一切家具财产的习惯直到今天还存在。前几年死去的吉卜赛王后的一切个人财产，都送到她的墓地上去毁灭了。当时有几家报纸都曾经报道过这件事情。

9. "未分开的家庭"

（正文第 123 页）

自从前面的文章写成之后，又出版了几本有价值的著作，论述南部斯拉夫人的"察德鲁卡"，即"集合的家庭"，并且把它们和其他的家庭组织形式加以比较和研究；这些著作是：米勒刊登在《国际比较法学和国民经济学协会年刊》(Jahrbuch der Internationler Vereinung für Vergleichende Rechtswissenschaft und Volkswirth-schaftslehre, 1897)上的文章和杰佐的《保加利亚的察德鲁卡》(Zadruga in Bulgaria)和《保加利亚的察德鲁卡所有制和工作》(Zadruga-Ownership and Work in Bulgaria)——这两本书的原作都是用保加利亚文写的。我还要提出波吉西克的著名的研究论文《论塞尔维亚人和克罗地人农村家庭中所谓'伊洛科斯纳'组织》(Dela forme dite 'inokosna' de la famille rurale chez les Serbes et les Croates,巴黎,1884 年),这篇论文,我在正文中漏提了。

10. 行会的起源

(正文第 169 页)

行会的起源,是许多人争论的一个问题。毫无疑问,手艺行会,即工匠的"社团",在古代的罗马是存在的。在普鲁塔克的著作中,有一段就谈到努马王曾经制定过关于行会的法律。普鲁塔克告诉我们说:"他把人分成各种行业……命令他们成立团体、定出节日和举行集会,并按照每一个行业的尊严敬祀神明。"然而,发明或组织行业社团的,不是罗马的皇帝,这一点差不多可以说是肯定的——它们在古代的希腊就已经是存在了;充其量,他只不过是把它们置于皇家法律的管辖下而已,正如 15 个世纪以后菲利普·勒·贝尔王把法国的各行各业置于国王的监督和法律管辖下是一样的,然而,这对各个行业来说是很有害处的。据说,努马王的后继者之一塞尔维士·杜里尤斯也颁布了一些关于工匠社团的法律[①]。

① 塞尔维士·杜里尤斯把罗马人按财产分为军人、参政员和工匠(A Servio Tullio populus romanus relatus in censum, digestus in classes, curiis atque collegiis distributus)。——见圣赖翁:《手艺行会史,自它们的兴起到它们于 1791 年遭到禁止》(*Histoire des Corporations de métiers depuis leurs origines jusqu'àleur suppression en* 1791, etc,巴黎,1897 年)。

因此，历史学家当然要在心中思考一下：在12世纪，甚至在10和11世纪就有那么大的发展的行会是不是古代罗马的"社团"的复活——尤其是从上面引用的材料看来，后者和中世纪的行会是十分相似的。[①] 我们知道，罗马式的团体在高卢南部是一直存在到第5世纪的。此外，从巴黎发掘出来的一个石碑也可看出，在迪伯里乌斯王统治的时候就曾经有过一种"Lutetia nautœ"团体的；在1170年发给巴黎"水贩"的执照中也载明了它们的权利是"自古"就有的（前书第51页）。因此，在蛮族侵略欧洲之后，如果在中世纪初期的法国仍然有工匠团体的话，那是一点也不奇怪的。

然而，即使是必须作这样的假定，我们也没有理由说，荷兰人的公会、诺尔曼人的行会、俄罗斯人的"阿尔切尔"、格鲁吉亚人的"阿姆卡里"等等，也一定是从罗马甚至是从拜占庭来的。当然，诺尔曼和东罗马帝国首都之间的来往是非常的频繁，而斯拉夫人（正如俄国历史学家，特别是伦保德所证明的）是积极地参加了这种来往的。所以，诺尔曼人和俄罗斯人或许就把罗马的行业团体这种组织传入了他们各自的国家。但是，当我们看到，早在10世纪"阿尔切尔"就已经是所有俄罗斯人的日常生活中的精髓，而且，虽然是一直到现在都没有制定过什么法律来规定它的生活，但这种"阿尔切尔"也具有同罗马的社团和西方的行会相同的特点——当我们看到这些的时候，

① 就我们判断（前书第9页），罗马人的"索达里细亚"（sodalitia）是相当于卡巴尔人的"梭福"的。

我们更加要认为，东方的行会的起源甚至比罗马的社团还古老。是的，罗马人知道他们的“索达里细亚”和“社团”就是“希腊人所说的‘赫特里埃’(hetairiai)”(马丁·圣赖翁的著作第2页)，根据我们所知道的东方的历史，我们可以万无一失地作这样的结论：东方的各大国和埃及都有相同的行会组织。我们发现，无论什么地方的这种组织，其主要的特点都是一样的。它是那些经营相同职业或行业的人的联盟。像原始的氏族一样，这种联盟有它自己的神和它自己的敬拜仪式，每一个单独的联盟都有一些特殊的秘诀；它把它所有的成员都看作兄弟和姊妹——也许(在它开始的时候)这样一种关系在氏族中包含着重大意义，或者，至少也有表示或象征兄弟和姊妹之间的氏族关系的礼节；最后，在氏族中所有一切互相援助的义务，在这种联盟中也是有的，即：在团体之内绝不能杀害人，听凭氏族的评判，遇有细小的纠纷，则提请行会的法官，或者说得更确切一点，提请行会的仲裁人加以解决。因此，行会——我们可以说——是拿氏族作它的模型的。

所以，我倒是认为，在正文中所讲的关于共产村落的起源的那些话，也同样地适用于行会、“阿尔切尔”和工匠团体或邻里公会。从前把人结合为氏族的那种联盟，由于迁移而松弛的时候，便出现了世袭的家庭和愈来愈多种多样的职业——人类创造了像共产村落那样的新的地域的联盟；另外还有一种联盟——职业的联盟——就作为一种假想的同胞手足——假想的氏族：在两个或几个人之间，称为“混血的弟兄”(斯拉夫人称为“波勃拉的姆斯脱伏”)，在同一个村子或城镇(甚至不同的村子或城镇)居住的血统不同（即来自不同的氏族）的许多人之间，称为“佛拉特利”（phratry）、“赫特里埃”、“阿姆卡里”、“阿尔切尔”、行会。[①]

至于这样一种组织的思想和形式，它的要素从蒙昧时期以来就已经是有所显示的。我们知道，在所有蒙昧人的氏族中都分别有战士、巫师、青年人等等的秘密组织——手艺“秘诀”传习会，教授打猎或打仗的知识；用一个词来说，按米克鲁可-马克莱所定的名称，就是“俱乐部”。这些“秘诀”传习会，十之八九就是未来的行会的原型。[②]

谈到前面所说的马丁·圣赖翁的著作，让我补充一句，在这本书中有关于巴黎行业组织的很有价值的材料——似乎是取自布瓦

① 令人惊异的是，我们发现，在普鲁塔克关于努马王制订行业社团法那一段有名的文字中，这种看法是阐述得多么清楚：“通过这个法律，”普鲁塔克写道，“他首先把这种精神从城市中排除出去，因为这种精神导致一些人说：‘我是一个塞宾人，’或者‘我是一个罗马人，’或者‘我是塔迪尤斯的臣民，’而另外的人又说：‘我是罗慕露斯的臣民’”——换句话说，要消除血统不同的观念。

② 当我阅读这几页校样时，恰好得到苏尔茨的《同年会和同人会：表现友谊聚会的一种基本形式》（Altersklassen und Männerverbände：eine Darstellung der Grundformen der Gesellschaft，柏林，1902 年），这本书论述了出现在文明的野蛮阶段中的“年龄级别”和人们的秘密联盟，其中有许多事例可以用来证实上面关于行会起源的假设。修建公共的大屋而不触犯被伐倒的树木的精灵之术；锻炼五金以怀柔仇敌灵魂之术；使打猎、祭祀和假面跳舞克奏其功之术；教孩子们凶悍之术；破除敌人邪法的秘诀和战术；渔船、渔网、捕动物的活套和捕鸟的罗网的制造术；最后，妇女的纺织和染色术——所有这些，在古时都是种种的“计谋”和“手艺”，是要懂得其中的秘密才能取得成功的。因此，它们从最初起就只是在秘密团体即“秘诀”传习会中传授给那些经过痛苦的入会手续的人。苏尔茨指出，野蛮人的生活中是密布着秘密团体和（战士的、猎人的）“俱乐部”的，它们的起源和氏族中的婚姻“级别”是一样的古老，并且已经包含有未来的行会的一切要素：保守秘密；离开家庭、有时候还离开氏族而自立；共同敬祀特殊的神；共同用餐；在团体内部进行裁判管辖。事实上，炼铁场和船库通常是从属于人们的俱乐部的；而“长屋”则是由那些知道怎样祈求被伐倒的树木的精灵的特殊工匠修建的。

洛的《职业书》(Livre des métiers)的——此外,还有一篇关于法国各地的小行政区的简明提要和所有的参考书目。然而,必须记住的是,巴黎是“王室所在的城市”(像莫斯科或威士特敏斯特一样),因此,自由的中世纪城市制度不能获得它们在自由城市中所获得的那种发展。巴黎的团体绝不是“一个典型的团体的图形”,它们是“在王室的直接监督之下产生和发展的”,正是这个原因(作者认为这是一个好处,然而却是一个坏处——他本人在他书中的不同的篇章中已经充分说明了罗马的皇权和法国的王权的干涉是如何摧毁手艺行会的生命和使它陷于瘫痪的),它们才不能获得异常迅速的成长和给城市生活以巨大的影响,而在法国东北部,在里昂、蒙特伯里和尼姆等地,或者在意大利、佛兰德斯和德国等国家的自由城市中,它们的确是获得了迅速的成长和给城市生活以很大的影响的。

11. 市场和中世纪的城市

(正文第 180 页)

在《市场和城市的法律关系》(Markt und Stadt in ihrem rechtlichen Verhältnis,莱比锡,1896 年)这本论述中世纪城市的著作中,里歇尔阐述了这样一种看法:德国中世纪的村镇一定是由市场发展起来的。一个地方的市场,在一个主教或者在一个修道院或诸侯的保护下,把许多商人和工匠聚集在它的周围,但是没有农业人口。城市通常是分成许多的段,它们从市场所在的地方逐渐扩展,在每一个段中居住着专门的行业的工匠,这样的段可资证明:它们通常就是所谓旧城,而新城则是属于领主或国王的乡村。

旧城和新城是用不同的法律管理的。

的确，市场在所有中世纪城市初期的发展中是起了很重要的作用的，它增加了市民的财富，而且赋予他们以独立的思想；但是，正如卡尔·赫格尔——《德国城市制度的形成》(Die Entstehung des deutschen Städtewesens，莱比锡，1898 年)这本很好的论述德国中世纪城市的著作的有名的作者——所说的，城市法不是市场法，赫格尔的结论(进一步证明了本书所采取的看法)是：中世纪城市有双重的起源。“城市中并排地居住着两种人口：一种是乡村人口，另一种是纯粹的城市人口”；从前是生活在共产村落(Almende)组织中的人口，现在是并入城市了。

谈到商人行会，值得特别地提一下林登的论文《中世纪荷兰和比利时的商人行会》(Les Gildes marchandes dans les Pays-Bas au Moyen Age，根特，1896 年，载《根特大学文哲学院学术汇编》——Recueil de travaux publiés par la Faculté de Philosophie et Letters)。作者谈到了它们的政治力量的逐渐发展，谈到了它们如何逐渐地取得管辖产业人口(特别是管辖绸布商)的权力，此外，作者还描述了手艺工人如何组织联盟，以对抗商人行会日益增长的势力。本书关于商人行会是在一个较晚的时期(大部分相当于城市自由衰落的时期)出现的看法，在林登的论文中似乎是找到证明了。

12. 目前在荷兰农村中实行的互助办法

(正文第 231 页)

在荷兰农业委员会的报告中有许多关于这个问题的材料，我的朋友柯恩利森从这些浩繁的卷帙(《荷兰农业情况的调查结果》——Uitkomsten van het Onderzoek naar den Toestand van den Landbouw in Nederland,2 Vols,1890)中为我挑出了有关的段落。

和这个时候其他各个国家中的情况一样,他们也有这个很普遍的习惯:把一部打谷机送到田间去轮流地租给大家使用。我们到处都发现一些公社备有一部供村尽使用的打谷机(第 1 卷第 18 章第 31 页)。

农人们在没有足够的马耕田时,便借用他们邻居的马。养一头公用的牛或一匹公用的种马,这也是很常见的。

当村里的人要在低洼地区辟土兴修一所乡村学校或者给一个农民盖造新屋时,就往往召集大伙儿来"帮工"(bede)。农民们在迁居的时候,也采用这个办法。"帮工"已经成了一种普遍的习惯,而且,无论贫富,没有一个不带着他的马和车子来参加的。

我们在这个国家的有几个地方还发现,几个农夫共同租一块草地来饲养他们的牛;有犁和马的农民帮助他的雇工耕地,这种情况也是常见的(第 1 卷第 22 章第 18 页,等等)。

至于农民们为购买种子或向英国出口菜蔬等等而成立的团体,那是到处都有的。同样的情况也见之于比利时。在 1896 年,也就是农会首先在该国佛兰德斯人居住的地区开始成立之后七年,而传入比利时瓦伦人居住的地区不过才四年,这种农会就已经有 207 个之多,会员达到 1 万人——见《农业科学年鉴》(Annuaire de la Science Agronomique,Vol. I(2),1896 年,第 148 页和 149 页)。

中外人名地名对照表

三　画

土克曼 Turcoman
士瓦松 Soissons
士图尔，德 Stuers，De
门诺教派 Mennonite
马林 Marin
马夏尔 Martial，L. F.
马歇尔 Marshall
马尔可夫 Markoff
马尔萨斯 Malthus，T. R.
马泰伯勒 Martabele
马达加斯加 Madagascar
马革达雷群岛 Magdalene Islands

四　画

文尼亚米诺夫 Veniaminoff
韦伯，悉尼 Webb，Sidney
韦伯夫妇 Webb，Sidney and Beatrice
车尔尼雪夫斯基 Tchernyshevsky
韦德 Wied
韦罗纳 Verona
韦德尔 Weddell，H. A.
开普敦 Capetown
扎卡塔雷 Zakataly
比萨 Pisa
比培尔 Piepers，M. C.
比拉耶夫 Byelaeff
切鲁斯克人 Cherusques
友伯，彼埃尔 Huber，Pierre
友特尔，艾弥尔 Hüter，Emil
贝茨 Bates，Henry Walter
贝克，萨谬耳 Baker，Samuel W.
贝克尔 Becker，A.
贝舍尔 Burchell
不来梅 Bremen
巴罗 Barrow
巴容 Bayonne
巴登 Baden
巴博 Babeau
巴士颠 Bastian
巴本海 Pappenheim
巴苛芬 Bachofen
巴塞尔 Basel
巴撒诺 Bassano
巴布亚人 Papuas

巴尔弗瑞 Palfrey
巴托尔德 Barthold
巴伐利亚 Bavaria
巴克拉茨 Bakradze,Dm.
巴苏陀人 Bassoutos
巴达维亚人 Batavians
巴塔哥尼亚 Patagonia
巴甫洛夫夫人,玛丽 Pavloff,Madame Marie
以色列 Israel
牛顿 Newton,A.
牛津郡 Oxfordshire
丹顿 Denton
丹德山 Tendre,Mount.
乌利 Uri
乌干达 Uganda
乌尔姆 Ulm
乌苏里江 Usuri
乌喀嘉人 Oucagas
乌格里亚人 Ugrian
乌拉尔-阿尔泰人 Ural-Altayans
瓦伦 Walloon
瓦特,詹姆斯 Watt,James
瓦尔特 Walter
瓦尔特,约安·范·台 Walt,Johan van der
瓦姆斯 Worms
瓦勒州 Valais
瓦利克郡 Warwickshire

五　画

汉柏 Humber
汉波德 Humboldt
兰克 Ranke,L.
兰伯特 Lambert,J. M.
兰普舍 Lamprecht
艾纳,莱纳德 Ennen,Leonard
艾纽斯,科斯摩 Innes,Cosmo
艾赫林 Ihering
艾布拉尔 Ebrard
艾尔斯金 Erskine
艾克尔曼 Eckermann
艾希荷恩 Eichhorn
艾尔芬斯登 Elphinstone
艾菲门科夫人 Efimenko,Mme.
弗里 Forli
弗立席 Fritsch
古诺,海恩利希 Cunow,Heinrich
古朗吉,伏斯特耳·德 Coulanges,Fustel de
古尔兹人 Coures
古脱利治,约瑟夫 Gutteridge,Joseph
布斯,查尔斯 Booth,Ch.
布瓦洛 Boileau
布列洪 Brehon
布列登 Brighton
布利姆 Brehm;Alfred Edmund
布里士 Blyth
布拉格 Prague

布朗沙 Blanchard
布勒克 Bleck,W.
布隆里 Bromley
布鲁日 Bruges
布西门人 Bushmen
布列西亚 Brescia
布列斯劳 Breslau
布克士鲍 Buxbaum,L.
布利亚特 Buriate
布里塔尼 Brittany
布伦塔诺 Brentano
布鲁塞尔 Brussels
布里亚特人 Buryates
布里斯特耳 Bristol
布拉维拿克 Blavignac,J. D.
布朗士维格 Braunschweig
尼士 Neath
尼希 Nitzsch
尼姆 Nimes
尼斯 Nys,E.
加里西亚 Galicia
加尔穆克人 Kalmucks
北昆士兰 North Queensland
北安普敦郡 Northamptonshire
札鲁得尼 Zarudnyi
圣昆丁 St. Quentin
圣马可 Saint Marc
圣都昂 Saint Ouen
圣路易 Saint Louis
圣赖翁,马丁 Saint-Léon,E. Martin
圣吉罗奈 St. Gironnais
圣劳伦斯 St. Lowrence
圣基尔达 St. Kilda
圣赫里伯 St. Heribert
圣尤尔利克 St. Ulrik
圣亚达尔伯 St. Adalbert
圣伍尔福冈 St. Wolfgang
圣乌特尔德 St. Uthelred
圣奥古斯丁 St. Augustin
边沁 Bentham
卡奴 Tchany
卡波尼,吉诺 Capponi,Gino
卡洛恩,德 Calonne,A. de
卡萨里 Casalis
卡巴尔人 Kabyles
卡尔卜人 Carpes
卡非尔人 Kafir
卡德琳娜 Catherine
卡米拉罗语 Kamilaroi
卢卡 Lucca
卢梭 Rousseau
叶尔登 Jerdon
叶尼塞河 Yenisei
史托尔滋 Stoltze
外里海 Transcaspian
外贝加里亚 Transbaikalia
皮斯托亚 Pistoia
白令 Behring
白令海峡 Bering Strait
发格尼耶 Fagniez

闪族人 Semites

六　画

汎人 Fans
安切尔，珂伏德 Ancher,Kofod
安特卫普 Antwerp
安纳拉石卡 Unalashka
安麦斯特群岛 Amherst Islands
安迪科斯迪岛 Anticosti Island
设菲尔德 Sheffield
米勒 Mıller,O.
米勒 Miler,Ernest
米舍勒 Michelet
米尔嘉特 Milgaard
米那哈撒 Minahasa
米登多夫 Middendorff
米开朗琪罗 Michel Angels
米克鲁克-马克莱 Miklukho-Maclay
刘波克，约翰 Lubbock,John
吉力 Giry
吉尔 Gill
吉汀斯 Giddings,F. A.
吉罗纳 Girona
吉卜赛人 Gipsy
吉尔文克湾 Geelwink Bay
考尔 Kohl
考夫曼 Kaufmann
考茨基 Kautsky
考文特里 Coventry
考尔留士 Cornelius
西波姆，亨 Seebohm,H.
西波姆，弗里得列克 Seebohm,Frederic
西士蒙第 Sismondi
西坎伯人 Sicambers
西徐亚人 Scythians
西尔威斯特 Sylvestre
西勃拉里奥 Cibrario
托多拿 Tortona
托尔斯泰，列夫 Tolstoi,Lev Nikolaevich
托姆斯克 Tomsk
托斯卡那 Tuscany
托博尔斯克 Tobolsk
亚亨 Aachen
亚眠 Amiens
亚兰人 Alans
亚平宁 Apennines
亚伯丁 Aberdeen
亚姆河 Amu
亚诺特 Arnold,Wilhelm
亚布维尔 Abbeville
亚本泽尔 Appenzell
亚吉比人 Argippaeans
亚利安人 Aryans
亚拉尼人 Arani
亚马孙河 Amazon
亚鲁特人 Aleoutes
亚尔夫鲁斯人 Alfurus
亚脱印第安人 Aht Indians

亚德勒兹教授 Adlerz,Prof. Gottfried
毕舍尔 Bücher,K.
列杜诺 Letourneua
列兹庚人 Lezghines
列杜诺克斯 Letourneux
达尔 Dall
达生,乔治 Dasent,George
达恩 Dahn,F.
达尔文,查尔斯 Darwin,Charles
达尔文,埃拉斯穆 Darwin,Erasmus
达尔冈 Dargun,L.
达沙尔 Tachart
达罗茨 Dalloz
达兰斯特 Dareste
达格斯坦 Daghestan
迈士考夫斯基 Miaskowski
多尔比尼 D'Orb gny
多尔多涅 Dordogne
伍德 Wood,J. C.
休格 Hugues
伊克特 Eckert
伊士比纳 Espinas
伊丽莎白 Elizabeth
伊普斯威奇 Ipswich
伊凡尼谢夫 Ivanisheff
伊尔切斯特 Ilchester
伊吉察洛夫 Eghiazarov,S.
伊格尼托克 Ignitok
伊耳德法兰西 Ile de France
吕谢尔 Luchaire,A.
华伦谷 Warren Vale
华格纳,莫里茨 Wagner Moritz
华格纳,阿道尔夫 Wagner,Adolf
华莱士 Wallace,A. R.
邦纳梅尔 Bonnemère
红胡子腓特烈 Frederick Barbarossa
约克郡 Yorkshire
约伯-杜瓦尔 Jobbé-Duval
伦克 Rink,H.
伦巴底 Lombardian
伦保德 Rambaud
纳索 Nassau
纳斯 Nasse
纳察洛夫 Nazaroff

七　画

纽伦堡 Nuremberg
纽卡斯尔 Newcastle
纽沙特尔 Neuchatel
汶特勒 Wunderer,J. D.
沙夫兹伯里 Shaftesbury
沙尔麦特人 Sarmates
沙克塞文人 Shakhsevens
沃特福德 Waterford
怀特 White
怀特卡泊尔 Whitechapel
亨汀顿郡 Huntingdonshire
亨利五世 Heinrich V
亨利七世 Henry VII
亨利八世 Henry VIII

庇桑札 Piacenza
麦增 Meitzen
麦克林 Maclean
麦诺夫 Maynoff
麦尔维尔 Melleville
麦克林南 Mac-Lennan
麦克库克 MacCook
巫梭 Houzeau
劳迪士 Laudes
苏比亚 Suabia
苏尔茨 Schurz,H.
苏利郡 Surrey
苏族人 Sioux
苏瑟兰 Sutherland,A.
苏黎世 Zürich
芬席 Finsch,O.
坎布赖 Cambrai
克劳斯 Klaus,A.
克里马 Crema
克罗德,查尔斯 Clode,Charles M.
克古仑岛 Kerguelen Island
克尔特人 Celts
克里门慈,狄米蒂 Clements,Dmitri
克鲁柯恩 Kluckohn
克尔特-伊伯利亚人 Celt-Iberian
杜迪 Tuetey
杜尔索 Thurso
杜森尔 Toussenel
杜拉尼亚人 Turanian
李希登斯坦 Lichtenstein
君士坦斯 Constance
阿尔登 Altum,B.
阿列日 Ariège
阿瑟王 Arthur,King
阿萨拉 Asara
阿穆尔 Amur
阿尔卑斯 Alps
阿尔得纳 Ardennes
阿拉尔湖 Aral,Lake
阿迪拉得 Adelaide
阿马尔菲 Amalfi
邵可侣,艾利 Reclus,Elie
邵可侣,艾利塞 Reclus,Elisée
别尔佳扬斯克 Berdyansk
里克 Lick
里昂 Lyon
里夫人 Lives
里伯特 Lippert
里姆斯 Rheims
里歇尔 Reitschel
里巴里群岛 Lipari Islands
希罗多德 Herodotus
希姆伯尔 Schimper
希斐尔卓夫 Syevertsoff
佐费尔 Zöpfl
佛兰德的 Flemish
佛勒尔 Forel
佛兰德斯 Flanders
佛尔伐郡 Forfarshire
佛罗伦萨 Florence

但丁 Dante
伯尔尼 Bern
伯利耶 Perrier
伯尚松 Besancon
伯斯勒 Besseler
伯格多夫 Burgdorf
伯里浦鲁斯 Periplus
伽利略 Galiles
孚德州 Vaud
犹德州 Utah
狄阿多拉斯 Diodorus
努马王 Numa
库斯，埃利奥 Couës Elliot
库利舍 Kulischer
库尔斯克 Kursk
库登柏格 Kuttenberg
库丁斯克草原 Kudinsk Steppe
张伯斯 Chambers
杨格，亚塞 Young，Authur
玛尼托巴 Manitoba

八　画

迪克生，查尔斯 Dixon，Charles
迪里斯 Dellys
迪伯里乌斯王 Tiperius
法布尔 Fabre
法尔克 Falke
法尔克纳 Flalkenau
法兰克人 Franks
法兰克福 Frankfort
法恩群岛 Forne Islands
法兰柯尼亚 Franconian
波达 Botta
波克，卡尔 Bock，Carl
波特，比亚特里斯 Potter，Beatrice
波蒙 Beaumont
波士特 Post
波哥人 Bogos
波伦亚 Bologna
波特尔 Porter
波吉西克 Bogisic
波希米亚 Bohemia
波德里拉 Baudrillart，H.
波德里拉，阿尔弗来德 Baudrillart，Alfred
波士尼可夫 Posnikoff
波利亚可夫 Polyakoff
宛陀兹 Wyandots
育空 Yukon
英诺森三世 Innocent III
拉昂 Laon
拉纳 Laonnais
拉尔德 Lartet
拉佛勒 Laveleye
拉波恩 La Borne
拉茵翰 Raunheim
拉马克 Lamarck
拉纳桑 Lanessan，J. L.
拉布拉多 Labrador
拉普拉塔 La Plata

拉德斯托克 Radstock
耶拿 Jeny
杰兰 Gerland
杰佐 Geszow, I. E.
杰德士 Geddes
林内 Linneus
林登 Linden, Herman van den
林塞康 Lincecum
林里茨哥 Linlithgow
林登菲德 Lendenfeld, R.
孟铎杰,特隆·德
Montaugó, Theron de
肯德 Kent
明曾格 Münzinger
图卢兹 Toulouse
帕巴斯 Pampas
帕杜亚 Padua
罗,休 Law, Hugh
罗利 Lorris
罗斯,登曼 Ross, Denman
罗布泊 Lob-nor
罗伯特 Robert
罗杰斯,梭罗尔德 Rogers, Thorold
波利尼西亚人 Polynesians
罗曼斯,乔治 Romans, George
罗塞尔 Lozere
罗瑟尔 Roscher
罗萨里 Rothari
罗斯托克 Rostock
罗慕露斯 Romulus
金斯莱,玛丽 Kinsley, Mary
金布利埃 Cherbuliey
舍拉人 Salis
彼希纳,路易 Büchner, Louis
欧文,罗伯特 Owen, Robert
凯士勒 Kessler
凯勒尔 Keller
凯马尼湾 Kaimani Bav
枫苔勒瓦 Fontenay-Les-Oies
泽西 Jersey

九　画

恺撒,尤里乌斯 Cæsar, Julius
洛甘 Rocquain, F.
"洛克""The Rock"
洛撒士 Rosus
突比人 Tupi
美拉尼西亚人 Melanesian
炳克 Bink, G. L.
契尔尼戈夫 Chernigov
珂茨罗夫 Kozloff, P. K.
珂斯托马洛夫 Kostomaroff
勃艮第 Burgundy
费查 Fichard
费埃 Fée
费拉里 Ferrari
费强人 Fuegians
茵菲尼斯 Inverness
标亨伯格 Buchenberger, A.
柯林斯 Collins

柯士基纳 Koskinen
柯恩利森 Cornelissen,M.
柯瓦列夫斯基,马克西姆 Kovalevsky,Maxim
柏伦士 Perrens
查理大帝 Karl the Great
奎特人 Quades
哈勒 Halle
哈得孙 Hudson,W. H.
哈诺铎 Hanoteau
威茨 Waitz
威勒 Wilh
威塞 Wises
威尔士 Wales
威尔曼 Wilman,R.
威利士 Willis
威廉森 Williamson
威尔特郡 Wiltshire
威斯特马克,爱德华 Westermarck,Edward
威士特敏斯特 Westminster
科伦 Cologne
科耳本 Kolben
科克山 Mount Coke
科伦那 Colonnas
科尔尼希 Cornish,C. J.
科罗拉多 Colorado
律贝克 Lübeck
贺威特 Howitt
贺德尔,艾德文 Hodder,Edwin
勋伯格 Schönberg
剑桥 Cambridge

十　画

海加斯 Haygarth
宾夕法尼亚 Pennsylvania
高卢 Gaul
高聂士瓦特 Königswater
席莫勒 Schmoller
席伦凯 Schrenk
唐波夫 Tambov
朗德山 Lund Hill
敖德萨 Odessa
泰明 Temminch
泰洛,爱德华 Tylor,Edward B.
泰恩 Taine
泰隆,吉洛 Teulon,Giraud
泰南特 Tennant,E.
班恩 Bain,Eb.
班克拉夫特 Bancroft
索姆 Sohm
索里第 Solidi
索洛涅 Sologne
索可罗夫斯基 Sokolovsky
埃尔 Aire
埃尔兰根 Erlangen
埃内马-斯德纳格 Inama-Sternegg
都尔干 Durkheim
都尔果 Turgot
荷姆 Holm

荷尔登 Holden,E. S.
莫比盎 Morbihan
莫格里吉 Moggridge,J. T.
莫尔多瓦人 Mordovian
哥白尼 Copernicus
哥本哈根 Copenhagen
哥罗席人 Koloshes
根特 Ghent 或 Gand
格林,约翰 Green,J. R.
格雷 Grey
格兰扁 Grampians
格拉米 Gramich
格拉伯,罗耳 Glaber,Raoul
格罗士,卡尔 Gross,Carl
格罗士,查理 Gross,Ch.
格罗特 Groot,J. M.
格陵兰 Greenland
格林夫人 Green,Mrs. J. R.
格里迪奇 Gleditsch
格拉鲁斯 Glarus
格鲁吉亚人 Georgians
桑利 Senlis
通恩 Thun
通古斯人 Tungus
陶兰 Doren,A.
朗哥巴人 Longobards
陶里达 Taurida
恩纳特,约翰 Ernett,John T.
恩特瓦登 Unterwalden
爱斯基摩人 Eskimos
爱德华三世 Edward III
爱德华六世 Edward VI
特维尔 Tver
特鲁普 Thrupp,J.
特里戈希 Tricoche
特累维索 Treviso
倍尔第,马克希米 Perty,Maximilian
倍尔克郡 Berkshire
莱恩 Rein
莱登 Leyden
莱比锡 Leipzig
莱蒙湖 Lake Leman
莱杰伯格 Reichesberg
诺尔曼 Norman
诺耳斯,詹姆斯 Knowles,James
诺金特,杰伯特·德
Nogent,Guibert de
诺特曼 Nordmann
诺沃乌晋 Novouzen
诺夫戈罗德 Novgorod
诺登舍尔德 Nordenskjold,A. E.
诸克起人 Tchuktchis
铎尼俄 Doniol

十 一 画

密西西比 Mississippi
梁赞 Ryazan
密苏里河 Missouri
寇克 Kirk,T. W.
康敏 Cumming

康比涅 Compiègne
康拉德 Conrad
理其泰，保罗 Richter，J. Paul
培根，罗吉尔 Bacon，Roger
培根，佛兰西斯 Bacon，Francis
菲尔，约翰 Phear，John
菲吉 Fiji
菲利普 Philip
菲利普·勒·贝尔王 Philipp Le Bel
菲利普斯 Philips
菲利普-渥利，克利夫
Phillips-Wolley，Clive
基佐 Guizot
基辅 Kieff
基尔肯尼 Kilkenny
基尔摩里郡 Kilmorie
勒拿 Lena
勒欧 Leo
勒瓦兰 Le Vailland
勒布兰 Lebret
勒根斯堡 Ratisbon
梯弗里斯 Tiflis
梅得里 Medley
梅罗文吉 Merovingian
梅特林克 Maeterlinck
隆达谷 Rhondde Valley
隆卡里亚 Roncaglia
彪特利 Bürtli，K.
鄂尔坤 Orkhon
鄂尔登堡 Oldenburg
鄂霍次克 Okhotsk
曼因，亨利 Maine，Henry
曼茵兹 Mainz
曼萨尼达 Manzanita
第耶利，奥古斯丁 Thierry，Augustin
符次堡 Würzburg
符腾堡 Württemberg
悉尼 Sydney
戚美尔曼 Zimmermann
维·维 V. V.
维桑札 Vicenza
维蒂蒙 Vitim
维奥勒 Viollet，P
维亚特卡 Vyatka
维塔利斯 Vitalis
维斯特法伦 Westphalian
维诺格拉多夫 Vinagradov
萨克森 Saxony
萨马拉 Samara
萨费尼 Savigny
萨拉托夫 Saratov
萨拉福山 Salève，Mount

十二画

温克尔，戴利奇·德
Winchell，Dietrich de
温台特 Winterthur
温哥华 Vancouver
温契斯特 Winchester
渥特 Wauters，A.

普里卡德 Pritchard,W. T.
普林索尔,塞缪耳 Plimsoll,Samuel
普菲法尔,伊达 Pfeiffer,Ida
普斯科夫 Pskov
普斐斯德 Pfister
普鲁塔克 Plutarch
普尔耶瓦斯基 Prjevalsky
堪察加 Kamtchatka
塔西佗 Tacitus
塔干洛格 Taganrog
塔迪乌斯 Tatius
博尔努 Bornu
蒂拉斯波耳 Tiraspol
葛尼 Gurney
葛姆 Gomme,G. L.
惠威尔 Whewell
斯密,亚当 Smith,Adam
斯可特,迈克尔 Scot,Michael
斯托布 Stobbe
斯拉特 Slater,G.
斯帕尔 Speier
斯宾塞,赫伯特 Spencer,Herbert
斯特勒 Steller
斯密士,陶尔明 Smith,Toulmin
斯塔克 Starcke C. N.
斯提达 Stieda,W.
斯维茨 Schwytz
斯德芬 Steffen,G.
斯林克人 Thlinkets
斯图嘉德 Stuttgart
斯塔根堡 Starkenberg
斯普罗特,吉伯特 Sproat,Gilbert
斯德纳格,埃内马 Sternegg,Inama
斯丹士伯里 Stansbury
斯特拉斯堡 Strassburg
斯维比亚人 Sveves
斯摩棱斯克 Smolensk
斯德哥尔摩 Stockholm
斯拉费扬诺塞尔布斯克 Slavyanoserbsk
雅各森 Jacobson
雅德林则夫 Yadristseff
斐森,洛里曼尔 Fison,Loremer
斐迪南一世 Ferdinand I
黑森 Hessian
喀山 Kazan
喀尔森,鄂多 Kallsen,Otto
喀维林 Kavelin
喀尔巴阡 Carpathians
舒迪 Tschudi
舒尔兹,阿尔文 Schultz,Alwin
腊万纳 Ravenne
腓特烈二世 Frederick II
鲁洛 Luro
鲁沙士 Rossus
鲁克春 Lukchun
鲁利克 Rurik
鲁莫尔 Rumohr
鲁末尔茨 Lumholtz
奥利 Ory

奥杜邦 Audubon
奥廖尔 Orel
奥布利恩 O'Brien
奥尔西尼 Orsinis
奥西特人 Ossetes
奥格斯堡 Augsburg
奥钦科夫斯基 Ochenkowski
奥菲尔斯托茨 Overstolzes
奥斯提亚克人 Ostyaks
奥斯特罗戈日斯克 Ostrogozhok

十 三 画

塞米松 Sémichon,L.
塞宾人 Sabine
塞吉维奇 Sergievich
塞菲尔里茨 Seyferlitz
塞尔维士·杜里尤斯 Servius Tullius
新喀里多尼亚 New Caledonia
新赫布里底群岛 New Hebrides
福伯斯,詹姆斯 Forbes,James
蒲丰 Buffon
蒙特伯里 Montpellier
蒙脱吉尔 Montrozier
路德克,威廉 Rudeck,Wilhelm
路奇茨基 Luchitzky
路易十四世 Louis XIV
詹生 Janssen
赖美尔 Raumer
锡耶纳 Sienna
鲍威尔 Powell

十 四 画

歌德 Goethe
察德鲁卡 Zadruga
察尔夫舍斯克 Tsarevokshaisk
赫内 Hanne
赫尔 Hull
赫定,斯文 Hedin,Sven
赫斯,理查特 Heath,Richard
赫尔松 Kherson
赫青生 Hutchinson,H. N.
赫胥黎 Huxley
赫格尔,卡尔 Hegel,Carl
赫纽曼 Heinemann
赫尔辛基 Helsinki
赫夫苏尔人 Khevsoure
赛克斯上校 Sykes,Col.

十 五 画

摩勒,阿尔弗莱德 Moeller,Alfred
摩尔人 Maures
摩尔根 Morgan,L. N.
摩法特 Moffat
摩烈尔 Maurer
摩拉维亚 Morovia
撒莫亚人 Samoyades
撒福纳罗拉,吉洛尼摩 Savonarola,Gieronimo
撒雷普塔 Sarepta
撒利法兰克人 Salic Franks

墨尔本 Melbourne
德尔撒 Terssac
德西诺 Tessino
德米多夫 Démidoff
德米谢尔 Desmichels
德鲁蒙德 Drummond, Henry
鞑亚克人 Dayak
澳里亚克 Aurignac

十　六　画

霍布斯 Hobbes
霍达多夫 Khoudadoff, N.
霍亨索伦 Hohenzollern
霍亨索伦一赫琴根 Hohenzollern-Hechingen
霍顿脱人 Hottentots
穆克 Mucke
穆迪 Moodie
穆勒 Müller
穆干草原 Mugan Steppe
赞顿 Xanten

图书在版编目(CIP)数据

互助论:进化的一个要素/(俄罗斯)克鲁泡特金著;李平沤译.—北京:商务印书馆,2017
(汉译世界学术名著丛书:120年纪念版:珍藏本)
ISBN 978-7-100-14364-6

Ⅰ.①互… Ⅱ.①克… ②李… Ⅲ.①互助—理论
Ⅳ.①B822.2

中国版本图书馆CIP数据核字(2017)第151907号

汉译世界学术名著丛书
(120年纪念版·珍藏本)

互 助 论

进化的一个要素

〔俄〕克鲁泡特金 著
李平沤 译

商 务 印 书 馆 出 版
(北京王府井大街36号 邮政编码100710)
商 务 印 书 馆 发 行
北京新华印刷有限公司印刷
ISBN 978-7-100-14364-6

2017年12月第1版　　开本710×1000 1/16
2017年12月北京第1次印刷　　印张20½

定价:105.00元